贝泓涵 / 主 编

王文洋 耿新鹏 / 副主编

隋 聪 / 主 审

数 理 金 融

SHULI JINRONG

大连海事大学出版社

DALIAN MARITIME UNIVERSITY PRESS

图书在版编目(CIP)数据

数理金融 / 贝泓涵主编. -- 大连 ：大连海事大学
出版社，2024. 12. -- ISBN 978-7-5632-4587-1

Ⅰ. F830

中国国家版本馆 CIP 数据核字第 2024JC4996 号

大连海事大学出版社出版

地址：大连市黄浦路 523 号　邮编：116026　电话：0411-84729665(营销部)　84729480(总编室)

http://press.dlmu.edu.cn　E-mail：dmupress@dlmu.edu.cn

大连天问彩艺图文有限公司印装	大连海事大学出版社发行
2024 年 12 月第 1 版	2024 年 12 月第 1 次印刷
幅面尺寸：184 mm×260 mm	印张：11
字数：268 千	印数：1～500 册

出版人：刘明凯

责任编辑：王桂云	责任校对：刘宝龙
封面设计：解瑶瑶	版式设计：解瑶瑶

ISBN 978-7-5632-4587-1　　　　定价：28.00 元

前　言

随着全球金融市场的迅猛发展和金融创新的不断涌现,数理金融学作为一门交叉学科得到了蓬勃发展。数理金融学将数学、统计学和计算机科学等方法应用于金融领域,为金融理论和实践提供了强有力的分析工具和模型支持。在当今复杂多变的金融环境中,掌握数理金融的相关知识和技能对于金融从业者和研究者而言变得尤为重要。

本教材旨在为读者提供一个系统的数理金融学习框架,涵盖了数理金融学的基本理论、方法和应用。全书力求在理论严谨性和实用性之间取得平衡,既注重基础概念的讲解,又强调实际问题的解决。通过对本书的学习,读者可以掌握数理金融学的核心内容,并能够运用相关方法分析和解决金融实践中的问题。

在编写过程中,我们充分考虑了数理金融学科的特点和读者的需求。全书采用由浅入深、循序渐进的方式展开,数理金融作为解决金融实务的数学工具学科,补充了数学的前序知识,使得读者学习起来更加连贯。每章都设有小结部分,帮助读者巩固所学知识。同时,我们还穿插了大量的实例和应用案例,以增强教材的可读性和实用性。

本教材共分为6章:第1章介绍数理金融学的发展历程、结构框架以及面临的挑战,为读者建立对该学科的整体认识,还探讨了数理金融学的发展沿革、学科结构及其面临的挑战,以帮助读者了解数理金融学的历史背景和现状;第2章讲解数理金融中常用的基本数学方法,包括函数、微积分、矩阵和随机过程等,这些数学工具和方法是理解和应用数理金融理论的基础,对后续章节的学习至关重要;第3章探讨计量经济学在金融领域的应用,涵盖回归分析和市场联动性分析等内容,帮助读者理解如何利用这些方法对金融市场进行深入分析和预测;第4章阐述投资组合理论与资产定价模型,包括不确定条件下的选择理论、Markowitz投资组合理论、资本资产定价模型和套利定价理论等,为读者提供了全面的资产管理和定价理论支持;第5章聚焦金融建模与风险管理,介绍金融衍生品定价方法、二叉树模型、Black-Scholes模型等,旨在帮助读者掌握如何通过模型对金融衍生品进行定价,并理解金融市场中的风险测度和管理策略;第6章深入探讨金融风险分析与测度,涵盖VaR模型、贝叶斯MCMC模拟方法、信用风险测度及整体风险管理等内容,帮助读者更好地理解和管理金融市场风险。

本教材适合金融、经济、数学、管理等相关专业的本科生和研究生使用,也可作为金融从业人员的自学参考书。我们希望通过对本书的学习,读者能够建立起数理金融的知识体系,提升运用数学工具分析金融问题的能力,为今后的学习和工作奠定坚实基础。在编写过程中,我们参考了众多国内外优秀著作和文献,在此向这些作者表示衷心的感谢。由于编者水平有限,书中难免存在疏漏和不足之处,恳请读者批评指正。

作者
2024 年 7 月

目 录

第1章 数理金融引论 ………………………………………………………… 1

1.1 数理金融学的发展沿革 ………………………………………………… 1

1.1.1 数理金融学的相关机理 ………………………………………… 1

1.1.2 数理金融学的发展阶段 ………………………………………… 2

1.2 数理金融学的结构框架 ………………………………………………… 6

1.2.1 微观金融学与宏观金融学 ……………………………………… 6

1.2.2 数理金融学在金融学科体系中的地位 ………………………… 7

1.2.3 数理金融学的结构框架 ………………………………………… 9

1.3 数理金融学面临的挑战 ………………………………………………… 10

1.3.1 行为金融学概述 ………………………………………………… 10

1.3.2 行为金融学与数理金融学的区别 ……………………………… 11

1.3.3 行为金融学的核心理论 ………………………………………… 11

1.3.4 行为金融学对异常现象的解释 ………………………………… 13

1.3.5 行为金融学对数理金融学争论的新发展 ……………………… 14

1.4 市场模型基础 …………………………………………………………… 15

1.4.1 基本概念和假设 ………………………………………………… 15

1.4.2 无套利原则 ……………………………………………………… 17

1.4.3 单期二叉树模型 ………………………………………………… 17

1.4.4 风险和收益 ……………………………………………………… 19

本章小结 ……………………………………………………………………… 19

思考练习题 …………………………………………………………………… 20

第2章 基本数学方法 ……………………………………………………… 21

2.1 函数和微积分在数理金融中的应用 …………………………………… 21

2.1.1 指数函数和对数函数在数理金融中的应用 …………………… 21

2.1.2 微分方法在数理金融中的应用 ………………………………… 25

2.1.3 积分方法在数理金融中的应用 ………………………………… 28

2.1.4 微分方程和差分方程在数理金融中的应用 …………………… 29

2.2 线性代数在数理金融中的应用 ………………………………………… 32

2.2.1 矩阵在数理金融中的应用 ……………………………………… 32

2.2.2 特殊行列式在数理金融中的应用 ……………………………………………… 36

2.3 随机过程在数理金融中的应用 …………………………………………………… 39

2.3.1 随机过程的含义 ………………………………………………………………… 45

2.3.2 随机过程的特性 ………………………………………………………………… 46

2.3.3 随机过程的基本类型 …………………………………………………………… 47

本章小结 …………………………………………………………………………………… 54

思考练习题 ………………………………………………………………………………… 55

第3章 计量经济学应用 ………………………………………………………………… 57

3.1 一元线性回归模型 ……………………………………………………………… 57

3.1.1 一元线性回归基本模型 ………………………………………………………… 57

3.1.2 最小二乘估计法（OLS） ……………………………………………………… 58

3.1.3 一元线性回归模型的一级检验 ………………………………………………… 61

3.2 多元线性回归模型 ……………………………………………………………… 63

3.2.1 多元线性回归基本模型 ………………………………………………………… 63

3.3 市场间联动性分析 ……………………………………………………………… 66

3.3.1 平稳性检验 ……………………………………………………………………… 66

3.3.2 Granger 因果检验 ……………………………………………………………… 68

3.3.3 协整关系检验 …………………………………………………………………… 69

3.3.4 向量自回归模型和向量误差修正模型 ………………………………………… 69

3.3.5 脉冲响应函数 …………………………………………………………………… 70

3.3.6 方差分解 ………………………………………………………………………… 70

本章小结 …………………………………………………………………………………… 79

思考练习题 ………………………………………………………………………………… 79

第4章 投资组合理论与资产定价模型 ………………………………………………… 80

4.1 不确定条件下的选择理论 ……………………………………………………… 80

4.1.1 偏好与期望效用函数 …………………………………………………………… 80

4.1.2 效用函数与风险态度测定 ……………………………………………………… 81

4.2 投资组合理论 …………………………………………………………………… 82

4.2.1 投资组合的方差——协方差矩阵 ……………………………………………… 82

4.2.2 数学模型的建立 ………………………………………………………………… 84

4.2.3 W_a 的性质及推论 …………………………………………………………… 85

4.3 资本资产定价模型 ……………………………………………………………… 86

4.3.1 资本资产定价模型的主要假设 ………………………………………………… 86

4.3.2　无风险资产的引入 ……………………………………………………… 87

4.3.3　资本市场线 ……………………………………………………………… 87

4.3.4　市场组合 ………………………………………………………………… 87

4.3.5　证券市场线 ……………………………………………………………… 88

4.4　套利定价理论 ……………………………………………………………………… 89

4.4.1　套利的基本形式 ………………………………………………………… 89

4.4.2　因子模型 ………………………………………………………………… 89

4.4.3　套利定价组合的条件 …………………………………………………… 90

4.4.4　标准的套利定价理论与推导 …………………………………………… 91

4.4.5　套利定价理论与资本资产定价模型的区别 …………………………… 92

本章小结 …………………………………………………………………………………… 92

思考练习题 ………………………………………………………………………………… 93

第 5 章　金融建模与风险管理 ………………………………………………………… 95

5.1　金融衍生品和定价方法 …………………………………………………………… 95

5.1.1　常见的金融衍生品 ……………………………………………………… 95

5.1.2　利用期权管理风险 ……………………………………………………… 101

5.2　二叉树模型 ………………………………………………………………………… 102

5.2.1　二叉树模型 ……………………………………………………………… 102

5.2.2　风险中性概率 …………………………………………………………… 104

5.2.3　鞅性质 …………………………………………………………………… 106

5.2.4　二叉树模型的应用 ……………………………………………………… 108

5.3　连续时间极限和 Black-Scholes 模型 …………………………………………… 111

5.3.1　连续时间极限 …………………………………………………………… 111

5.3.2　Black-Scholes 模型理论 ……………………………………………… 115

5.3.3　看跌期权-看涨期权平价 ……………………………………………… 117

5.3.4　期权价格的边界 ………………………………………………………… 120

5.3.5　期权头寸套期保值 ……………………………………………………… 123

5.4　金融风险和对冲风险管理 ………………………………………………………… 127

5.4.1　金融风险概述 …………………………………………………………… 127

5.4.2　金融风险测度的基本方法 ……………………………………………… 128

本章小结 …………………………………………………………………………………… 134

思考练习题 ………………………………………………………………………………… 135

第 6 章　金融风险分析与测度 ································· 136

　6.1　VaR 模型 ································· 136

　　6.1.1　VaR 计算的基本思想 ································· 136

　　6.1.2　VaR 的分布 ································· 138

　　6.1.3　利用 Delta-正态模型计算 VaR ································· 140

　　6.1.4　固定收益证券的 VaR 计算 ································· 144

　6.2　贝叶斯 MCMC 模拟方法与操作风险 ································· 146

　　6.2.1　贝叶斯估计 ································· 146

　　6.2.2　用损失分布法测度操作风险 ································· 149

　6.3　信号评估法与信用风险的测度 ································· 151

　　6.3.1　信用风险度量模型发展的动因 ································· 151

　　6.3.2　传统的信用风险衡量方法 ································· 152

　　6.3.3　信用风险量化管理模型的发展 ································· 153

　　6.3.4　信用风险量化管理模型进一步发展必须解决的主要问题 ································· 157

　6.4　整体风险管理 ································· 158

　　6.4.1　现有金融风险管理技术及其局限 ································· 158

　　6.4.2　整体风险管理的进展 ································· 159

　　6.4.2　整体风险管理评价及借鉴意义 ································· 163

　本章小结 ································· 163

　思考练习题 ································· 164

参考文献 ································· 166

第1章

数理金融引论

本章学习要点与要求

　　本章讲述了数理金融的基本思想,梳理了数理金融的发展脉络,阐述了数理金融与金融学、数学的关系,确立了数理金融在金融学科体系中的地位,同时对数理金融面临的行为金融方面的挑战进行了分析。要求学生通过对本章的学习,重点掌握数理金融的相关概念,了解数理金融的发展背景,认清数理金融在金融学科体系中的作用,对数理金融的发展前景有所了解。

1.1 数理金融学的发展沿革

　　数理金融学是金融学自身发展而衍生出来的一个新的分支,是数学与金融学相结合而产生的一门新的学科,是金融学由定性分析向定性分析与定量分析相结合转变,由微观金融模型向宏观金融数量化拓展,由规范研究向实证研究转变,由理论阐述向理论研究与实用研究并重转变,由金融模糊决策向精确化决策发展的结果。

1.1.1 数理金融学的相关机理

　　在现代的金融交易中,任何一项金融决策特别是金融交易的决策都要面对许多不确定性因素,这些不确定性因素都将影响并反映在金融产品的风险与收益上,因此,任何金融决策都必须在权衡收益与风险之后才能做出抉择。所以,如何精确地度量金融交易过程中的收益和风险,就成为金融交易决策的核心。为使决策做到科学和精确,就必须对各种不确定性因素进行定量分析,这种现实和不断发展的需求促进了数学在金融活动中的应用和发展,从而衍生出数理金融学这一新的学科。

　　数理金融研究的内容可分为套利、优化和均衡。从模型的精确度分析,资产的价格波动是随机的,受外界因素影响较大,用随机过程刻画价格波动的特征是合理的。模型可分为离散型随机模型和连续型随机模型两大类。

在 20 世纪 50 年代、70 年代的两个时间段，一些学者提出了"风险的处理和效益的优化"两个现代金融学的中心议题。从此，几乎所有数理金融的理论也都围绕着这两个基本问题而展开。数理金融学的这两大命题都用到了非常深刻的数学工具，前者需要近二十年发展起来的随机分析，后者多用到一些优化理论等。将数理概念引入金融市场制度、金融工具和金融分析方法之中，使得金融分析方法得以丰富和发展，并且充实了金融研究方法体系。

金融创新还包括金融制度创新。任何事物的运动规律必然通过量的关系反映出来，金融制度创新也是如此。数理金融学可以通过建模、模拟分析等方法模拟市场的制度运行和制度安排本身的内在机理并揭示其特征，从而推动金融制度创新。

1.1.2 数理金融学的发展阶段

数理金融学是 20 世纪 50 年代迅速发展起来的一门学科。数理金融学的迅速发展，是现代金融实践发展推动的结果。20 世纪 50 年代前的金融理论主要是对金融实践的总结和对金融政策的解释。20 世纪 70 年代以来，各种衍生工具的产生和发展是数理金融学产生和发展的基本推动力。

金融交易过程实际上就是一个以金融产品价格为核心的风险与收益的度量与决策问题，本质上是一个如何把交易行为量化并进而研究其相互之间关系的问题，这是数理金融学得以产生和发展的现实基础。

大体而言，可以将数理金融学发展分为三个时期：20 世纪 70 年代以前、20 世纪 70～90 年代和 20 世纪 90 年代以后。

(一)20 世纪 70 年代以前

数理金融定价模型是金融研究的一种重要工具，其产生可以追溯到路易斯·巴施里耶在 1900 年关于投机的一篇论文，它标志着连续型期权定价理论的诞生。而后的金融定价模型集中于货币的时间价值分析和贴现值研究，主要运用于非金融机构的资本预算。

1938 年，麦考利(Macaulay)曾将金融定价模型运用于债券价格的利率敏感性分析。20 世纪 40 年代至 50 年代初，伊藤清(Kiyoshi Ito)发展了巴氏理论，使其成为金融学中重要的数学工具，即随机计算。

而一般认为，金融学从一门描述性科学向分析性科学转变始于 1952 年马科维茨 (Markowitz)提出的投资组合理论(Modern Portfolio Theory，MPT)。20 世纪 50 年代后期和整个 60 年代，马科维茨(Markowitz)、斯普伦克尔(Sprenkle)、夏普(Sharpe)、法玛(Fama)、萨缪尔森(Samanelson)等人做了大量的开拓性工作。

定价模型在公司金融方面的运用也有了一些新的突破，但还是集中在融投资决策和资本预算当中。1958 年，莫迪利亚尼和米勒在他们的论文中证明了一个重要定理，后人称之为 MM 定理。

1961 年，斯普伦克尔假设股价服从均值和方差为常数的对数正态分布，该分布允许股价有正向漂移，部分消除了巴施里耶公式的缺陷。如果允许漂移存在随机游走，就产生了正的利率和风险厌恶。

1964年,伯纳斯在"股票期权价值理论的要素"一文中,假设股票收益服从对数正态分布。由于认识到风险态度对投资者的影响,模型中还假设投资者对风险的态度无差异,即为风险中性的。由于考虑了货币的时间价值,该模型消除了斯普里克尔模型的缺陷,但该模型同样未考虑股票和期权的风险水平不同,对这两种不同的证券采用了同一期望收益率,导致结果不太合理。

麦考利的投资组合均值-方差分析为一般资产的风险-收益分析提供了一种可行的量化工具;在此基础上,夏普(1964)、林特纳(1965)研究了资本资产价格的均衡结构,资本资产定价模型(Capital Asset Pricing Model,CAPM)也成为证券风险量化分析的基础。CAPM的严格的假定条件给经验验证带来了许多障碍,即使在规模最大、制度最完善、效率最高的美国证券市场中,证券的风险-收益关系也不可能与CAPM结论完全吻合。

20世纪60年代,另一个对金融实践具有重要影响的假说是萨缪尔森和法玛(1965)提出的有效市场假说。该假说认为,在一个充分有效的资本市场中,资产价格的最优估计就是经过"公平"预期回报率调整的现行价格,法玛(1970年)进行了系统的总结。按照这个假说,试图使用历史数据和公众预期预测证券未来价格必然是不可行的。

萨缪尔森(1965)认识到由于风险的不同,期权和股票的期望收益应该是不同的。假定股价遵循带有正成长率的几何布朗运动,因而允许有正的利率和风险收益。该模型推动了期权定价理论的发展,构成了20世纪60年代以来证券理论研究的基石,为后来的Black-Scholes模型的开发奠定了基础。

20世纪60年代末和70年代初,发展到了资产定价和最优决策的跨期与不确定性分析。马科维茨的均值-方差模型为动态的投资组合理论所发展和丰富。马科维茨组合理论的立足点是全面考虑期望收益最大和不确定性(即风险)最小。随着量化研究的不断深入,组合理论及其实际运用方法越来越完善,成为现代投资学中的交流工具。

1970年,罗斯(Ross)提出了一种新的资本资产均衡模型——套利定价模型(Arbitrage Pricing Theory,APT)。APT的核心是假设不存在套利机会。APT在更加广泛的意义上建立了证券收益与宏观经济中其他因素的联系,为证券走势分析提供了比CAPM更好的拟合。

20世纪50年代以前,宏观金融学的核心理论主要建立在古典学派和凯恩斯学派的货币学说的基础上,其分析范式以定性的制度分析为主,数理方法的运用还相对较少。古典学派理论体系中货币是中性,其数量变化仅造成名义收入的变化,不会引起相对价格体系的变化,市场在瓦尔拉斯一般均衡机制下迅速出清,此时的宏观金融理论主要有决定物价的货币数量论、决定利息的资本市场供求论和金属货币制度下汇率决定的"休谟机制"与纸币制度下汇率决定的货币模型(如Tobin模型)等。

在20世纪60年代经济增长的"黄金时期"和70~80年代的"滞胀危机"前后,新古典学派和新凯恩斯学派兴起,宏观金融学进入快速发展阶段。货币主义学派、理性预期学派和供给学派是新古典经济学的三大支柱,基本假设依然是完全竞争和价格完全弹性,三个学派的理论机制存在差异,但基本结论一致,即政府政策无效。

凯恩斯主义的产生是宏观金融学的重要革命,其理论基础是货币供给外生论和货币需求"流动性偏好"说,认为在价格刚性条件下,给定货币需求函数,货币供给变化能够影响实际有效需求,进而影响实际产出。凯恩斯主义货币理论模型主要有利率产出决定的IS-LM模型、价格产出决定的 AD-AS 模型和开放条件下的蒙代尔-弗莱明模型等。同时,在此阶段金融学在研究方法上也出现了重要创新,由静态和比较静态分析向动态分析转变,形成了哈罗德-多马(Harrod-Domar)的"刀刃"模型和多恩布什(Dormbusch)的"超调"(overshoot)模型等。

弗里德曼(Friedman,1963)在古典货币数量论的基础上,将货币需求函数化,发现此需求函数相对稳定,提倡货币政策执行与长期实际国民收入增长率一致的"单一规则"。在梅茨勒(Metzler,1941)的外推型预期和卡根(Cagen,1965)的适应性预期模型的基础上,卢卡斯(Lucas,1961)提出了理性预期假说,认为经济主体的理性行为将使政府的任何调控政策失效,市场会达到完美预见的均衡,系统的货币活动仅仅影响名义变量,不影响实际变量。在开放经济方面,穆斯(Muth,1961)认为在市场理性预期假设下,远期汇率是未来即期汇率的最好无偏预测器。

(二)20 世纪 70~90 年代

第二个时期为 20 世纪 70 年代至 90 年代。这段时间是数理金融发展的黄金时代,诞生了著名的 B-S 期权定价模型。1973 年布莱克(Black)和斯科尔斯(Scholes)发表了题为"期权价格和公司负债"一文,提出了有史以来第一个期权定价模型,在学术界和实务界引起了强烈反响。在这篇突破性的论文中,他们成功求解了随机微分方程,利用市场的套利条件,导出了到期日以前的期权价格的精确公式。该经济理论的重要意义在于超前于金融实践,并引导金融实践的运行。

自从布莱克和斯科尔斯的论文发表以后,莫顿(Merton)、考克斯(Cox)、鲁宾斯坦(Rubinstein)等一些学者相继对这一理论进行了重要的推广并加以广泛的应用。期权定价模型可用来制定各种金融衍生产品的价格,是各种衍生产品估价的有效工具。期权定价模型为西方国家的金融创新提供了有利的指导,是现代金融理论的主要内容之一。

20 世纪 70 年代的金融定价模型主要运用于股票市场以及基于股票的衍生证券市场。到 80 年代,其运用集中于固定收益证券领域。这些模型连同或有要求权分析(Contingent Claims Analysis,CCA)模型的各种发展形式为各种衍生证券的定价和套期操作提供了理论依据。80 年代后期,金融理论的时间滞后模型在实践中得到广泛的运用,例如利率动态模型连同 CCA 模型对货币市场衍生工具的定价提供了依据。

相对于完全竞争市场的新古典主义,强调市场非完全的新凯恩斯主义的发展也非常迅速。针对货币市场摩擦,新凯恩斯主义发展了四大货币模型,分别是西德劳斯基(Sidrauski,1967)的效用函数中的货币模型(MIU)、卢卡斯(Lucas,1982)的现金先行模型(CIA)、金布罗(Kimbrough,1986)的购物时间模型(STM)和芬斯特拉(Feenstra,1986)的交易成本模型(TCM),这四大模型为货币进入新凯恩斯主义宏观金融分析框架奠定了基础。另外,迪克西特和斯蒂格利茨(Dixit&Stiglits,1977)的垄断竞争模型被引入新凯恩斯研究框架,成为其框架下的基本设定之一;同时,新凯恩斯主义继续坚持名义价格黏性假设,开创了价格调整的 Calvo 规则(Calvo,1983)和 Taylor 规则(Taylor,1980),并据此推导出新凯恩斯菲利普斯曲线,该曲线成为货币政策调控研究的重要方程。卡雷肯和华莱士(Kareken&Wallace,1981)进一步阐述了汇率的不确定性,认为政府政策变量的设置条件不足以决定汇率,就该意义上的政策而言,汇率是不确定的;卢卡斯则用太阳黑子理论证明了汇率的不确定性。

(三)20 世纪 90 年代以后

20 世纪 90 年代以来,特别是近几年,很多经济学家对不完全市场、标的资产价格存在异常跳跃或标的资产收益率方差不为常数等情况下的期权定价问题进行了广泛研究,取得了许多重要研究成果。马登和塞尼塔(Madan&Seneta,1990)选择 gamma 过程作为时变过程来构造时变布朗运动,即用 gamma 时变布朗运动代替 B-S 期权定价模型中的布朗运动,从而得到相应的资产收益模型。

近十几年中数学和计算机领域的快速发展推动了金融衍生品的发展,定价模型渐趋复杂。这一阶段的相关研究包括:斯坦(Stein,1991)、赫斯顿(Heston,1993)与罗马(Roma,1994)等采用波动率的随机过程建立衍生品的定价模型,使之更贴近现实;本赛德和伦泽(Bensaid&Lense,1992)考虑了交易费用对期权价格的影响,把衍生品定价问题归结为寻找最优保值策略的问题,即求解一个带约束的随机最优控制问题,从而提出了存在交易费用情况下的期权定价模型;朗斯塔夫(LongstafT,1993)从利率的随机过程及利率的期限结构角度来对金融衍生品定价做更进一步的研究,提出了利率衍生品的两因素一般均衡模型;赫尔和怀特(Hull&White,1993)分析得到了货币期权和股票指数期权的定价公式;鲁宾斯坦(Rubinstein,1994)提出、萨哈拉和罗(Ait-Sahalia&Lo,1996)发展完善了马尔科夫期权定价模型;杜安(Duan,1995)提出了 GARCH(Generalized Auto-regressive Conditional Heteroscedasticity)期权定价模型,以 GARCH 模型描述资产收益轨迹,反映了标的资产条件波动性的改变;琳晨(Linchen,1996)在衍生品定价及风险控制管理方面提出了利率期限结构的三因素一般均衡模型。卡露伊和奎内茨(Karoui&Quenez,1997)、朱尼(Jouini,1997)利用鞅理论、非线性定价理论、后移随机微分方程和等价测度等方法,研究了不完全市场中的定价问题;刘海龙和吴冲锋(2001)在离散时间模型基础上,给出了不完全金融市场的期权定价套利方法。针对股价服从几何布朗运动的假设,即意味着股价是时间的连续函数。研究发现,几何布朗运动并不是刻画股价过程的理想工具。实践表明,股价可能会出现间断的"跳跃",股票的预期收益率往往是波动变化的,可能是依赖时间和股价的函数。

此外,很多文献对股价波动规律进行了研究:贝茨(Bates,1991)、阿敏和杰诺(Amin&Jarrow,1992)、马登和常(Madan&Chang,1996)进一步发展了莫顿模型,分别得到了随机利率期权定价模型和跳跃-扩散模型;施魏策尔(Schweizer,1991)提出了一般半鞅模型;赫尔和怀特(Hull&White,1987)提出、赫斯顿(Heston,1993)发展了随机波动率定价模型;贝利和斯图茨(Baily&Stulz,1989)提出、巴克希和陈(Bakshi&Chen,1997)发展完善了随机利率-随机波动率定价模型;贝茨(Bates,1996)和斯考特(Scolt,1997)提出并建立了随机波动率-跳跃扩散定价模型;巴克希(Bakshi,1997)提出了基于随机利率、随机波动率和跳跃扩散假设的混合期权定价模型;尚(Chan,1999)提出了 Levy 过程模型;卡尔森(Kallsen,2000)提出了指数 Levy 过程模型;普里哲(Prigent,2001)提出了一般标志点过程模型等。

布拉特和赖德博格(Bladt&Rydberg,1998)首次提出了期权定价的保险精算方法,将期权定价问题转化为等价的公平保费确定问题。闫海峰和刘三阳(2003)推广了布拉特和赖德博格的结果,把布莱克-斯科尔斯模型推广到无风险资产(债券或银行存款)具有时间相依的利率及风险资产(如股票)具有时间相依的连续复利预期收益率和波动率的情况,获得了欧式期权的精确定价公式以及买权与卖权之间的平价关系。

20 世纪 90 年代以来,现代宏观金融学的基本分析框架——动态随机一般均衡模型(简称 DSGE 模型)形成。代表性的有实际商业周期(RBC)模型、新凯恩斯动态随机一般均衡(NK-DSGE)模型和新开放宏观经济学(NOEM)模型。RBC 模型是现代宏观金融学分析框架的雏形。作为新古典学派的基准模型,其假设依然是价格弹性、信息完全和市场连续出清,认为宏观经济周期的主因是实际经济面的不确定性冲击,主要模型有基德兰德-普林斯科特(Kydland-Prescot)模型和汉森(Hansen)模型。早期 RBC 模型的关键缺陷在于分析框架中无货币,因此萨金特(Sargent,1987)与布兰查德和费雪(Blanchard&Fischer,1989)等以货币效用模型(MIU)方式将货币融入模型,但由于依然假设完美市场,在该框架下货币仍然是中性的,甚至是超中性的。

新古典完美市场条件下的 RBC 模型更多的是作为一个基准,而现实市场条件难以满足其基本假设,理论和实践中运用更多的是 NK-DSGE 模型。克里斯坦诺、艾肯鲍姆和埃文斯 2005 年的工作论文是 NK-DSGE 模型的经典之作,涵盖了之前许多新凯恩斯主义的研究成果,包括投资的调整成本、产能利用率、工资黏性、消费惯性等。近几年,NK-DSGE 模型又在多个方面取得了显著的进展,如信息黏性、预期黏性、工资惯性、混合新菲利普斯曲线等。NK-DSGE 模型目前最薄弱的环节在劳动力市场和金融市场方面。

NOEM 模型实际上是 DSGE 模型的开放经济版本,前述众多 RBC 或 NK-DSGE 模型也都是开放经济条件下的研究。NOEM 模型的开山之作是奥布斯坦菲尔德(Obstfeld)构建的 Redux 模型。所谓的开放包括经常项目开放和资本项目开放,购买力平价和利率平价是反映此两类开放的核心假设。德弗罗(Devereux)修正了 Redux 模型隐含的购买力平价假设,即认为企业不一定以生产者货币定价,可能以市场货币定价;奥布斯坦菲尔德和罗格夫等对利率平价假设进行了修正,认为货币政策行为影响国内外利率风险溢酬。

总体来看,NOEM 模型分为两类:

(1)大国开放模型,又称两国模型,代表性的有克拉里达等的文献。大国模型的关键假定是两国之间的供求能够相互影响价格(即国际市场价格)。

(2)小国开放模型,代表性的是盖利的 SOM 模型。在小国开放模型框架下,国内市场供求不会影响国际市场价格,国内部门在对外交往活动中只能接受国际市场价格。

1.2 数理金融学的结构框架

完整的现代金融学体系将以微观金融学和宏观金融学为理论基础,扩展到各种具体的应用金融学学科上,而数理金融同时辅助以实证计量的研究风格将逐渐贯穿整个从理论到实践的过程。

1.2.1 微观金融学与宏观金融学

金融学是研究如何在不确定性的环境下,通过资本市场对资源进行跨期最优配置的一门经济科学。金融学是专门研究不确定性和动态过程的经济学,它与正统经济学在学科研究内涵和基本方法论上存在某种相似性。由于其特殊的研究对象(货币、金融现象),金融学得以作为一门独立的经济学科存在。

从金融学思想的发展历程可以看出,早期的古典经济学家关心整体价格水平(如货币数量理论、利息率决定和资本积累过程等问题),他们更多的是在宏观的意义上考察金融问题。新古典后期的经济学家们,则通过利息理论把宏观金融问题与一般经济问题紧密结合在一起考虑。到凯恩斯革命时,确立了现代宏观经济学,标志着现代宏观金融学的形成。此后,货币理论成为宏观金融学的核心内容,同时也成为宏观经济学的重要内容。

微观金融学一般被认为出现在 20 世纪 50 年代中期,如同新古典经济学(即微观经济学),它也是一种价格理论。它认为使得资源跨期最优配置的价格体系总是存在的,它的目标就是寻找使得资源实现最优配置的合理金融资产价格体系。宏观金融学则是在资源非有效配置即自由价格机制在某种程度上失灵的情况下,对微观金融学的一种现实扩展。

微观金融学主要考虑金融现象的微观基础。它研究如何在不确定情况下,通过金融市场对资源进行跨期最优配置,以实现市场均衡和获得合理金融产品价格体系为其理论目标和主要内容。微观经济学的一个重要任务是资产定价。在初步引入不确定性、时间等一些基本概念后,为了呈现理性决策的基础,需要建立个人偏好公理体系和效用函数理论。然后考察个人如何做出投资/消费决策,使得个人终身效用最大化。微观经济学的另一个重要任务是生产者的融资行为理论,即企业如何做出它们的投资/融资决策,通过合理的资本结构安排,使得所有者权益最大化。资金的供给者、投资者与需求者、融资者最终在市场上相遇,当市场均衡时,资产的价格和数量必须同时被决定。

宏观金融学研究在一个以货币为媒介的市场经济中,如何获得高就业、低通货膨胀、国际收支平衡和经济增长。可以认为宏观金融学是宏观经济学的货币版本,它着重于宏观货币经济模型的建立,并通过它们产生对于实现高就业、低通货膨胀、高经济增长和其他经济目标可能有用的货币政策结论和建议。货币经济学是整个宏观金融学的核心内容,货币只是众多的备选金融资产中的一种。在新货币主义的框架下,问题可以简化为既定收入、恒久收入、财富约束下个人资产配置的均衡问题,或者既定价格资产收益率体系下收入参数扩张的路径问题,从而在 IS-LM 框架中决定了利息率和国民收入之间的关系。IS-LM 模型,是由英国现代著名的经济学家约翰·希克斯(John Richard Hicks)和美国凯恩斯学派的创始人汉森(Alvin Hansen),在凯恩斯宏观经济理论基础上概括出的一个经济分析模式。IS-LM 模型是宏观经济分析的一个重要工具,是描述产品市场和货币市场之间相互联系的理论结构。

1.2.2 数理金融学在金融学科体系中的地位

现代金融学体系能够对于现有各金融学分支学科提供足够的兼容性。数理金融与其说是一门独立的学科,倒不如说是作为一种方法存在。它主要使用一切可能的数学方法,来研究几乎一切金融问题,特别是复杂产品定价和动态市场均衡。类似的还有金融市场计量经济学,本质上它属于计量经济学:基于实际数据,以统计计量的方法为各种金融模型和理论提供验证与证伪的手段和方法。

图 1-1 为一份比较完整的现代金融学学科构成图。这些分支学科所考察的金融现象发生

在不同的层次之上,并存在着某种分工。各种分支学科之间的固有联系正日益变得有机、清晰,并紧密统一在一个完整的框架结构中。当然,由于实践的快速发展和学科的开放性质,它将不断得到进一步的充实和扩展。

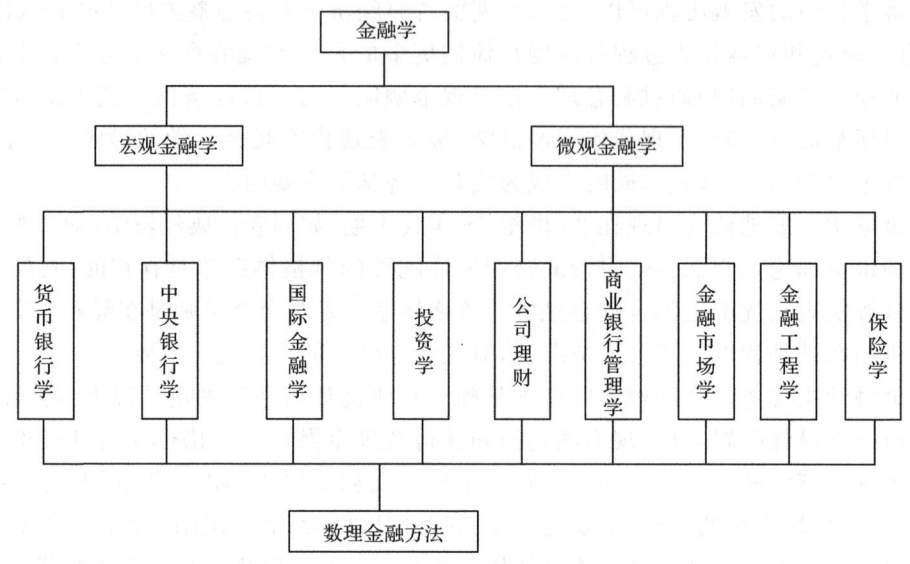

图 1-1　现代金融学学科构成图

投资学研究如何把个人、机构的有限财富或者资源分配到股票、国债、不动产等各种金融资产上,以获得合意的现金流量和风险与收益。

金融市场学分析市场的组织形式、结构,同时考察不同的金融产品和它们的特征,以及它们在实现资源跨期配置过程中起到的作用。

公司理财考察公司如何有效地利用各种融资渠道,获得最低成本的资金来源,并形成合适的资本结构。

金融经济学通过对个人和厂商的最优化投资与融资行为以及资本市场的结构和运行方式的分析,去考察跨期资源配置的一般制度安排方法和相应的效率问题。

货币银行学的核心内容是货币供给和需求、利率的决定以及由此而产生的对于宏观金融经济现象的解释和相应的政策建议。

国际金融学本质上是开放经济的货币宏观经济学,常被认为是货币银行学的一个外延和必然组成部分。

近年来,推动金融学与数学相结合的主要动力是金融工程学的发展。金融工程学侧重于衍生金融产品的定价和实际运用,它最关心的是如何利用创新金融工具,来更有效地分配和再分配个体所面临的形形色色的经济风险,以优化他们的风险与收益特征。

数理金融学是金融工程学的理论基础,可以说金融工程学就是把数理金融学的基本原理工程化、产品化。前者是理论基础,后者是理论的应用。金融工程学的核心内涵包括以下两个方面:

一是如何结合已有的金融产品,以改变原有金融产品的风险与收益特性,从而达到有效地利用与开发风险、实现金融交易收益最大化的目的。能否通过金融产品的不同组合来实现开发风险、提高收益的目的,关键在于能否精确地刻画与预测金融产品的风险与收益变化的规律。

二是开发新的金融产品。开发新的金融产品,说到底就是根据市场的需要创新出具有新的收益与风险特性,或者能对已有产品形成替代,或者可与已有金融产品结合而产生更令人满意的风险与收益特性,或者能适应某种特殊需要的新金融品种。

金融工程学的关键是要能定量地精确刻画出金融产品的风险。要实现这样的目的,除了应用数学工具与思维方法之外,别无他径。同时,在精确地刻画金融产品风险的基础上如何进行金融产品组合,仍然是一个应用数学工具与思维方法的问题。因此,数理金融学与金融工程学两者是相互依赖和促进的。一方面,金融工程学的发展不断为数理金融学提出新的研究课题,促进了数理金融学的发展;另一方面,数理金融学的发展也日益拓宽金融工程学的创新空间,不断为金融工程学提供新的理论和方法。

1.2.3 数理金融学的结构框架

数理金融学的结构框架如图 1-2 所示。

(1)数理金融方法基础篇,阐述了数理金融的基本数学方法和计量经济学在数理金融中的应用,重点讲述了微积分、线性代数、概率论、随机过程、计量经济学等在数理金融中的应用;

(2)数理金融方法核心篇,阐述了资本资产定价模型和期权定价模型;

(3)数理金融方法应用篇,阐述了数理金融方法在金融风险管理和宏观金融研究方面的应用。

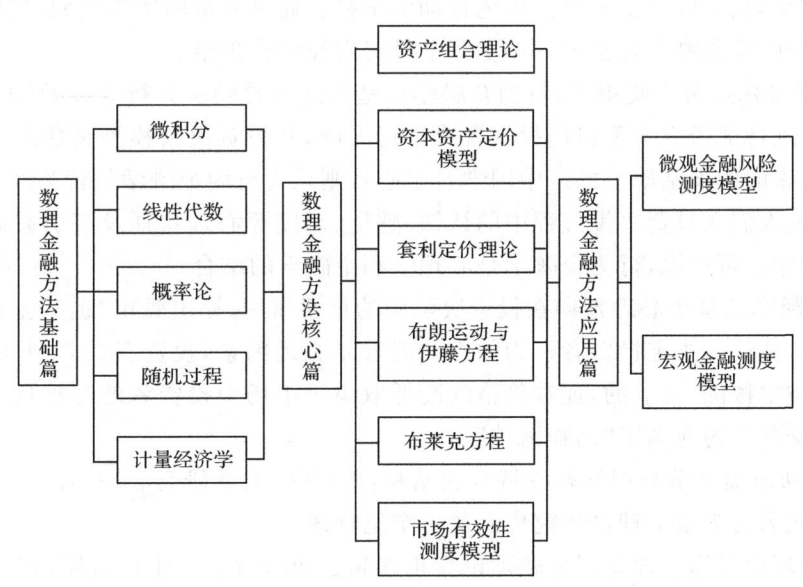

图 1-2 数理金融学的结构框架

1.3 数理金融学面临的挑战

法玛教授被称为金融经济学领域的思想家,其博士论文为"股票市场价格走势"(他以有效市场假说下的价格走势的随机游走模型为基础提出了强制性的统计证据。该文在证明有效市场假说的有效性以及其潜在失败的根本原因时被大量文献索引)。汉森是芝加哥大学的一位经济学家,其最主要的贡献在于发现了在经济和金融研究中极为重要的广义矩估计方法。目前,汉森正利用稳定控制理论和递归经济学理论研究风险在定价和决策中的作用。希勒是耶鲁大学经济系著名教授,是行为金融学领域的奠基人之一。

有别于传统金融学研究中"理性人"假设,行为金融学研究侧重于从人们的心理、行为出发,来研究和解释现实金融市场中的现象。行为金融学是在评论数理金融学的基础上建立的,它对数理金融学提出了挑战。它把投资者的心理区分为理性逐利与价值感受,把心理学纳入投资行为分析来解释金融市场中的异常现象,提出了研究投资者行为的模型,成为引人注目的新兴学派。

1.3.1 行为金融学概述

行为金融学作为一个新兴的研究领域,至今无公认的严格定义。塞勒提出,行为金融学应该是研究人类认知、了解信息并付诸角色行动的学科。通过大量的实验模型,他发现投资者行为并不总是理性、可预测和公正的——实际上投资者经常会犯错。

2013 年诺贝尔经济学奖得主、行为金融学奠基人之一希勒认为行为金融学是从对人们决策时的实际心理特征研究入手讨论投资者决策行为的,其投资决策模型是建立在对人们投资决策的心理因素的假设基础上的。中国学者李心丹则认为行为金融学是行为经济学的一个分支,它主要研究人们在投资决策过程中的认知、感情、态度等心理特征及其引起的市场非有效性的一系列问题。可以说,行为金融学是心理学和金融学的结合。

1936 年,凯恩斯基于心理预期在投资决策中的重要作用,提出股市"选美竞赛"理论和"空中楼阁"理论。他认为决定投资者行为的主要因素是心理因素,投资者是非理性的,其投资行为是建立在"空中楼阁"之上的,证券价格的高低取决于市场中投资者的心理预期所形成的合力,投资者的交易行为充满了"动物精神"。

1979 年,斯坦福大学心理学教授特维茨基和普林斯顿大学研究心理学的卡尼曼共同提出了前景理论,成为行为金融理论研究史上的一个里程碑。

行为金融理论作为一种新兴金融理论真正兴起于 20 世纪 80 年代后期,1985 年德邦特和塞勒发表了"股票市场过度反应了吗?"一文,揭开了行为金融学迅速发展的序幕。谢弗利姆和斯塔特曼的行为资产定价模型和行为组合理论标志着行为金融学进入快速发展时期。

1.3.2 行为金融学与数理金融学的区别

(一)假设基础不同

通过对比分析,数理金融学和行为金融学关于前提假设的分歧主要存在于两个方面。

一是数理金融学认为市场中的人是理性的,即经济行为人对其所处环境的各种状态都具有完美信息,并且在既定条件下每个人都具有使自己获得最大效用的意愿和能力。具体包括三个方面的含义:自利性假设、一致性假设、极大化假设。

二是数理金融学认为市场是有效的,而行为金融学认为市场并非完全有效。市场是否有效,是行为金融学和数理金融学争论的核心命题,也是理论界和实务界争论的焦点。

(二)研究逻辑不同

传统数理金融学研究的是经济个体的最优决策行为,是基于严格假设条件下的一种理想情况,可以说是先创造理想,然后逐步走向现实。其关注的重点是理想状况下应该发生什么,而不是现实世界实际上发生了什么,它的研究逻辑可以说是从理想到现实。

而行为金融学研究的是现实生活中的真实决策行为,其关注的重点是现实世界实际发生了什么及其深层次的原因是什么,可以说是先基于现实,然后逐步走向理想,它的研究逻辑是从现实到理想。行为金融学相对于数理金融学来说是一种现实的逻辑、拟向的逻辑。

(三)方法与本质不同

数理金融学主要是把数学作为工具,利用数学的原理和方法来研究金融市场的规律,数学本身不会对金融市场产生影响。

而行为金融学除了利用数学的原理和方法外,更加注重利用心理学的知识和方法来研究金融市场规律。人的心理本身会对金融市场产生重大影响,金融市场的很多现象和规律都与人的心理有关,心理现象会对投资者的投资产生重大影响。行为金融学探究人们决策时的实际心理特征,研究人的认知、感情、态度等心理特征对投资者及金融市场的影响,抓住了金融的本质。

1.3.3 行为金融学的核心理论

行为金融学是从人们决策时的实际心理活动入手讨论投资者的投资决策行为的,其投资决策模型是建立在对人们投资决策时心理因素的假设基础上的。行为金融学发现投资者在进行投资决策时常常表现出以下一些心理特点。

(一)过分自信

心理学研究发现人们过分地相信自己的能力。比如,在瑞典进行的一项调查显示,在被调查的司机中,有90%的司机认为自己的驾驶水平要"高于平均水平"。特别有研究发现,在实际预测能力未改变的情况下,人们更为相信自己对较熟悉的领域所做的预测。

(二)非贝叶斯预测

现代金融理论中的最优决策模型要求投资者按照贝叶斯规律修正自己的判断并对未来进行预测。但是行为金融学的研究发现,人们在决策过程中并不是按照贝叶斯规律不断修正自己的预测概率,而是对最近发生的事件和最新的经验给予更多的权重,从而导致人们在决策和做出判断时过分看重近期事件的影响。

(三)回避损失和"心理"账户

对于收益和损失,投资者更注重损失带来的不利影响。有实证研究表明,人们对损失赋予的权重是收益的两倍,而这将造成投资者在投资决策时按照心理上的"盈利"和"损失"采取行动,而不是按照实际收益和损失采取行动。

比如,某投资者拥有 A、B 两只股票各 1 000 股,其当前市场价均为 20 元,但其中一只股票的买入价为 10 元,另一只股票的买入价为 25 元。如果投资者分别出售两只股票,请问大家将出售哪只股票?但如果投资者同时出售两只股票,由于会有净收益产生,将大大削弱分别出售时遭受损失的感觉,甚至不认为投资遭受损失。投资者的这种心理活动将对其投资决策产生影响。

(四)后悔规避

当投资决策失误后,投资者的后悔心情是难以避免的。因此,即使是同样的决策结果,如果某种决策方式可以减少投资者的后悔心理,则对投资者来说这种决策方式将优于其他决策方式。减少决策失误后的后悔心态的决策方式有多种,比如,委托他人代为投资、"随大流"、仿效多数投资者的投资行为进行投资等。

(五)框架效应

卡内曼和特韦尔斯基研究人们在不确定条件下决策时会注意到环境与选择的关系。当我们面临决策时,不仅要受到预期效应的约束,同时也会受到问题表述的框架方式的影响。即问题是以什么方式呈现在人们面前的,这会在一定程度上影响人们对风险认知的态度。例如,面对同样的预期效用的确定性收益和风险性收益,如果结果是存在收益,那么人们会选择确定性收益,即表现为风险规避型;面对同样的预期效用的确定性损失和风险性损失,若结果是发生损失,那么人们会选择风险性损失,即表现为风险偏好型。

(六)参考点

参考点的概念是特韦尔斯基在前景理论中提出的,指的是人们评价事物时,总要与一定的参照物相比较,称之为参考点。在参考点附近,人们的态度最有可能发生变化。参考点可以理解为进行比较的个人视点、据以构建不同情形的"现状"。

(七)锚定效应

锚定是指人们更倾向于把对将来的估计和已采用的估计联系起来,同时易受他人建议的影响。比如,起始价较高的交易的最终成交价会高于起始价较低的交易;当人们被要求做定量评估时,往往会受到暗示的影响,如以问卷形式进行调查时,问卷所提供的一系列选项可令人们对号入座,从而使人们的回答受到选项的影响。

当然行为金融学也提出了投资者在进行投资决策时其他一些心理特点,如从众心理、赌博与投机行为等,这里不再赘述。

1.3.4 行为金融学对异常现象的解释

(一)红利困惑

行为金融学运用"心理账户""不完善的自我控制"和"后悔厌恶"进行分析。对现实投资者而言,1 美元红利与 1 美元资本利得是有区别的,因为他们在心理上将资金存在不同的账户之中,股票价格的下跌是心理上资本账户的损失,而公司取消红利则是红利账户的损失,并且现实投资者不同于理性人,他们不具备良好的自控能力。对于在花销上缺乏良好自制力的投资者来说,只花红利、不动本金是改善自控的最好工具。除此之外,对于后悔的厌恶也使投资者不愿出售股票来获取收益,因为今后股票价格上升了,投资者会感到后悔不已。后悔是与决策的责任相联系的,因为决策失误会导致后悔,而如果投资者接受红利就不需要决策,从而后悔的可能性就会减小。

(二)弗里德曼-萨维奇困惑

研究发现,投资者通常同时购买保险和彩票,而它们是风险与期望收益完全不同的两种资产。这被称为弗里德曼-萨维奇困惑。行为金融学认为弗里德曼-萨维奇困惑是由于投资者对待不同的心理账户有不同的风险态度。投资者们对各种资产进行投资时通常将这些资产划分成不同的层次。在低层次的心理账户上的投资通常收益比较低,如投资于货币市场基金、信用级别高的债券等,但相对而言更安全、稳定,投资者在这一层次的投资表现出极强的风险厌恶;而在高层心理账户上的投资通常收益很高,具有很大的增值潜力,如投资于彩票、高成长基金、股票等,但相对而言具有很大的风险,投资者在这一层次的投资则表现出较强的风险寻求。而且与马科维茨模型不同,现实投资者通常忽略不同心理账户之间的相关性。

(三)赢者-输者效应

赢者-输者效应是指由于投资者对过去的输者组合过分悲观,对赢者组合过分乐观而导致股价偏离其内在价值。赢者-输者效应的产生在于代表性启发式,即投资者依赖于过去的经验法则进行判断,并将这种判断外推至将来。一般而言,输者组合是一些在连续几年内均有坏消息的典型公司,而赢者组合是一些在连续几年内均有好消息的典型公司。由于代表性启发式的存在,投资者对过去的输者组合表现出过度的悲观,而对过去的赢者组合表现出过度的乐观,即投资者对好消息和坏消息都存在过度反应。这将导致输者组合的价格被低估,而赢者组合的价格被高估,价格都将偏离各自的基本价值。但是错误定价不会永久持续下去,在形成期之后这段时间,错误定价将会得到纠正。因此,输者组合的业绩将会高于市场的平均业绩,而赢者组合的业绩将会低于市场的平均业绩。

(四)惯性效应

惯性效应是指股票的收益率有延续原来的运动方向的趋势。行为金融学认为惯性效应产生的根源在于保守、锚定、过度自信和显著性所导致的一种启发式偏差:反应不足。利用收益公布后公司股价走势变化这一例子,行为金融学对惯性效应进行了说明。当公司公布收益上涨的消息后,股票价格首先在短期内表现出持续的走势,随后在长期内又出现反转走势。之所以在前期出现持续走势,关键在于投资者对新信息反应不足过于保守。此时,由于历史信息比新信息更具显著性,因而对新信息估价过低,投资者仍锚定于过去的历史价格,价格趋势并未因新信息的出现而有所改变。随着时间的推移,新信息变得比历史信息更为显著,此时投资者对新信息估价过高,出现过度反应。同赢者-输者效应相同,过度反应所导致的价格偏离不会长久持续下去,偏离的价格最终会得到纠正,而出现反转的走势。

(五)投资者情绪效应

投资者情绪效应是指投资者对未来预期的系统性偏差。行为金融学从心理的角度说明了赢者-输者效应和惯性效应存在的原因,但是其解释遭到来自标准金融支持者的反对,在他们看来这些异象的产生或是由于数据挖掘或是来自风险弥补,而法玛(1998)则认为在实证检验中过度反应与反应不足各占一半,刚好说明了市场的有效性。如果说过度反应和反应不足还不足以作为投资者非理性导致市场非有效的证据,那么投资者情绪与投资收益率之间相关性的典型存在则较充分地证实了这一点。它说明投资者的心理预期并不完全跟随有关股票基本价值的信息变动而变动,而是受到过去收益率的重要影响。除此之外,它还说明了投资者的情绪是影响资产定价的重要因素,市场并不是有效的。

1.3.5 行为金融学对数理金融学争论的新发展

(一)前景理论

传统期望效用理论和行为金融学中的前景理论是目前研究人们行为决策模式的两种重要理论。前者以最终财富状态作为人们决策的参考依据,但是效用函数形式不明确;后者以财富的变化量作为人们决策的参考依据,但是将客观概率转换成了随机性较大的主观概率。作为两者的综合和延伸,一个新的消费者行为决策机制——比例效用理论被提出。作为比例效用理论的扩展应用,后人简单证明了比例效用理论是边际效用递减规律存在的理论基础,同时还通过计量分析给予了比例效用理论实证层面上的支持。

(二)行为组合理论

行为组合理论(BPT)是在马科维茨的现代资产组合理论(MPT)的基础上发展起来的。现代资产组合理论认为,投资者应把注意力集中在整个组合而非单个资产的风险和预期收益的分析上,而最优的组合配置处在均值方差有效前沿上,这就需要考虑不同资产之间的相关性。然而在现实中大部分投资者无法做到这一点,他们实际构建的资产组合是基于对不同资产的风险程度的认知以及投资目的所形成的一种金字塔形的行为资产组合,位于金字塔各层的资产都与特定的目标和特定的风险态度相联系,它们之间的相关性被忽略了。

(三)行为资产定价模型

行为资产定价模型(BAPM)是对现代资本资产定价模型(CAPM)的扩展。与 CAPM 不同,BAPM 中投资者并非都具有相同的理性信念,而是被分为两类:信息交易者和噪声交易者。信息交易者是严格按 CAPM 行事的理性投资者,他们不会受到认知偏差的影响,只关注组合的均值和方差;噪声交易者则不按 CAPM 行事,他们会犯各种认知偏差错误,并没有严格的对均值和方差的偏好。两类交易者互相影响,共同决定资产价格。当前者是代表性交易者时,市场表现为有效率;当后者是代表性交易者时,市场表现为无效率。在 BAPM 中,证券的预期收益是由其"行为 β"决定的, β 是"均值-方差有效组合"的切线的斜率。这里,均值-方差有效组合并不等于 CAPM 中的市场组合,因为现在的证券价格受到噪声交易者的影响。此外,BAPM 还对在噪声交易者存在的条件下,市场组合汇报的分布、风险溢价、期限结构、期权定价等问题进行了全面研究。

1.4 市场模型基础

1.4.1 基本概念和假设

假设有两种可交易资产:一种是无风险资产;另一种是风险证券。无风险资产是指银行存款或由政府、金融机构、公司发行的债券。风险证券的典型代表是股票,风险证券还可能是外币、黄金、商品,或未来的价格在今天为未知的任何虚拟资产。

我们在引论中限定时间仅有两个时刻:今天,即 $t=0$;未来的某个时间,比如一年以后,即 $t=1$。对于更精确和更符合实际的情况,我们将在后面的各章研究。

风险证券的头寸(position)是指一个投资者持有的股票份额。1 股在时间 t 的价格用 $S(t)$ 表示。当前的股票价格 $S(0)$ 是已知的,但未来的价格 $S(1)$ 是未知的:可能上涨,也可能下跌。差额 $S(1)-S(0)$ 与初始价格的比即所谓的收益率,或者简称为收益,可以表示为

$$K_S = \frac{S(1)-S(0)}{S(0)}$$

它也是具有不确定性的。

无风险资产的头寸是指在银行账户中的金额。投资者可选择继续把钱存在银行,也可选择投资债券。我们用 $A(t)$ 表示债券在时间 t 的价格,与当前的股票价格一样,债券的当前价格 $A(0)$ 是已知的。但是与股票不同,债券在时间 1 的价格 $A(1)$ 也是已知的,具有确定性。例如, $A(1)$ 是由发行债券的机构确保的支付,在这种情况下,我们说债券到期时的面值为 $A(1)$。用与股票同样的方法定义债券的收益率为

$$K_A = \frac{A(1)-A(0)}{A(0)}$$

我们的任务是构建金融证券市场的数学模型。关键的第一步与涉及的数学对象的特性相

关。下面我们将设定一些假设,其目的是寻求现实世界的复杂性与数学模型的简化性和局限性之间的一种妥协,附加这些假设是为了模型更容易处理。这些假设反映了现在的妥协情形,但将来会被修改。

假设 1.1 随机性(Randomness)

未来的股票价格 $S(1)$ 是随机变量,它至少取两个不同的值。无风险证券的未来价格 $A(1)$ 是已知数。

假设 1.2 价格的正性

所有股票和债券的价格是严格正的,即

$$A(t) > 0, S(t) > 0 \quad t = 0, 1$$

持有 x 股股票和 y 份债券的投资者在时间 $t = 0, 1$ 时的总财富为

$$V(t) = xS(t) + yA(t)$$

数对 (x, y) 被称为资产组合(portfolio);$V(t)$ 为这个资产组合的价值,换言之,$V(t)$ 是投资者在时间 t 的财富。

资产价格在时间 $0 \sim 1$ 的增长决定着资产组合的价值变化,即

$$V(1) - V(0) = x[S(1) - S(0)] + y[A(1) - A(0)]$$

这个差额(可以是正的、零或负的)与初始价值的比为资产组合的收益率,即

$$K_V = \frac{V(1) - V(0)}{V(0)}$$

股票或债券的收益率是资产组合收益率的特殊情况(分别为 $x = 0$ 或 $y = 0$)。注意,因为 $S(1)$ 为随机变量,于是 $V(1)$ 及相应的 K_S 和 K_V 都是随机变量。无风险资产的投资收益 K_A 是确定性的。

假设 1.3(可分性、流动性和卖空)

一个投资者持有的股票数量 x 和债券数量 y 可以是任何数,即可以是整数、分数、正数、负数或者零。一般来说,

$$x, y \in \mathbb{R}$$

可分性指的是投资者持有的股票数量和债券数量可以是分数。当交易量与单位价格相比很大时,我们可以认为在现实世界的交易达到了几乎完美的可分性。

对 x 和 y 的数量不加任何限制与另一个市场特征即流动性有关。这意味着,根据需求,任何资产都可以按照市场价格进行任意数量的买或者卖。这显然是数学上的理想化,因为实际上对交易量是有限制的。

如果在资产组合中持有的某种证券的数量是正的,我们就说投资者拥有多头头寸。否则为空头头寸,或者卖空资产。无风险证券的空头头寸可能涉及发行和出售债券,但实际上,通过借入现金更容易达到同样的融资效果。利率由债券的价格决定。偿还贷款及利息可以认为是终止空头。股票的空头头寸可以通过卖空来实现。这意味着投资者可以借入股票后卖出,利用得到的收益进行其他的投资。股票的所有者仍对股票拥有所有的权利,特别是得到红利和在任何时刻卖出股票的权利。因此,投资者必须有足够的财力来履行合约,特别是能够通过回购股票并归还给股票的所有人以结清风险资产的空头头寸。类似地,投资者总可以利用归还贷款和利息来结清无风险证券的空头头寸。于此,我们附加了如下限制。

假设 1.4（偿付能力）

投资者的财富始终是非负的，即

$$V(t) \geqslant 0 \quad t=0,1$$

满足上述条件的资产组合被称为是可允许的。

在现实世界中，可能的不同价格的数量是有限的。一方面，因为这些价格是特定的十进位数字；另一方面，因为在整个世界中最终的货币数量是确定的，这提供了一个所有价格的上限。

假设 1.5（离散单位价格）

股票的未来价格 $S(1)$ 为只取有限多个值的随机变量。

1.4.2 无套利原则

在本节中我们将继续叙述市场的最基本假设，简单地说，我们将假设市场不允许没有初始投资的无风险利润。

例如，当市场的参与者出现错误时，可能会出现没有初始投资的无风险利润。假设纽约的交易商 A 以 $d_A=1.62$ 美元兑换 1 英镑的汇率购买英镑，而交易商 B 在伦敦以 $d_B=1.60$ 美元兑换 1 英镑的汇率卖出英镑。如果是这种情况，实际上，交易商就是在分发意外之财了。一个没有任何初始投资的投资者可获得 $d_A-d_B=0.02$ 美元的利润，其方法是，同时取得交易商 B 的空头头寸和交易商 A 的多头头寸。投资者的获利需求将迫使交易商调整汇率使得这个可以获得财富的机会消失。

假设 1.6（无套利原则）

不存在初始价值 $V(0)=0$ 的可允许的资产组合使得 $V(1)>0$ 具有非零概率。

换言之，如果一个可允许的资产组合初始价值为零，即 $V(0)=0$，那么 $V(1)=0$ 的概率为 1。这意味着，没有投资者获得无风险利润，而且没有初始禀赋。如果违背了这个原则的资产组合存在，则可以得到套利机会。

套利机会在实际操作中很少存在。如果打算利用套利机会，由于收益与交易量相比非常小，小投资者很难获利。另外，套利机会与上面的例子相比，更难把握。违背无套利原则的情况一般是短暂且难以把握的。活跃的投资者被称为套利者，其追逐套利利润的积极性将有效地消除套利机会。

在数学模型中，排除套利十分贴近实际，这是最重要和最有效的假设。基于无套利原则的论证是数理金融学的主要工具。

1.4.3 单期二叉树模型

在本节中，我们只考虑非常简单的例子。在这个例子中，股票价格 $S(1)$ 仅取两个不同的值，尽管非常简单，但这种情形对以后理论的发展具有特殊意义。例如，假设 $S(0)=100$ 美元，$S(1)$ 可以取两个值，即

$$S(1)=\begin{cases} 125 & \text{概率为 } p \\ 105 & \text{概率为 } 1-p \end{cases}$$

式中：$0 < p < 1$；$A(0) = 100$ 美元；$A(1) = 110$ 美元。因此，如果股票上涨，则股票收益率 K_S $= 25\%$；如果股票下跌，则 $K_S = 5\%$（观察在时间 1 股票的两个价格，碰巧比在时间 0 的价格上涨和下跌是相对于时间 1 的价格而言的）。无风险资产的收益率 $K_A = 10\%$，股票价格的单期二叉树如图 1-3 所示。

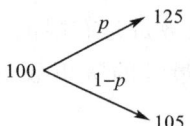

图 1-3 股票价格的单期二叉树

一般来说，在二叉树模型中，按照无套利原则选择股票价格和债券价格。假设在时间 1 上涨和下跌的可能股票价格为

$$S(1) = \begin{cases} S^u & \text{概率为 } p \\ S^d & \text{概率为 } 1-p \end{cases}$$

式中：$S^d < S^u$；$0 < p < 1$。

命题 1.1　如果 $S(0) = A(0)$，则

$$S^d < A(1) < S^u$$

否则，将出现套利机会。

证明

为简单起见，我们假设 $S(0) = A(0) = 100$，美元 $A(1) \leqslant S^d$。在这种情况下，在时间 0：借入无风险资产 100 美元；用 100 美元买 1 股股票。用这种方法，你将持有资产组合 (x, y)，其股票数量 $x = 1$，债券数量 $y = -1$。于是，在时间 0，这个资产组合的价值为

$$V(0) = 0$$

在时间 1，该资产组合的价值变为

$$V(1) = \begin{cases} S^u - A(1) & \text{如果股票上涨} \\ S^d - A(1) & \text{如果股票下跌} \end{cases}$$

如果 $A(1) \leqslant S^d$，则这两个可能价值的第二个严格为正，而另一个为非负，即 $V(1)$ 是非负的随机变量，且满足 $V(1) > 0$ 的概率为 $p > 0$，这个资产组合提供了一个套利机会，违背无套利原则。

现在假设 $A(1) \geqslant S^u$，如果是这种情况，则在时间 0：卖空 1 股得到 100 美元；投资 100 美元于无风险资产。其结果是，你将持有一个资产组合 (x, y)，其中 $x = -1, y = 1$，其初始价值仍为零，即

$$V(0) = 0$$

这个投资组合的最终价值为

$$V(1) = \begin{cases} -S^u + A(1) & \text{如果股票上涨} \\ -S^d + A(1) & \text{如果股票下跌} \end{cases}$$

因为 $S^u \leqslant A(1)$，$V(1)$ 是非负的，其中第一个值严格为正，即 $V(1)$ 是非负的随机变量，满足 $V(1) > 0$ 的概率为 $1 - p > 0$，再一次出现套利机会，违背无套利原则。

隐含在以上论证中的一般意义的推理是简单易懂的，即买价格低的资产、卖价格高的资产来赚取价差。

1.4.4 风险和收益

与前面一样，我们假设 $A(0)=100$ 美元；$A(1)=110$ 美元；$S(0)=80$ 美元，并且

$$S(1) = \begin{cases} 100 & \text{概率为 } 0.8 \\ 60 & \text{概率为 } 0.2 \end{cases}$$

假设你有 10 000 美元用于资产组合投资。你决定买 $x=50$ 股股票，在无风险资产上的投资为 $y=60$，那么

$$V(1) = \begin{cases} 11\,600 & \text{如果股票上涨} \\ 9\,600 & \text{如果股票下跌} \end{cases}$$

$$K_V = \begin{cases} 0.16 & \text{如果股票上涨} \\ -0.04 & \text{如果股票下跌} \end{cases}$$

期望收益（expected return），即资产组合收益率的数学期望

$$E(K_V) = 0.16 \times 0.8 - 0.04 \times 0.2 = 0.12$$

即 12% 。我们将投资风险定义为随机变量 K_V 的标准差，有

$$\sigma_V = \sqrt{(0.16-0.12)^2 \times 0.8 + (-0.04-0.12)^2 \times 0.2} = 0.08$$

即 8% 。让我们将此与单一类型的证券投资进行比较。

一方面，如果 $x=0$，则 $y=100$，即完全投资于无风险资产。在这种情况下，收益率是确定的已知数 $K_A=0.1$，即 10%，由标准差测量的风险为零，即 $\sigma_A=0$ 。

另一方面，如果 $x=125$，$y=0$，则完全投资于股票，于是有

$$V(1) = \begin{cases} 12\,500 & \text{如果股票上涨} \\ 7\,500 & \text{如果股票下跌} \end{cases}$$

且 $E(K_S)=0.15$，$\sigma_S=0.20$，即分别为 15% 和 20% 。

如果针对两个期望收益相同的资产组合进行选择，显然任何投资者都会选择风险更低的。类似地，如果风险水平相同，任何投资者都会选择收益更高的，在这种情况下，高收益与高风险相联系。此时，选择取决于个人的偏好。

本章小结 >>>

数理金融学是数学与金融学相结合而产生的一门新的学科，是金融学由定性分析向定性分析与定量分析相结合转变、由规范研究向实证研究为主转变、由理论阐述向理论研究与实用研究并重转变、由金融模糊决策向精确化决策发展的结果。

数理金融学主要使用一切可能的数学方法来研究金融问题，特别是复杂产品定价和动态市场均衡。数理金融学研究的内容可分为套利、优化和均衡。

数理金融学的研究大致可分为三个时期。随着数理金融学研究的深入，它的理论体系将不断完善。同时，随着与之有关的数值方法的提出与改进，数理金融学的成果将会为经济建设提供科学的指导作用。

思考练习题

1.简述数理金融学的定义、研究内容及相关机理。

2.简述数理金融学的发展过程。

3.简述数理金融学在金融学科体系中的地位及其结构框架。

4.简述数理金融学与行为金融学的区别。

5.叙述行为金融学对数理金融学的挑战。

第2章

基本数学方法

本章学习要点与要求

数理金融是数学与金融学的结合,它把大量数学方法应用于金融领域,提出一些研究方法。本章重点阐述数学方法的基本应用原理和应用技巧,以掌握数理金融中的基本数学方法的研究原理和思路,打下数学基础。

2.1 函数和微积分在数理金融中的应用

2.1.1 指数函数和对数函数在数理金融中的应用

(一)连续复利和实际利率

复利(compound interest),是指在计算利息时,某一计息周期的利息是由本金加上先前周期所积累利息总额来计算的计息方式,也即通常所说的"利滚利"。

假设给定本金 P,i 表示每年计算一次复利的利率,F_t 表示在 0 时刻存入本金 P,每年计算一次复利,于 t 时期计算终值,那么有:

$$F_1 = P(1 + i)$$
$$F_2 = P(1 + i)^2$$
$$\cdots$$
$$F_t = P(1 + i)^t$$

t 年后的终值 F 由指数函数确定:$F = P(1 + i)^t$。

假设给定本金 P,i 表示每年计算复利 m 次的利率,F_{m1} 表示在 0 时刻存入本金 P,每年计算 m 次复利,于 1 年后计算终值,那么有:

$$m = 1, F_{11} = P(1 + i)$$

$$m = 2, F_{21} = P\left(1 + \frac{i}{2}\right)\left(1 + \frac{i}{2}\right) = P\left(1 + \frac{i}{2}\right)^2$$

$$\cdots$$

$$m = m, F_{m1} = P\left(1 + \frac{i}{m}\right)^m$$

t 年后的终值 F 由指数函数确定：$F = P\left(1 + \frac{i}{m}\right)^{mt}$。

定义 2.1 对于数列 $\left\{\left(1 + \frac{1}{m}\right)^m\right\}$，当 m 趋于正无穷时,该数列所取得的极限就是 e,

即 $e = \lim\limits_{m \to \infty}\left(1 + \frac{1}{m}\right)^m$。

如果利率 i 为 100%,一年内连续计算复利,终值:

$$F = P\lim\limits_{m \to \infty}\left(1 + \frac{i}{m}\right)^{mt} = P\lim\limits_{m \to \infty}\left(1 + \frac{1}{m}\right)^{mt} = Pe^t$$

可证：$\lim\limits_{m \to \infty}\left(1 + \frac{r}{m}\right)^m = e^r$

对于非 100% 的利率 r,及非一年的时期 t,终值:

$$F = Pe^{rt}$$

对于负增长率,如折旧或贬值,公式中的 i 或 r 为负数。

根据 $F = Pe^{rt}$,可以推导实际利率 r,其计算公式为:

$$r = \frac{\ln F - \ln P}{t}$$

实际利率(real interest rate),是指投资者得到利息回报的真实利率。

例 2.1 给定 100 元本金,以 10% 计算复利,求其两年后的终值。

解:每年计算一次复利,有

$$F = P(1 + i)^t = 100 \times (1 + 0.10)^2 = 121$$

每半年计算一次复利,$m = 2$,$t = 2$,有

$$F = P\left(1 + \frac{i}{m}\right)^{mt} = 100 \times \left(1 + \frac{0.10}{2}\right)^{2 \times 2} = 100 \times (1 + 0.05)^4 = 121.55$$

连续计算复利,有

$$F = Pe^{rt} = 100 \times e^{0.10 \times 2} = 122.14$$

通过此例可以发现,复利次数越多,终值越大。

(二)实际利率与名义利率

相同的本金及相同的名义利率,由于复利种类不同,会产生不同的实际利率。如例 2.1 所示,每年计算一次复利时,两年后终值为 121 元;每半年计算一次复利时,两年后终值为 121.55元;而连续计算复利时,两年后终值为 122.14 元。

为了求出多次计算复利的实际年利率 i_e,由 $P(1 + i_e)^t = P\left(1 + \frac{i}{m}\right)^{mt}$,两边同时除以

P，并开 t 次方根，得

$$1 + i_e = \left(1 + \frac{i}{m}\right)^m$$

$$i_e = \left(1 + \frac{i}{m}\right)^m - 1$$

为了求出连续计算复利的实际年利率，由 $1 + i_e = e^r$，得

$$i_e = e^r - 1$$

例 2.2 名义利率为 10％，期限为两年，求

(1) 每半年计算一次复利的实际年利率；

(2) 连续计算复利的实际年利率。

解：

(1) $i_e = \left(1 + \dfrac{i}{m}\right)^m - 1 = 1.05^2 - 1 = 10.25\%$；

(2) $i_e = e^r - 1 = e^{0.1} - 1 = 1.105\ 17 - 1 = 10.52\%$。

通过此例可以发现，当年计复利次数大于 1 时，实际利率将大于名义利率。

（三）银行按揭贷款

银行按揭贷款以客户的信誉做担保，或以一定资产做抵押，先在银行贷款，然后再分期偿还。还款方式通常有两种：等额本金和等额本息。等额本金还款是指借款人每月等额偿还本金，贷款利息随本金逐月递减，还款额也逐月递减；等额本息还款是指借款人每月以相等的金额偿还贷款本息。

我们考虑等额本息还款方式。银行为了方便客户查询，一般制作一张按揭表，客户可以查表计算，选择按揭期限与方式。银行按揭可归结为数学问题：贷款 P 元，年利率为 r，分 n 期等额偿还，每期应偿还多少？

折现值，也称贴现值（Present Discounted Value，PDV），是指将未来的一笔钱按照某种利率折合为现值。

现值公式：$P = \sum_{t=0}^{n} \dfrac{A}{(1+i)^t}$ （A：每期偿还 A 元；$i = \dfrac{r}{12}$：月利率）

等比数列求和公式：

$$S_n = \begin{cases} \dfrac{a_1(1-Q^n)}{1-q}, & q \neq 1 \\ n\,a_1, & q = 1 \end{cases}$$

一般以 1 个月为一期，月末偿还，年利率为 r，月利率为 $i = \dfrac{r}{12}$，设每期偿还 A 元，n 期还款折现为现值的总和应等于贷款总和，则：

第 1 期还款的折现值为：$\dfrac{A}{1+i}$；

第 2 期还款的折现值为：$\dfrac{A}{(1+i)^2}$；第 n 期还款的折现值为：$\dfrac{A}{(1+i)^n}$。

所以

$$P = \frac{A}{1+i} + \frac{A}{(1+i)^2} + \cdots + \frac{A}{(1+i)^n} = \frac{A}{i}\left[1 - \left(\frac{1}{1+i}\right)^n\right]$$

可得

$$A = \frac{Pi}{1 - (1+i)^{-n}}$$

例 2.3 某人贷款金额为 20 万元,年利率为 6%,计划办理 5 年银行按揭,每个月月末应向银行还款多少钱?

解:已知 $P = 200\ 000$(元),$i = 6\% \div 12 = 0.5\%$,$n = 5 \times 12 = 60$(月)。

由银行按揭数学模型可知,每个月偿还数额

$$\begin{aligned}
A &= \frac{Pi}{1 - (1+i)^{-n}} = P(AP, i, n) \\
&= 200\ 000 \times (AP, i, n) \\
&= 200\ 000 \times 0.019\ 34 \\
&= 3\ 868(元)
\end{aligned}$$

5 年偿还银行贷款,每个月应还款 3 868 元。

$$A = \frac{Pi}{1 - (1+i)^{-n}}$$

上式即为银行按揭的等额本息还款方式的数学模型,又称资金还原公式。

$\dfrac{i}{1 - (1+i)^{-n}}$ 称为资金还原系数,常用 $(A/P, i, n)$ 表示,可通过查年金现值系数表计算求得。

从以上例子可以看出:

(1)客户 5 年实际还款总额为 $3\ 868 \times 60 = 232\ 080$(元),支付利息 32 080 元。

(2)按揭时间越长,每个月偿还数量越少,可减轻客户的偿还压力,但按揭时间越长,付出的利息越高。

(3)上例中没有考虑年息的变化,即假定年利率是不变的。实际运作中,该利率通常可变。

贷款市场报价利率(Loan Prime Rate,LPR)是由具有代表性的报价行,根据本行对最优质客户的贷款利率,以公开市场操作利率(主要指中期借贷便利利率)加点形成的方式报价,由中国人民银行授权全国银行间同业拆借中心计算并公布的基础性的贷款参考利率,各金融机构应主要参考 LPR 进行贷款定价。目前,LPR 包括 1 年期和 5 年期以上两个品种。

(四)分期付款

在市场经济中,有些商品价格较高导致消费者一次付款有困难。企业为了推销商品,允许顾客采取分期付款的形式。有些商品在第一次付款时就可以取得,有些商品在货款付清后才能取得。有些银行也开办分期付款业务,由消费者分期还款给银行。

分期付款的形式有多种:

(1)成交时取货,企业计算现值;

(2)货款付清后取货,消费者计算终值;

(3)向银行借款购买商品,以后分期偿还银行借款;

(4)分期付款在半途变更付款条件。

例 2.4 某汽车每台售价 100 000 元,成交时付款 34 000 元,其余 66 000 元分 11 个月付款,即每月 6 000 元,假设月息为 0.42%,求企业获得的现值。

解: 企业获得的现值为:

$$P = 34\ 000 + \frac{A}{i}\left[1 - (1+i)^{-n}\right]$$

$$= 34\ 000 + \frac{6\ 000}{0.004\ 2} \times \left[1 - (1 + 0.004\ 2)^{-11}\right]$$

$$= 98\ 366.63(元)$$

即每台汽车分期付款总额的现值为 98 366.63 元。

2.1.2 微分方法在数理金融中的应用

在金融分析中,经常需要计算时间最优问题、中间产品转移价格的测定问题等,这就需要运用微分方法进行分析。

对于单变量函数而言,微分=导数。

定义 2.2 设函数 f 在一点 x 的近旁有意义,如果极限

$$\lim_{h \to 0} \frac{f(x+h) - f(x)}{h}$$

存在并且有限,则称这个极限值为 f 在点 x 的**导数**,记作 $f'(x)$,并称函数 f 在点 x **可导**。

微分法则: 微分可记作 $\mathrm{d}f(x_0) = f'(x_0)\Delta x$,$\left(f^{(n)}(x) = \dfrac{\mathrm{d}^n f(x)}{\mathrm{d}x^n}\right)$

(1) $\mathrm{d}(f \pm g) = \mathrm{d}f \pm \mathrm{d}g$;

(2) $\mathrm{d}(f \cdot g) = g \cdot \mathrm{d}f + f \cdot \mathrm{d}g$;

(3) $\mathrm{d}\left(\dfrac{f}{g}\right) = \dfrac{g \cdot \mathrm{d}f - f \cdot \mathrm{d}g}{g^2}$,$g \neq 0$。

定理 2.1 对于连续函数,f 在 $[a, b]$ 上,x_0 是 f 的一个驻点($f'(x_0) = 0$)。设 $f''(x_0)$ 存在,

(1) 若 $f''(x_0) < 0$,则 $f(x_0)$ 是严格极大值;

(2) 若 $f''(x_0) > 0$,则 $f(x_0)$ 是严格极小值。

(一)利用微分方法计算时间最优问题

例 2.5 假设为投资买入的土地以下面的公式增值,其中 V 代表土地价值,t 代表持有时间。

$$V = 1\ 000e^{\sqrt{t}}$$

在连续复利的前提下贴现率为 0.09,为使土地的现值最大,应该持有该土地多久?

解: 连续复利:$F = Pe^{rt} \Rightarrow P = Fe^{-rt}$(称 e^{-rt} 为贴现因子)

$$P = 1\,000 \mathrm{e}^{\sqrt[3]{t}} \cdot \mathrm{e}^{-0.09t} = 1\,000 \mathrm{e}^{\sqrt[3]{t}-0.09t}$$

$$\ln P = \ln 1\,000 + t^{\frac{1}{3}} - 0.09t$$

$$\frac{\mathrm{d}(\ln P)}{\mathrm{d}t} = \frac{1}{P}\frac{\mathrm{d}P}{\mathrm{d}t} = \frac{1}{3}t^{-\frac{2}{3}} - 0.09$$

$$\frac{\mathrm{d}P}{\mathrm{d}t} = P\left(\frac{1}{3}t^{-\frac{2}{3}} - 0.09\right) = 0$$

$$\frac{1}{3}t^{-\frac{2}{3}} = 0.09$$

$$t = 0.27^{-\frac{3}{2}} \approx 7.13 (\text{年})$$

二阶条件：

$$\frac{\mathrm{d}^2 P}{\mathrm{d}t^2} = P\left(-\frac{2}{9}t^{-\frac{5}{3}}\right) + \left(\frac{1}{3}t^{-\frac{2}{3}} - 0.09\right)\frac{\mathrm{d}P}{\mathrm{d}t} = -\frac{2P}{9\sqrt[3]{t^5}} < 0$$

所以当 $t = 7.13$ 时，P 有极大值，即持有土地 7.13 年现值最大。

(二)划拨价格的决定机制

在国际投资中，划拨价格是从事跨国公司经营的企业系统内部(母公司与子公司之间、子公司与子公司之间)买卖中间产品时所执行的价格。它应以中间产品成本为基础，且同时满足母公司与子公司的利润最大化。

假定某跨国公司由三个部门组成：两个上游部门，一个下游部门。两个上游部门的产量分别为 Q_1 和 Q_2，成本相应为 $C_1(Q_1)$ 和 $C_2(Q_2)$；下游部门的产量为 Q，其生产函数为 $Q = f(K, L, Q_1, Q_2)$，其中 K, L 分别是下游部门所投入的资本和劳动力。

公司的总成本除了上游部门的成本 $C_1(Q_1)$ 和 $C_2(Q_2)$ 外，还有下游部门的成本 $C_d(Q)$；两个上游部门生产的中间产品的划拨价格分别为 P_1 和 P_2；下游部门的销售收入为 $R(Q)$。当三个部门各自达到利润最大化时，公司的总利润最大。

仅考虑不存在中间产品外部市场时价格的确定。

【思路】：在服从于三个部门利润最大的情况下，谋求公司的总利润最大化。

设该企业的总利润为 $\pi(Q)$，则

$$\pi(Q) = R(Q) - C_d(Q) - C_1(Q_1) - C_2(Q_2)$$

为使公司的利润达到最大，可对上式求偏导，令总利润对上游部门 1 产量的偏导等于零，即最后一单位上游部门 1 生产的中间产品的边际成本等于这一单位中间产品给跨国公司带来的额外的收益。

边际成本(marginal cost)，指的是每一单位新增生产的产品(或者购买的产品)带来的总成本的增量。这个概念表明每一单位的产品的成本与总产品量有关。比如，仅生产 1 辆汽车的成本是极其巨大的，而生产第 100 辆汽车的成本就低得多，而生产 10 000 辆汽车的成本就更低了(这是因为规模经济带来的效益)。

$$\frac{\partial \pi}{\partial Q_1} = \frac{\partial R}{\partial Q}\frac{\partial Q}{\partial Q_1} - \frac{\partial C_d}{\partial Q}\frac{\partial Q}{\partial Q_1} - \frac{\partial C_1}{\partial Q_1} = 0$$

$$= \left(\frac{\partial R}{\partial Q} - \frac{\partial C_d}{\partial Q}\right)\frac{\partial Q}{\partial Q_1} - \frac{\partial C_1}{\partial Q_1}$$

令上式等于 0,即

$$\frac{\partial \pi}{\partial Q_1} = 0 = \left(\frac{\partial R}{\partial Q} - \frac{\partial C_d}{\partial Q}\right)\frac{\partial Q}{\partial Q_1} - \frac{\partial C_1}{\partial Q_1}$$

$$MR = \frac{\partial R}{\partial Q}, 为最终产品生产的边际收益;$$

$$MC_d = \frac{\partial C_d}{\partial Q}, 为下游部门的边际成本;$$

$$MC_1 = \frac{\partial C_1}{\partial Q_1}, 为上游部门 1 的边际成本;$$

$$MP_1 = \frac{\partial Q}{\partial Q_1}, 为上游部门 1 的边际产出。$$

MP_1 是增加一单位上游部门 1 的中间产品生产能够带来的最终产品的增量。

基于上述定义,

$$0 = \left(\frac{\partial R}{\partial Q} - \frac{\partial C_d}{\partial Q}\right)\frac{\partial Q}{\partial Q_1} - \frac{\partial C_1}{Q_1}$$

可以写成

$$0 = (MR - MC_d)MP_1 - MC_1$$

定义 $(MR - MC_d)MP_1$ 为上游部门 1 的年边际收益,记作 NMR_1,则上式可改为:

$$MC_1 = NMR_1 = (MR - MC_d)MP_1$$

同理,为了使母公司的利润达到最大化,可以解出上游部门 2 的相关数据:

$$MC_2 = NMR_2 = (MR - MC_d)MP_2$$

令两个上游部门的利润分别为 π_1 和 π_2,则

$$\pi_1 = P_1 Q_1 - C_1(Q_1)$$
$$\pi_2 = P_2 Q_2 - C_2(Q_2)$$

为了使上游部门的利润最大化,可对上式求偏导,并令利润 π 对中间产量的偏导数为 0,即

$$\frac{\partial \pi_1}{\partial Q_1} = P_1 - \frac{\partial C_1}{\partial Q_1} = 0$$

得

$$MC_1 = P_1$$

同理,

$$MC_2 = P_2$$

由以上推论可知,划拨价格制定的条件为:

$$P_1 = MC_1 = NMR_1 = (MR - MC_d)MP_1$$
$$P_2 = MC_2 = NMR_2 = (MR - MC_d)MP_2$$

可见,当生产中间产品的边际成本等于其年边际收益时确定的价格是划拨价格。

边际收益(marginal revenue),是指增加一单位产品的销售所增加的收益,即最后一单位产品的售出所取得的收益。

例 2.6 某生产赛车的跨国公司由两个部门组成:上游部门生产引擎,下游部门组装赛车。该赛车需求曲线为 $P = 20\,000 - Q$,则可推知收益为:

$$R(Q) = QP = Q(20\,000 - Q) = 20\,000Q - Q^2$$

所以边际收益为 $MR = 20\,000 - 2Q$。

已知上游部门的成本是 $C_E(Q_E) = 2Q^2$，则上游部门的边际成本为 $MC_E = 4Q_E$，下游部门的成本为 $C_A = 8\,000Q$，边际成本 $MC_A = 8\,000$，求引擎的划拨价格 P_E、赛车的产量 Q、引擎的产量 Q_E 和赛车的价格 P_A。

解：引擎生产的年边际收益：$NMR_E = (MR - MC_A)MP = MR - MC_A$，

$$NMR_E = (20\,000 - 2Q_E) - 8\,000 = 12\,000 - 2Q_E$$

令 $NMR_E = MC_E$，得 $12\,000 - 2Q_E = 4Q_E$，解得

$$Q_E = Q = 2\,000（台）$$
$$P_E = MC_E = 4 \times 2\,000 = 8\,000（元）$$
$$P_A = 20\,000 - 2\,000 = 18\,000（元）$$

2.1.3　积分方法在数理金融中的应用

微分用来测量函数的变化率，而求微分法的逆过程及已知微分求原函数的过程积分或反微分，原函数 $F(x)$ 就称为 $F'(x)$ 的积分或原函数。数理经济分析致力于寻找变量的时间路径或者力求决定变量是否随着时间的推移收敛于平衡点。

净投资 I 定义为时间 t 内的资本产量构成 K 的变化率，假如这个过程是连续的，$I(t) = \dfrac{\mathrm{d}K(t)}{\mathrm{d}t} = K'(t)$。根据投资率可以估计资本存量的水平，资本存量就是净投资关于时间的积分：$K_t = \displaystyle\int I(t)\mathrm{d}t = K(t) + c$，这里 $c =$ 初始的资本存量 K_0。

同理，利用积分可以根据边际成本（MC）来估算总成本（TC），因为边际成本就是产出增量引起的总成本的变化，$MC = \dfrac{\mathrm{d}TC}{\mathrm{d}Q}$，且只有可变成本随产出水平的变化而变化。

$$TC = \int MC\mathrm{d}Q = VC + C = VC + FC$$

$C =$ 固定或初始成本 FC。

下面给了一些常见的函数积分。

(1) $\displaystyle\int x^2 \mathrm{d}x = \dfrac{1}{3}x^3 + c$；

(2) $\displaystyle\int \sin x\, \mathrm{d}x = -\cos x + c$；

(3) $\displaystyle\int \dfrac{1}{x}\mathrm{d}x = \ln x + c\,(x > 0)$，$\displaystyle\int \dfrac{1}{x}\mathrm{d}x = \ln(-x) + c\,(x < 0)$；

(4) $\displaystyle\int x^\alpha \mathrm{d}x = \dfrac{1}{\alpha + 1}x^{\alpha+1} + c\,(\alpha \neq -1)$；

(5) $\displaystyle\int a^x \mathrm{d}x = \dfrac{a^x}{\ln a} + c$；

例 2.7　给定净投资率 $I(t) = 140t^{\frac{3}{4}}$，且当 $t = 0$ 时初始资本存量是 150，求资本函数 K，即时间路径 $K(t)$。

解：
$$K = \int 140\, t^{\frac{3}{4}}\, \mathrm{d}t = 140 \int t^{\frac{3}{4}}\, \mathrm{d}t = 140\left(\frac{4}{7} t^{\frac{7}{4}}\right) + c = 80 t^{\frac{7}{4}} + 150$$

2.1.4 微分方程和差分方程在数理金融中的应用

(一)运用微分方程决定动态平衡点

微分方程可用于决定市场均衡模型的动态平衡点,它描述出在宏观经济的不同条件下,价格增长的时间路径,也可以估计资本函数,并根据边际成本和边际收入函数估计总收益函数。

一阶线性微分方程

$$\frac{\mathrm{d}y}{\mathrm{d}x} + p(x)y = q(x)$$

通解

$$y = \mathrm{e}^{-\int p(x)\mathrm{d}x}\left[c + \int q(x)\mathrm{e}^{\int p(x)\mathrm{d}x}\,\mathrm{d}x\right]$$

例 2.8 给定需求函数 $Q_\mathrm{d} = c + bP$ 和供给函数 $Q_\mathrm{s} = g + P$,均衡价格是 $P = \dfrac{c - g}{h - b}$。假定市场中价格的变化率 $\dfrac{\mathrm{d}P}{\mathrm{d}t}$ 是正的,它是关于超额需求 $Q_\mathrm{d} - Q_\mathrm{s}$ 的线性函数。

$$\frac{\mathrm{d}P}{\mathrm{d}t} = m(Q_\mathrm{d} - Q_\mathrm{s}), m = 常数 > 0$$

分析在什么条件下,当 $t \to \infty$ 时,$P(t)$ 将趋近于 P,这个条件就是市场上的动态价格稳定条件。

解:将给定的 Q_d 和 Q_s 代入 $\dfrac{\mathrm{d}P}{\mathrm{d}t} = m(Q_\mathrm{d} - Q_\mathrm{s})$,可得

$$\frac{\mathrm{d}P}{\mathrm{d}t} = m[(c + bP) - (g + hP)] = m(c + bP - g - hP)$$

整理得

$$\frac{\mathrm{d}P}{\mathrm{d}t} + m(h - b)P = m(c - g)$$

令 $v = m(h - b)z = m(c - g)$,利用一阶线性微分方程通解的一般公式解

$$\frac{\mathrm{d}P}{\mathrm{d}t} + vP = z$$

可得

$$
\begin{aligned}
y(t) &= \mathrm{e}^{-\int v\mathrm{d}t}\left(A + \int z\mathrm{e}^{\int v\mathrm{d}t}\,\mathrm{d}t\right) \\
&= \mathrm{e}^{-vt}\left(A + \int z\mathrm{e}^{vt}\,\mathrm{d}t\right) \\
&= \mathrm{e}^{-vt}\left(A + \frac{z\mathrm{e}^{vt}}{v}\right) \\
&= A\mathrm{e}^{-vt} + \frac{z}{v}
\end{aligned}
$$

当 $t=0$ 时，$P(0)=y(0)=A+\dfrac{z}{v}$，可得

$$A=P(0)-\frac{z}{v}$$

所以，

$$P(t)=y(t)=\left[P(0)-\frac{z}{v}\right]\mathrm{e}^{-vt}+\frac{z}{v}$$

代入 $v=m(h-b)$，$z=m(c-g)$，得

$$P(t)=y(t)=\left[P(0)-\frac{m(c-g)}{m(h-b)}\right]\mathrm{e}^{-m(h-b)t}+\frac{c-g}{h-b}$$

价格的时间曲线为

$$P(t)=y(t)=\left[P(0)-\overline{P}\right]\mathrm{e}^{-m(h-b)t}+\overline{P}$$

因为，$P(0)$，$\overline{P}$，$m\geqslant0$，当 $t\to\infty$ 时，$\left[P(0)-\overline{P}\right]\mathrm{e}^{-m(h-b)t}\to0$，$P(t)\to P$，当且仅当 $h-b\geqslant0$ 时。

对于正常的情况，需求函数是负的斜率（$b<0$），而供给函数是正的斜率（$h>0$），则可以确定其动态稳定条件。当满足 $h\geqslant b$ 时，拥有正斜率需求函数或负斜率供给函数的市场也将是动态稳定的。

（二）运用可分离变量微分方程求投资函数

投资的变化率将影响经济的总需求和生产能力，可运用微分方程寻找经济增长的时间路径，并沿该路径增长。

例 2.9　若边际储蓄倾向（s）和[边际资本—产出比率（k）]都是常数，计算可达到预期增长所需的投资函数。此外，还已知

$$\text{总体需求 }Y\text{ 的变化}=\text{投资 }I\text{ 的变化}\times\frac{1}{\text{边际储蓄倾向 }s}$$

$$\text{生产力 }Q\text{ 的变化}=\text{资本存量 }K\text{ 的变化}\times\frac{1}{\text{边际资本—产出比率 }k}$$

解：根据已知条件，有

$$\frac{\mathrm{d}Q}{\mathrm{d}t}=\frac{1}{k}\frac{\mathrm{d}K}{\mathrm{d}t}=\frac{1}{k}I\left(\frac{\mathrm{d}K}{\mathrm{d}t}=I\right)$$

当生产能力被充分利用，即 $Q=Y$ 时，生产能力满足需求，那么有

$$\frac{1}{s}\times\frac{\mathrm{d}I}{\mathrm{d}t}=\frac{1}{k}I$$

整理得

$$\frac{1}{s}\mathrm{d}I=\frac{1}{k}I\,\mathrm{d}t$$

分离变量得

$$\frac{\mathrm{d}I}{I}-\frac{s}{k}\mathrm{d}t=0$$

积分得

$$\ln I - \frac{s}{k}t = 0$$

求以 e 为底的幂函数得

$$I \mathrm{e}^{-\frac{s}{k}t} = C$$

即

$$I = C \mathrm{e}^{(\frac{s}{k})t}$$

在 $t = 0$ 时，$I(0) = C$，有 $I = I(0)\mathrm{e}^{(\frac{s}{k})t}$。投资量必须按由 $\frac{s}{k}$ 决定的常数比率增长。

(三)运用差分方程制定滞后收入决定模型

差分方程表示的是因变量和滞后的自变量之间的关系，这些变量在离散的时间区间内变化。

假定消费量(C_t)是前一期收入(Y_{t-1})的函数，c 为边际消费倾向，那么

$$C_t = C_0 + cY_{t-1}$$
$$Y_t = C_t + I_t$$

如果 $I_t = I_0$，那么 $Y_t = C_0 + cY_{t-1} + I_0$。

设 $b = c$，$a = C_0 + I_0$，把这些值代入一阶线性差分方程 $y_t = by_{t-1} + a$，求解一般公式

$$\begin{cases} y_t = \left(y_0 - \dfrac{a}{1-b}\right)b^t + \dfrac{a}{1-b}，当 b \neq 1 \text{ 时} \\ y_t = y_0 + at，当 b = 1 \text{ 时} \end{cases}$$

则

$$y_t = \left(y_0 - \frac{C_0 + I_0}{1-c}\right)c^t + \frac{C_0 + I_0}{1-c}$$

当 $c \neq 1$，且 $t = 0$ 时，假定 $Y_t = Y_0$，那么这条时间路径的稳定性取决于 c，因为 $0 < MP < 1$，$|c| < 1$，时间路径收敛。又因为，$c > 0$，所以非振荡，均衡是稳定的，并且当 $t \to \infty$ 时，$y_t \to \dfrac{C_0 + I_0}{1-c}$，这是收入暂时均衡水平。

例 2.10 给出 $Y_t = C_t + I_t$，$C_t = 200 + 0.9Y_{t-1}$，$I_t = 100$，$Y_0 = 4\,500$，求解 Y_t。

解：$Y_t = 200 + 0.9Y_{t-1} + 100 = 0.9Y_{t-1} + 300$。

利用公式 $y_t = \left(y_0 - \dfrac{C_0 + I_0}{1-c}\right)c^t + \dfrac{C_0 + l_0}{1-c}$ 可得

$$y_t = \left(4\,500 - \frac{300}{1-0.9}\right)0.9^t + \frac{300}{1-0.9}$$
$$= 1\,500 \times 0.9^t + 3\,000$$

由于 $|0.9| < 1$，时间路径收敛；由于 $0.9 > 0$，无振荡，因此 Y_t 是动态稳定的。

当 $t \to \infty$ 时，上式右边第一项 $\to 0$，且 $Y_t \to 3\,000$，$3\,000$ 为均衡水平。

检验分别令 $t = 0$，$t = 1$，因此

$$y_0 = 1\,500 \times 0.9^0 + 3\,000 = 4\,500$$
$$y_1 = 1\,500 \times 0.9^1 + 3\,000 = 4\,350$$

用 $Y_1 = 4\,350$ 代替 Y_t，用 $Y_0 = 4\,500$ 代替 Y_{t-1}：

$$4\,350 - 0.9 \times 4\,500 = 4\,350 - 4\,050 = 300$$

2.2 线性代数在数理金融中的应用

线性代数可以用简明方式表示复杂的方程系统,提供简便方法验证方程组解的存在与否,它丰富了方程系统的求解方法。但线性代数只用于线性系统,由于许多经济关系可以由线性方程来近似,也可以转换为线性关系来分析,因而数理金融中大量应用线性代数的方法。

2.2.1 矩阵在数理金融中的应用

矩阵是数、参数或变量的矩阵排列,通过矩阵的加减乘除运算,以及矩阵转置、逆矩阵的相互关系,可以求解线性方程组,解决相关计算问题。

(一)矩阵的运算

$$A=(a_{ij})_{sn}=\begin{pmatrix} a_{11} & a_{12} & \cdots & a_{1n} \\ a_{21} & a_{22} & \cdots & a_{2n} \\ \cdots & \cdots & & \cdots \\ a_{s1} & a_{s2} & \cdots & a_{sn} \end{pmatrix} \quad B=(b_{ij})_{sn}=\begin{pmatrix} b_{11} & b_{12} & \cdots & b_{1n} \\ b_{21} & b_{22} & \cdots & b_{2n} \\ \cdots & \cdots & & \cdots \\ b_{s1} & b_{s2} & \cdots & b_{sn} \end{pmatrix}$$

(1)矩阵的加法

记

$$C=(C_{ij})_{sn}=(a_{ij}+b_{ij})_{sn}\begin{pmatrix} a_{11}+b_{11} & a_{12}+b_{12} & \cdots & a_{1n}+b_{1n} \\ a_{21}+b_{21} & a_{22}+b_{22} & \cdots & a_{2n}+b_{2n} \\ \cdots & \cdots & & \cdots \\ a_{s1}+b_{s1} & a_{s2}+b_{s2} & \cdots & a_{sn}+b_{sn} \end{pmatrix}$$

①结合律:$A+(B+C)=(A+B)+C$;

②交换律:$A+B=B+A$;

③0 矩阵:元素全为零的矩阵称为零矩阵,$A+0=A$。

(2)矩阵的减法

记

$$-A=(-a_{ij})_{sn}=\begin{pmatrix} -a_{11} & -a_{12} & \cdots & -a_{1n} \\ -a_{21} & -a_{22} & \cdots & -a_{2n} \\ \cdots & \cdots & & \cdots \\ -a_{s1} & -a_{s2} & \cdots & -a_{sn} \end{pmatrix}$$

①$A+(-A)=0$;

②$A-B=A+(-B)$。

(3)矩阵的乘法

设 $A=(a_{ik})_{sn}$,$B=(b_{kj})_{nm}$,那么 $C=AB=(c_{ij})_{sm}$,其中

$$c_{ij}=a_{i1}b_{1j}+a_{i2}b_{2j}+\cdots+a_{in}b_{nj}=\sum_{k=1}^{n}a_{ik}b_{kj}$$

矩阵 C 第 i 行第 j 列的元素等于矩阵 A 第 i 行与矩阵 B 第 j 列的对应元素乘积的和。

单位矩阵 $n \times n$

$$E_n = \begin{pmatrix} 1 & 0 & \cdots & 0 \\ 0 & 1 & \cdots & 0 \\ \cdots & \cdots & & \cdots \\ 0 & 0 & \cdots & 1 \end{pmatrix}$$

$$A_{sn} \cdot E_n = A_{sn}$$

$$E_s \cdot A_{sn} = A_{sn}$$

①分配律

$$A(B + C) = AB + AC$$

$$(B + C)A = BA + CA$$

②数量乘法

$$(k + l)A = kA + lA$$

$$k(A + B) = kA + kB$$

$$k(lA) = (kl)A$$

$$k(AB) = (kA)B = A(kB)$$

(4)矩阵的转置

矩阵 A 的行列互换：

$$A = \begin{pmatrix} a_{11} & a_{12} & \cdots & a_{1n} \\ a_{21} & a_{22} & \cdots & a_{2n} \\ \cdots & \cdots & & \cdots \\ a_{s1} & a_{s2} & \cdots & a_{sn} \end{pmatrix} \quad A' = A^T = \begin{pmatrix} a_{11} & a_{21} & \cdots & a_{s1} \\ a_{12} & a_{22} & \cdots & a_{s2} \\ \cdots & \cdots & & \cdots \\ a_{1n} & a_{2n} & \cdots & a_{sn} \end{pmatrix}$$

① $(A')' = A$；

② $(A + B)' = A' + B'$；

③ $(AB)' = B'A'$；

④ $(kA)' = k A'$。

(5)矩阵的逆

n 级矩阵 A 称为可逆的，如果有 n 级矩阵 B，使得

$$AB = BA = E$$

则 B 称为 A 的逆矩阵，记为 A^{-1}。

① $(A')^{-1} = (A^{-1})'$；

② $(AB)^{-1} = B^{-1}A^{-1}$。

(二)行列式的性质

(1)行列式的行或列互换，其值不变；

(2)行列式中某一行或列中各元素有公因子 k，则 k 可以提到行列式符号之外；

(3)如果行列式中某行或列中各元素均为两项之和，即 $a_{ij} = b_{ij} + c_{ij}(i = 1, 2, \cdots, n)$，则行列式等于两个行列式之和：

$$\begin{vmatrix} a_{11} & \cdots & b_{ij}+c_{1j} & a_{1n} \\ a_{21} & \cdots & b_{2j}+c_{2j} & a_{2n} \\ \cdots & \cdots & \cdots & \cdots \\ a_{s1} & \cdots & b_{nj}+c_{nj} & a_{nn} \end{vmatrix} = \begin{vmatrix} a_{11} & \cdots & b_{1j} & a_{1n} \\ a_{12} & \cdots & b_{2j} & a_{2n} \\ \cdots & \cdots & \cdots & \cdots \\ a_{1n} & \cdots & b_{nj} & a_{nn} \end{vmatrix} + \begin{vmatrix} a_{11} & \cdots & c_{1j} & a_{1n} \\ a_{12} & \cdots & c_{2j} & a_{2n} \\ \cdots & \cdots & \cdots & \cdots \\ a_{1n} & \cdots & c_{nj} & a_{nn} \end{vmatrix}$$

（4）如果行列式中有两行或列相同,则行列式等于零;

（5）如果行列式中两行或列成比例,则行列式等于零;

（6）如果行列式中的某一行或列的各元素同乘数 k 后加到另一行或列的对应元素上去,则行列式不变;

（7）对换行列式中两行或列的位置,则行列式反号;

（8）行列式等于它的任何一行或列的所有元素分别与它们所对应的代数余子式的乘积之和;

（9）行列式的任何一行或列的元素与另一行或列的对应元素的代数余子式的乘积之和必为零。

（三）矩阵的逆

$$A^{-1} = \frac{1}{d}A^*\ (d=|A|\neq 0)$$

$$A^* = \begin{pmatrix} A_{11} & A_{21} & \cdots & A_{n1} \\ A_{12} & A_{22} & \cdots & A_{n2} \\ \cdots & \cdots & & \cdots \\ A_{1n} & A_{2n} & \cdots & A_{nn} \end{pmatrix}$$

A_{ij} 为元素 a_{ij} 的代数余子式

$$A_{ij}=(-1)^{i+j}M_{ij}$$

$$M_{ij}= \begin{vmatrix} a_{11} & \cdots & a_{1,j-1} & a_{1,j+1} & \cdots & a_{1n} \\ \cdots & \cdots & \cdots & \cdots & \cdots & \cdots \\ a_{i-1,1} & \cdots & a_{i-1,j-1} & a_{i-1,j+1} & \cdots & a_{i-1,n} \\ & & & & & \\ a_{i+1,1} & \cdots & a_{i+1,j-1} & a_{i+1,j+1} & \cdots & a_{i+1,n} \\ \cdots & \cdots & \cdots & \cdots & \cdots & \cdots \\ a_{n,1} & \cdots & a_{n,j-1} & a_{n,j+1} & \cdots & a_{nn} \end{vmatrix}$$

例 2.11　已知

$$A=\begin{pmatrix} 1 & 1 & -1 \\ 2 & 1 & 0 \\ 1 & -1 & 0 \end{pmatrix}$$

求 A^{-1}。

解：$d=|A|=3$

$$A^*=\begin{pmatrix} A_{11} & A_{21} & A_{31} \\ A_{12} & A_{22} & A_{32} \\ A_{13} & A_{23} & A_{33} \end{pmatrix}=\begin{pmatrix} M_{11} & -M_{21} & M_{31} \\ -M_{12} & M_{22} & -M_{32} \\ M_{13} & -M_{23} & M_{33} \end{pmatrix}$$

$$M_{11} = \begin{vmatrix} 1 & 0 \\ -1 & 0 \end{vmatrix} = 0, M_{21} = \begin{vmatrix} 1 & -1 \\ -1 & 0 \end{vmatrix} = -1, M_{31} = \begin{vmatrix} 1 & -1 \\ 1 & 0 \end{vmatrix} = 1$$

$$M_{12} = \begin{vmatrix} 2 & 0 \\ 1 & 0 \end{vmatrix} = 0, M_{22} = \begin{vmatrix} 1 & -1 \\ 1 & 0 \end{vmatrix} = 1, M_{32} = \begin{vmatrix} 1 & -1 \\ 2 & 0 \end{vmatrix} = 2$$

$$M_{13} = \begin{vmatrix} 2 & 1 \\ 1 & -1 \end{vmatrix} = -3, M_{23} = \begin{vmatrix} 1 & 1 \\ 1 & -1 \end{vmatrix} = -2, M_{33} = \begin{vmatrix} 1 & 1 \\ 2 & 1 \end{vmatrix} = -1$$

$$A^* = \begin{pmatrix} 0 & 1 & 1 \\ 0 & 1 & -2 \\ -3 & 2 & -1 \end{pmatrix}$$

因为 $A^{-1} = \dfrac{1}{d} A^*$，故

$$A^{-1} = \begin{pmatrix} 0 & \dfrac{1}{3} & \dfrac{1}{3} \\ 0 & \dfrac{1}{3} & -\dfrac{2}{3} \\ -1 & \dfrac{2}{3} & -\dfrac{1}{3} \end{pmatrix}$$

例 2.12 某证券组合由一个风险证券组合和一个无风险证券构成。风险证券组合包括两个证券 A 和 B，它们的预期收益率 $E(R_1)$ 和 $E(R_2)$ 分别为 10％和 8％。证券 A 的方差为 $\sigma_A^2 = 200$，证券 B 的方差为 $\sigma_B^2 = 80$，协方差 $\sigma_{AB} = 50$，两种证券权重（ω_1 和 ω_2）均为 0.5。无风险证券的预期收益率为 5％，在证券组合中的权重（ω_f）为 0.25。要求计算该证券组合的总预期收益率和总风险。

解：根据题意，风险证券的收益可写成矩阵形式：

$$E(R_i) = \begin{pmatrix} 10\% \\ 8\% \end{pmatrix}$$

则风险证券组合的收益率为：

$$E(R_{P_0}) = \begin{pmatrix} \omega_1 & \omega_2 \end{pmatrix} \begin{pmatrix} E(R_1) \\ E(R_2) \end{pmatrix} = \begin{pmatrix} 0.5 & 0.5 \end{pmatrix} \begin{pmatrix} 10\% \\ 8\% \end{pmatrix} = 9\%$$

那么，总预期收益率为：

$$E(R_P) = \begin{pmatrix} \omega_f & 1-\omega_f \end{pmatrix} \begin{pmatrix} E(R_f) \\ E(R_{P_0}) \end{pmatrix} = \begin{pmatrix} 0.25 & 0.75 \end{pmatrix} \begin{pmatrix} 5\% \\ 9\% \end{pmatrix} = 8\%$$

通常情况下风险用标准差表示，首先推导风险组合的方差公式：

$$\sigma_{P_0}^2 = D(\omega_1 R_1 + \omega_2 R_2) = \omega_1^2 D(R_1) + \omega_2^2 D(R_2) + 2\omega_1 \omega_2 \text{Cov}(R_1, R_2)$$

写成矩阵形式为：

$$D\left[\begin{pmatrix} \omega_1 & \omega_2 \end{pmatrix} \begin{pmatrix} R_1 \\ R_2 \end{pmatrix} \right] = \begin{pmatrix} \omega_1 & \omega_2 \end{pmatrix} \left[C \begin{pmatrix} R_1 \\ R_2 \end{pmatrix} \right] \begin{pmatrix} \omega_1 & \omega_2 \end{pmatrix}'$$

即

$$\begin{pmatrix} \omega_1 & \omega_2 \end{pmatrix} \begin{pmatrix} \sigma_{11} & \sigma_{12} \\ \sigma_{21} & \sigma_{22} \end{pmatrix} \begin{pmatrix} \omega_1 & \omega_2 \end{pmatrix}'$$

风险组合的风险为：

$$\sigma_{P_0}^2 = (\omega_1 \quad \omega_2)\begin{pmatrix} \sigma_{11} & \sigma_{12} \\ \sigma_{21} & \sigma_{22} \end{pmatrix}(\omega_1 \quad \omega_2)' = (0.5 \quad 0.5)\begin{pmatrix} 200 & 50 \\ 50 & 80 \end{pmatrix}(0.5 \quad 0.5)' = 95$$

$$\sigma_{P_0} = \sqrt{95} = 9.75$$

那么,总组合风险为:

$$\sigma_P = (1 - \omega_f)\sigma_{P_0} = (1 - 0.25) \times 9.75 = 7.31$$

2.2.2 特殊行列式在数理金融中的应用

在数理金融中要应用一些特殊行列式和矩阵,如雅可比行列式、海赛行列式等。

(一)雅可比(Jacobi)行列式

雅可比行列式既可以用来检验线性函数的相关性,也可以用来检验非线性函数的相关性。雅可比行列式 $|J|$ 是由方程组的所有一阶偏导数按一定顺序排列组成的。

$$y_1 = f_1(x_1, x_2, x_3)$$
$$y_2 = f_2(x_1, x_2, x_3)$$
$$y_3 = f_3(x_1, x_2, x_3)$$

$$|J| = \left| \frac{\partial y_1, \partial y_2, \partial y_3}{\partial x_1, \partial x_2, \partial x_3} \right| = \begin{vmatrix} \dfrac{\partial y_1}{\partial x_1} & \dfrac{\partial y_1}{\partial x_2} & \dfrac{\partial y_1}{\partial x_3} \\ \dfrac{\partial y_2}{\partial x_1} & \dfrac{\partial y_2}{\partial x_2} & \dfrac{\partial y_2}{\partial x_3} \\ \dfrac{\partial y_3}{\partial x_1} & \dfrac{\partial y_3}{\partial x_2} & \dfrac{\partial y_3}{\partial x_3} \end{vmatrix}$$

雅可比行列式的第 i 行是由函数 y_i 关于每个独立变量 x_1,x_2,x_3 的偏导数组成的,第 j 列是由函数 y_1,y_2,y_3 关于第 j 个自变量 x_j 的偏导数组成的。

(1)如果 $|J| = 0$,则方程为函数相关的;

(2)如果 $|J| \neq 0$,则方程为函数不相关的。

例 2.13 已知 $\begin{cases} y_1 = 5x_1 + 3x_2 \\ y_2 = 25x_1^2 + 30x_1x_2 + 9x_2^2 \end{cases}$

利用雅可比行列式判断其函数相关性。

解:首先,求一阶偏导数:

$$\frac{\partial y_1}{\partial x_1} = 5, \frac{\partial y_1}{\partial x_2} = 3, \frac{\partial y_2}{\partial x_1} = 5x_1 + 30x_2, \frac{\partial y_2}{\partial x_2} = 30x_1 + 18x_2$$

然后,构造雅可比行列式:

$$|J| = \begin{vmatrix} 5 & 3 \\ 50x_1 + 30x_2 & 30x_1 + 18x_2 \end{vmatrix}$$

求解:$|J| = 5(30x_1 + 18x_2) - 3(50x_1 + 30x_2) = 0$,则方程之间是函数相关的。

(二)海赛行列式(Hessen)

海赛行列式 $|H|$ 是由所有的二阶偏导数构成的,其中二阶直接偏导数位于主对角线上,二阶交叉偏导数位于非对角线的位置,利用海赛行列式,可以方便地检验二阶条件。

已知 $Z=f(x,y)$，二阶海赛行列式为：

$$|H|=\begin{vmatrix} Z_{xx} & Z_{xy} \\ Z_{yx} & Z_{yy} \end{vmatrix}$$

其中 $Z_{xy}=Z_{yx}$。如果位于对角线上的第一个元素即第一主子式 $|H_1|=Z_{xx}>0$ 且第二主子式

$$|H_2|=\begin{vmatrix} Z_{xx} & Z_{xy} \\ Z_{yx} & Z_{yy} \end{vmatrix}=Z_{xx}Z_{yy}-(Z_{xy})^2>0$$

则**极小值**的二阶条件成立。如果 $|H_1|<0$，$|H_2|>0$，则**极大值**的二阶条件成立。

(1) $|H_1|>0$ 时，$|H_2|>0$，$|H|$ 被称为正定的，Z 取极小值；

(2) $|H_1|<0$ 时，$|H_2|>0$，$|H|$ 被称为负定的，Z 取极大值。

例 2.14 有一经济函数 $Z=3x^2-xy+2y^2-4x-7y+12$，证明在 $x_0=1$，$y_0=2$ 处达到最优，二阶偏导数 $Z_{xx}=6$，$Z_{yy}=4$，$Z_{xy}=-1$，利用海赛行列式验证二阶条件满足最优。

解：

$$|H|=\begin{vmatrix} Z_{xx} & Z_{xy} \\ Z_{yx} & Z_{yy} \end{vmatrix}=\begin{vmatrix} 6 & -1 \\ -1 & 4 \end{vmatrix}$$

$$|H_1|=Z_{xx}=6>0$$

$$|H_2|=\begin{vmatrix} 6 & -1 \\ -1 & 4 \end{vmatrix}=23>0$$

则海赛行列式 $|H|$ 是正定的，从而经济函数 Z 在临界值处取得最小值。

(三) 最优化问题中的海赛行列式

已知 $y=f(x_1,x_2,x_3)$，三阶海赛行列式为：

$$|H|=\begin{vmatrix} y_{11} & y_{12} & y_{13} \\ y_{21} & y_{22} & y_{23} \\ y_{31} & y_{32} & y_{33} \end{vmatrix}$$

其元素为 y 的各个二阶偏导数：$y_{11}=\dfrac{\partial^2 y}{\partial x_1^2}$，$y_{12}=\dfrac{\partial^2 y}{\partial x_1 \partial x_2}$，$y_{23}=\dfrac{\partial^2 y}{\partial x_2 \partial x_3}$ 等。

极小值或极大值的条件取决于第一、第二和第三主子式的符号。

(1) $|H_1|>0$，$|H_2|>0$，$|H_3|>0$ 时，$|H|$ 被称为正定的，y 取极小值；

(2) $|H_1|<0$，$|H_2|>0$，$|H_3|<0$ 时，$|H|$ 被称为负定的，y 取极大值。

对于更高阶的，所有主子式都为正，海塞行列式为正定的，可取极小值；所有主子式的符号在负与正之间交替出现，海塞行列式为负定的，可取极大值。

(四) 解线性方程组的 Cramer 法则（以三元一次方程组为例）

有线性方程组：

$$\begin{cases} a_{11}x_1+a_{12}x_2+a_{13}x_3=b_1 \\ a_{21}x_1+a_{22}x_2+a_{23}x_3=b_2 \\ a_{31}x_1+a_{32}x_2+a_{33}x_3=b_3 \end{cases}$$

其系数矩阵为：

$$A = \begin{pmatrix} a_{11} & a_{12} & a_{13} \\ a_{21} & a_{22} & a_{23} \\ a_{31} & a_{32} & a_{33} \end{pmatrix}$$

假设行列式 $d = |A| \neq 0$，则方程组有解，且解唯一。

其解为 $x_1 = \dfrac{d_1}{d}, x_2 = \dfrac{d_2}{d}, x_3 = \dfrac{d_3}{d}$。其中

$$d_1 = \begin{pmatrix} b_1 & a_{12} & a_{13} \\ b_2 & a_{22} & a_{23} \\ b_3 & a_{32} & a_{33} \end{pmatrix}$$

例 2.15 最优化函数 $y = -5x_1^2 + 10x_1 + x_1x_3 - 2x_2^2 + 4x_2 + 2x_2x_3 - 4x_3^2$，利用海赛行列式检验二阶条件。

解：根据一阶条件求最优值

$$\begin{cases} \dfrac{\partial y}{\partial x_1} = y_1 = -10x_1 + 10 + x_3 = 0 \\ \dfrac{\partial y}{\partial x_2} = y_2 = -4x_2 + 4 + 2x_3 = 0 \\ \dfrac{\partial y}{\partial x_3} = y_3 = x_1 + 2x_2 - 8x_3 = 0 \end{cases}$$

用矩阵表示 $AX = B$

$$\begin{pmatrix} -10 & 0 & 1 \\ 0 & -4 & 2 \\ 1 & 2 & -8 \end{pmatrix} \begin{pmatrix} x_1 \\ x_2 \\ x_3 \end{pmatrix} = \begin{pmatrix} -10 \\ -4 \\ 0 \end{pmatrix}$$

利用 Cramer 法则

$$|A| = -276 \neq 0, |A_1| = -288, |A_2| = -336, |A_3| = -120$$

所以

$$\bar{x}_1 = \frac{|A_1|}{|A|} \approx 1.04, \bar{x}_2 = \frac{|A_2|}{|A|} \approx 1.22, \bar{x}_3 = \frac{|A_3|}{|A|} \approx 0.43$$

由一阶条件求二阶偏导数

$$\begin{array}{lll} y_{11} = -10, & y_{12} = 0, & y_{13} = 1 \\ y_{21} = 0, & y_{22} = -4, & y_{23} = 2 \\ y_{31} = 1, & y_{32} = 2, & y_{33} = -8 \end{array}$$

所以

$$|H| = \begin{vmatrix} -10 & 0 & 1 \\ 0 & -4 & 2 \\ 1 & 2 & -8 \end{vmatrix}$$

因为

$$|H_1| = -10 < 0, |H_2| = 40 > 0, |H_3| = |H| = -276 < 0$$

所以 H 为负定的，y 取得极大值。

2.3 随机过程在数理金融中的应用

在概率论中学习了随机变量、随机向量以及多维随机变量的知识,主要涉及有限个随机变量,而且它们之间相互独立。随机过程研究的则是无穷多个相互有关的随机变量。

定义 2.3 设 Ω 为一个样本空间,若对任意 $\omega \in \Omega$,都有一个实数 $X(\omega)$ 与之对应,则称 $X(\omega)$ 为一个**随机变量**,并简记为 X。

例 2.16 掷一枚硬币两次,样本空间为 $\Omega = \{\omega_{00}, \omega_{01}, \omega_{10}, \omega_{11}\}$,用 0 表示反面,1 表示正面,$X$ 表示正面出现的次数,则有:$X(\omega_{00}) = 0, X(\omega_{01}) = 1, X(\omega_{10}) = 1, X(\omega_{11}) = 2$,则 0、1、2 为 X 的所有可能取值。

定义 2.4 设 X 为一个随机变量,我们称 $F(x) = P(X \leqslant x)(x \in R)$ 为随机变量的**分布函数**。

例 2.17 X 表示 100 人中任一人的身高(cm),$P(X \leqslant 180) = 0.88$。
$$P(a < X \leqslant b) = P(X \leqslant b) - P(X \leqslant a) = F(b) - F(a)$$

注:如果把随机变量 X 看作实轴 R 上的一个随机点,则 $F(x)$ 是随机点 X 落在固定点 x 左方(含点 x)的概率。

分布函数有如下**基本性质**:

(1) $F(x)$ 为 x 的右连续函数,即对 $\forall x \in R$,$\lim\limits_{h \to 0^+} F(x + h) = F(x)$;

(2) $F(x)$ 为 x 的单调不减函数;

(3) $F(-\infty) = 0, F(+\infty) = 1$。

(一)离散型随机变量

如果随机变量 X 的所有可能取值为一列离散的点,$x_1, x_2, \cdots, x_i, \cdots$,则称 X 为一个离散型随机变量,并称概率 $P(X = x_i) = P_i, i = 1, 2, \cdots$ 为 X 的分布列或分布律。

$$X \sim \begin{pmatrix} x_1 & x_2 & x_3 & \cdots \\ P_1 & P_2 & P_3 & \cdots \end{pmatrix}$$

常见的离散型随机变量有二项分布、泊松分布和几何分布等。

1.二项分布

定义 2.5 设 X 为一个离散型随机变量,若 X 的分布列为
$$P(X = k) = C_n^k p^k q^{n-k}, k = 0, 1, \cdots, n$$
其中,$0 < p < 1, q = 1 - p$,则称 X 服从参数为 n 与 p 的二项分布,记为 $X \sim B(n, p)$。

二项分布可以理解为 n 次独立重复试验中事件 A 发生的概率。特别地,将参数为 $1(n = 1)$ 与 p 的二项分布 $B(1, P)$ 称为 $0-1$ 分布(两点分布),比如人的生死、电闸的开关等。

例 2.18 某疾病死亡率为 0.002,求 2 000 人中死亡人数大于 8 的概率。

解:由题意知,$X \sim B(2\,000, 0.002)$
$$P(X > 8) = 1 - P(X \leqslant 8)$$
$$= 1 - \sum_{k=0}^{8} C_{2\,000}^k 0.002^k 0.998^{2\,000-k}$$

2.泊松(Poisson)分布

定义 2.6　设 X 为一个离散型随机变量,若 X 的分布列为

$$P(X=k)=\frac{\lambda^{k}}{k!}\mathrm{e}^{-\lambda},k=0,1,\cdots$$

其中,$\lambda>0$,则称 X 服从参数为 λ 的泊松分布,记为 $X\sim P(\lambda)$。

泊松逼近原理:设 $x_n\sim B(n,P_n)$,常数 $\lambda>0$,如果 $\lim\limits_{n\to\infty}nP_n=\lambda$,则

$$\lim\limits_{n\to\infty}C_n^k\,p_n^k\,(1-P_n)^{n-k}=\frac{\lambda^{k}}{k!}\mathrm{e}^{-\lambda}\,(k=0,1,\cdots)$$

其中,

$$P_n^k=\frac{n!}{(n-k)!},C_n^k=\frac{n!}{(n-k)!\,k!}$$

3.几何分布

定义 2.7　设 X 为一个离散型随机变量,若 X 的分布列为

$$P(X=k)=pQ^{k-1},k=1,2,\cdots$$

其中,$p>0,q=1-p$,则称 X 服从参数为 p 的几何分布,记为 $X\sim G(p)$。

【练习题】　首次命中的射击次数记为 $X\sim G(p)$。其具有无记忆性,即 $P(X>n+m\mid X>m)=P(X>n)$,已知前 m 次没有命中条件下再射击 n 次也没有命中的概率等于前 n 次射击没有命中的概率。

(二)连续型随机变量

设 X 为一个随机变量,如果存在一个可积函数 $f(x)$ 使得 X 的分布函数 $F(x)$ 满足

$$F(x)=\int_{-\infty}^{x}f(t)\mathrm{d}t,x\in R$$

则称 X 为一个连续型随机变量,并称 $f(x)$ 为 X 的概率密度函数(简称概率密度)。

$$f(x_0)=F'(x_0),P(a<X\leqslant b)=\int_{a}^{b}f(x)\mathrm{d}x$$

连续型随机变量具有如下性质:

①非负性:$f(x)\geqslant 0$;

②归一性:$\int_{-\infty}^{+\infty}f(x)\mathrm{d}x=1$。

常见的连续型随机变量有均匀分布、指数分布和正态分布等。

1.均匀分布

定义 2.8　若随机变量 X 的密度函数为

$$f(x)=\begin{cases}\dfrac{1}{b-a}, & a<x<b\\ 0, & 其他\end{cases}\Rightarrow F(x)=\begin{cases}0, & x<a\\ \dfrac{x-a}{b-a}, & a\leqslant x<b\\ 1, & x\geqslant b\end{cases}$$

则称 X 在区间 (a,b) 上服从均匀分布,记为 $X\sim U(a,b)$。

例 2.19　在区间 $(-1,1)$ 上任取一点,记为 X,求方程 $t^2-3Xt+1=0$ 有实根的概率。

解:由题意知,X 在区间$(-1,1)$上服从均匀分布,其密度函数为

$$f(x) = \begin{cases} \dfrac{1}{1-(-1)} = \dfrac{1}{2}, & -1 < x < 1 \\ 0, & \text{其他} \end{cases}$$

由根的判别式 $9x^2 - 4 \geqslant 0$ 得 $|X| \geqslant \dfrac{2}{3}$,即 $X \leqslant -\dfrac{2}{3}$ 或者 $X \geqslant \dfrac{2}{3}$ 时有根。

所以

$$\begin{aligned} P\left(|X| \geqslant \dfrac{2}{3}\right) &= P\left(X \leqslant -\dfrac{2}{3}\right) + P\left(X \geqslant \dfrac{2}{3}\right) \\ &= \int_{-1}^{-\frac{2}{3}} \dfrac{1}{2} \mathrm{d}x + \int_{\frac{2}{3}}^{1} \dfrac{1}{2} \mathrm{d}x \\ &= \dfrac{1}{3} \end{aligned}$$

2.指数分布

定义 2.9 若随机变量 X 的密度函数为

$$f(x) = \begin{cases} \lambda \mathrm{e}^{-\lambda x}, & x > 0 \\ 0, & x \leqslant 0 \end{cases} \Rightarrow F(x) = \begin{cases} 1 - \mathrm{e}^{-\lambda x}, & x > 0 \\ 0, & x \leqslant 0 \end{cases}$$

其中,参数 $\lambda > 0$,则称 X 服从参数为 λ 的指数分布,记为 $X \sim E(\lambda)$。

3.正态分布

定义 2.10 若连续型随机变量 X 的密度函数为

$$f(x) = \dfrac{1}{\sqrt{2\pi}\sigma} \mathrm{e}^{-\frac{(x-\mu)^2}{2\sigma^2}}, x \in R$$

其中,参数 $\mu \in R, \sigma > 0$,则称 X 服从参数为 μ, σ^2 的正态分布,记为 $X \sim N(\mu, \sigma^2)$。

μ:位置参数;

σ:形状参数。

正态分布的分布函数为

$$F(x) = \dfrac{1}{\sqrt{2\pi}\sigma} \int_{-\infty}^{x} \mathrm{e}^{-\frac{(t-\mu)^2}{2\sigma^2}} \mathrm{d}t$$

(4)标准正态分布

$\mu = 0, \sigma^2 = 1$ 的正态分布,记为 $X \sim N(0,1)$。

$$\varphi(x) = \dfrac{1}{\sqrt{2\pi}} \mathrm{e}^{-\frac{x^2}{2}}, x \in R$$

$$\Phi(x) = \dfrac{1}{\sqrt{2\pi}} \int_{-\infty}^{x} \mathrm{e}^{-\frac{t^2}{2}} \mathrm{d}t$$

$$\Phi(0) = \dfrac{1}{2}, \Phi(-x) = 1 - \Phi(x)$$

(三)随机变量的数字特征

1.期望

(1)离散型随机变量的数学期望

设离散型随机变量 X 的分布律为 $PX = x_k = P_k, k = 1,2,3,\cdots$。若级数 $\sum\limits_{k=1}^{+\infty} x_k p_k$ 绝对收敛,则 $EX = \sum\limits_{k=1}^{+\infty} x_k p_k$。

可以证明,常见的离散型随机变量的数学期望如下:

①二项分布: $X \sim B(n,p), EX = np$;

②泊松分布: $X \sim P(\lambda), EX = \lambda$;

③几何分布: $X \sim G(P), EX = \dfrac{1}{p}$。

级数收敛:数项级数 $\sum\limits_{n=1}^{\infty} u_n$ 的部分和数列 $\{s_n\}$ 收敛于 $s(\lim\limits_{n \to \infty} s_n = s)$。

级数收敛的性质:

① $\sum\limits_{n=0}^{\infty} aQ^n (a \neq 0)$:当 $0 < |q| < 1$ 时,该级数收敛于 $\dfrac{a}{1-q}$;当 $|q| > 1$ 时,该级数发散。

② P 级数 $\sum\limits_{n=1}^{\infty} \dfrac{1}{n^p}$:当 $p > 1$ 时,收敛;当 $p \leqslant 1$ 时,发散。

(2)连续型随机变量的数学期望

设连续型随机变量 X 的密度函数为 $f(x)$,若积分 $\int_{-\infty}^{+\infty} x f(x) \mathrm{d}x$ 收敛,则称 $EX = \int_{-\infty}^{+\infty} x f(x) \mathrm{d}x$ 为随机变量 X 的数学期望。

①均匀分布: $X \sim U(a,b), EX = \dfrac{a+b}{2}$;

②指数分布: $X \sim E(\lambda), EX = \dfrac{1}{\lambda}$;

③正态分布: $X \sim N(\mu, \sigma^2), EX = \mu$。

(3)随机变量函数的期望

设 Y 是随机变量 X 的函数, $Y = g(X)[g(X)$ 连续]。

①若 X 是离散型随机变量,它的分布律为 $P\{X = x_k\} = P_k(k = 1,2,\cdots)$ 且 $\sum\limits_{k=1}^{+\infty} g(x_k) P_k$ 绝对收敛,则随机变量 $Y = g(X)$ 的数学期望存在,为

$$E(Y) = E[g(X)] = \sum_{k=1}^{+\infty} g(x_k) P_k$$

②若 X 是连续型随机变量,它的概率密度为 $f(x)$,且 $\int_{-\infty}^{+\infty} g(X) f(x) \mathrm{d}x$ 绝对收敛,则

$$E(Y) = E[g(X)] = \int_{-\infty}^{+\infty} g(X) f(x) \mathrm{d}x$$

(4)期望的性质

期望具有如下性质:

① $E(c) = c$;

② $E(cX) = cE(X)$;

③ $E(x_1 + x_2) = E(x_1) + E(x_2)$；

④若随机变量 X 与 Y 相互独立,则 $E(XY) = E(X)E(Y)$。

2.方差

定义 2.11　设 X 为随机变量,若 $E\{[X - E(X)]^2\}$ 存在,则称 $E\{[X - E(X)]^2\}$ 为 X 的方差,记为 $D(X)$,即 $D(X) = E\{[X - E(X)]^2\}$;称 $\sqrt{D(X)}$ 为 X 的标准差,记为 $\sigma_X = \sqrt{D(X)}$。

方差 $D(X)$ 是随机变量 X 的函数 $g(X) = E\{[X - E(X)]^2\}$ 的数学期望。

$$D(X) = E[X - E(X)]^2 = E\{x^2 - 2XE(X) + [E(X)]^2\}$$
$$= E(x^2) - 2E(X) \cdot E(X) + E[E(X)^2]$$
$$= E(x^2) - 2[E(X)]^2 + [E(X)]^2$$
$$= E(x^2) - [E(X)]^2$$

(1)方差的性质

① c 为常数,则 $D(c) = 0$;

②若 a, b 为常数,X 为随机变量,则 $D(aX + b) = a^2 D(X)$;

③若随机变量 X 和 Y 相互独立,则 $D(X + Y) = D(X) + D(Y)$。

(2)随机变量的方差

一些常见的随机变量的方差如下:

①0-1分布: $D(X) = p(1 - p)$;

②泊松分布: $X \sim P(\lambda), D(X) = \lambda$;

③几何分布: $X \sim G(P), D(X) = \dfrac{q}{p^2}$;

④均匀分布: $X \sim U(a, b), D(X) = \dfrac{(b - a)^2}{12}$;

⑤指数分布: $X \sim E(\lambda), D(X) = \dfrac{1}{\lambda^2}$;

⑥正态分布: $X \sim N(\mu, \sigma^2), D(X) = \sigma^2$。

(四)二维随机变量及其分布

定义 2.12　设 X 和 Y 为两个随机变量,则称有序数组 (X, Y) 为二维随机变量。

1.联合分布函数

$F(x, y) = P(X \leqslant x, Y \leqslant y)$,其中 $\{X \leqslant x, Y \leqslant y\} \triangleq \{X \leqslant x\} \bigcap \{Y \leqslant y\}$。

2.联合分布函数的性质

①单调不减(对 x 或 y):对 $\forall y$,若 $x_1 \leqslant x_2$,则 $F(x_1, y) \leqslant F(x_2, y)$;同理,若 $y_1 \leqslant y_2$,则 $F(x, y_1) \leqslant F(x, y_2)$。

②归一性: $\forall x, y, F(-\infty, y) = 0, F(x, -\infty) = 0, F(-\infty, -\infty) = 0, F(+\infty, +\infty) = 1$。

③右连续：$F(x+0,y)=F(x,y)$，$F(x,y+0)=F(x,y)$。

④矩形法则：对 $\forall x_1 \leqslant x_2$，$y_1 \leqslant y_2$，有 $F(x_2,y_2)-F(x_1,y_2)-F(x_2,y_1)+F(x_1,y_1)\geqslant 0$。

3.边际分布函数

单个随机变量 X 或 Y 的分布：$F_X(x)=F(x,+\infty)$，$F_Y(y)=F(+\infty,y)$。

4.联合分布列

设 (X,Y) 为二维离散型随机变量，且 X 的可能取值记为 $x_1,x_2,\cdots$，Y 的可能取值记为 $y_1,y_2,\cdots$，称 $p_{ij}=P(X=x_i,Y=y_j)(i,j=1,2,\cdots)$ 为二维离散型随机变量 (X,Y) 的联合分布列（律）。

（1）联合分布列的性质

①非负性：$P_{ij}\geqslant 0(i,j=1,2,\cdots)$；

②归一性：$\sum_i \sum_j P_{ij}=1$；

③独立性：设 (X,Y) 为二维离散型随机变量，X 与 Y 的可能取值分别为 $x_1,x_2,\cdots$ 与 $y_1,y_2,\cdots$，如果对任意的 $i,j=1,2,\cdots$ 都有 $P(X=x_i,Y=y_j)=P(X=x_i)P(Y=y_j)$，则称 X 与 Y 是相互独立的。

5.联合概率密度函数

设 $F(X,Y)$ 为二维连续型随机变量 (X,Y) 的联合分布函数，若存在非负函数 $f(x,y)$ 使得对任意的 $x,y\in R$，有 $F(x,y)=\int_{-\infty}^{x}\int_{-\infty}^{y}f(u,v)\mathrm{d}v\mathrm{d}u$，则称 (X,Y) 为二维连续型随机变量，称 $f(x,y)$ 为 (X,Y) 的联合概率密度函数。

（1）联合概率密度函数的性质

①非负性：$f(x,y)\geqslant 0(x,y\in R)$；

②归一性：$\int_{-\infty}^{+\infty}\int_{-\infty}^{+\infty}f(x,y)\mathrm{d}x\mathrm{d}y=1$；

③独立性：$f(x,y)=f_X(x)\cdot f_Y(y)$ 或 $F(x,y)=F_X(x)\cdot F_Y(y)$，则称随机变量 X 和 Y 是相互独立的。

在二维随机变量及其分布中，单个随机变量的分布函数与概率密度函数如下：

①X 的分布函数：$F_X(x)=F(x,+\infty)=\int_{-\infty}^{x}\int_{-\infty}^{+\infty}f(x,y)\mathrm{d}x\mathrm{d}y$；

②Y 的分布函数：$F_Y(y)=F(+\infty,y)=\int_{-\infty}^{y}\int_{-\infty}^{+\infty}f(x,y)\mathrm{d}x\mathrm{d}y$；

③X 的密度函数：$f_X(x)=\int_{-\infty}^{+\infty}f(x,y)\mathrm{d}y$；

④Y 的密度函数：$f_Y(y)=\int_{-\infty}^{+\infty}f(x,y)\mathrm{d}x$。

(五)二维随机变量的数字特征

1.期望

设 Z 是随机变量 X,Y 的函数,$Z=g(X,Y)$(g 为连续函数),那么 Z 也是一个随机变量。

①当 (X,Y) 为连续型随机变量时,其分布律 $P\{X=x_i,Y=y_i\}=P_{ij}$,$i,j=1,2,\cdots$。若 $\sum\limits_{i-1}^{+\infty}\sum\limits_{j-1}^{+\infty}|g(x_i,y_j)|P_{ij}<+\infty$,则随机变量 $Z=g(X,Y)$ 的数学期望存在,且 $E(Z)=E[g(X,Y)]=\sum\limits_{i=1}^{+\infty}\sum\limits_{j=1}^{+\infty}g(x_i,y_j)P_{ij}$ 。

②当 (X,Y) 为二维连续型随机变量时,其联合概率密度函数为 $f(x,y)$。若 $\int_{-\infty}^{+\infty}\mathrm{d}x\int_{-\infty}^{+\infty}|g(x,y)|f(x,y)\mathrm{d}y<+\infty$,则随机变量 $Z=g(X,Y)$ 的数学期望存在,且 $E(Z)=E[g(X,Y)]=\int_{-\infty}^{+\infty}\int_{-\infty}^{+\infty}g(x,y)f(x,y)\mathrm{d}x\mathrm{d}y$ 。

③当 (X,Y) 为离散型随机变量时,其概率分布 $P_{ij}=P\{X=x_i,Y=y_j\}$($i,j=1,2,\cdots$),

$$E(X)=\sum_{i=1}^{+\infty}\sum_{j=1}^{+\infty}x_iP_{ij},E(Y)=\sum_{j=1}^{+\infty}\sum_{i=1}^{+\infty}y_jp_{ij}$$

④当 (X,Y) 为连续型随机变量时,其联合概率密度函数为 $f(x,y)$,且 X,Y 都是连续型随机变量。

$$E(X)=\int_{-\infty}^{+\infty}\int_{-\infty}^{+\infty}xf(x,y)\mathrm{d}x\mathrm{d}y,E(Y)=\int_{-\infty}^{+\infty}\int_{-\infty}^{+\infty}yf(x,y)\mathrm{d}x\mathrm{d}y$$

2.协方差

设 (X,Y) 是二维随机变量,若 $E\{[X-E(X)][Y-E(Y)]\}$ 存在,则称其为随机变量 X 和 Y 的协方差,记为 $\mathrm{Cov}(X,Y)$。

$$\mathrm{Cov}(X,Y)=E\{[X-E(X)][Y-E(Y)]\}$$
$$\mathrm{Cov}(X,Y)=E(XY)-E(X)E(Y)$$

协方差具有以下性质:

①对称性:$\mathrm{Cov}(X,Y)=\mathrm{Cov}(Y,X)$;

②$\mathrm{Cov}(X,X)=D(X)$;

③a,b 为常数,则 $\mathrm{Cov}(aX,bY)=ab\mathrm{Cov}(X,Y)$;

④X,Y 相互独立,则 $\mathrm{Cov}(X,Y)=0$;

⑤$\mathrm{Cov}(X_1+X_2,Y)=\mathrm{Cov}(X_1,Y)+\mathrm{Cov}(X_2,Y)$;

⑥$D(aX+bY)=a^2D(X)+b^2D(Y)+2ab\mathrm{Cov}(X,Y)$。

2.3.1 随机过程的含义

随机过程的理论产生于 20 世纪初期,是应物理学、生物学、管理科学等方面的需要而逐步发展起来的。在自动控制、公用事业、管理科学等领域都有广泛的应用。

定义 2.13 随机过程是概率空间(Ω,F,P)上的一族随机变量$\{X(t),t\in T\}$,其中t是参数,它属于每个指标集T,T称为参数集。

随机过程是对一连串随机事件间动态关系的定量描述。

Ω:样本空间。Ω中的元素ω称为样本点或基本事件。Ω的子集A称为事件。

F:Ω的某些子集组成的集合族。如果满足$\Omega\in F$,则(Ω,F)称为可测空间。F中的元素称为事件。

P:(Ω,F)上的概率。(Ω,F,P)称为概率空间。$P(A)$称为事件A的概率。

一些最常见的参数集如下:

离散型:$T_1=\{0,1,2,\cdots\}$;

连续型:$T_2=[a,b]$,a,b可以是$\pm\infty$

定义 2.14 当参数集为$T_1=\{0,1,2,\cdots\}$时的随机过程称作随机序列或时间序列。其常写为:$\{X(n),n\geq0\}$或$\{X_n;n=0,1,2,\cdots\}$。

随机过程可以这样理解:对于固定的样本点$\omega_0\in\Omega$,$x(t,\omega_0)$就是定义在T上的一个函数,称$x(t)$是一条样本路径或一个样本函数;对于固定的时刻$t\in T$,$x(t)=x(t,\omega)$是概率空间Ω上的一个随机变量,其取值随着试验的结果而变化,变化有一定的规律,称为概率分布。随机过程$x(t)$取的值称为过程所处的状态。状态的全体称为状态空间,记为S。

根据T和S的不同过程,可以分为不同的类:依照状态空间,可以分为连续状态和离散状态;依照参数集,可以分为连续参数过程和离散参数过程。

$$依照状态空间(S)=\begin{cases}连续状态\\离散状态\end{cases}$$

$$依照参数集(T)=\begin{cases}连续参数过程\\离散参数过程\end{cases}$$

2.3.2 随机过程的特性

(一)统计特性

对于每个$t\in T$的$X(t)$的分布函数$F(x,t)\triangleq P\{x(t)\leq x\}$,称$F(x,t)$为随机过程$\{x(t),t\in T\}$的一维分布。

$\mu_x(t)\triangleq E[x(t)]$称为过程的均值函数。

$\mathrm{Var}[x(t)]$称为过程的方差函数。

随机变量$x(t_1)$,$x(t_2)$的联合分布$P\{x(t_1)\leq x_1,x(t_2)\leq x_2\}$即过程在两个不同时刻值的联合二维分布,记为$F_{t1,t2}(x_1,x_2)$。

两个不同时刻值的协方差$\mathrm{Cov}[x(t_1),x(t_2)]$称为过程的协方差函数,记为$C(t_1,t_2)$,
$$C(t_1,t_2)=E[x(t_1)-\mu_x(t_1)][x(t_2)-\mu_x(t_2)]$$

当$t_1=t_2=t$时,$\mathrm{Var}(x(t))=C(t_1,t_2)$。

对于任意有限个$t_1,t_2,\cdots,t_n\in T$,定义n维分布$F_{t1,t2,\cdots,tn}(x_1,\cdots,x_n)$有
$$F_{t1,t2,\cdots,tn}(x_1,\cdots,x_n)=P\{x_1(t)\leq x_1,\cdots,x(t_n)\leq x_n\}$$

当$n=1,2,\cdots,n$时,称为随机过程的一维分布、二维分布、$\cdots$、n维分布,其全体$\{F_{t1,t2,\cdots,tn}(x_1,\cdots,x_n)\}$,$t_1,\cdots,t_n\in T$,$n\geq1$称为过程$x(t)$的有限分布族。

了解随机过程的有限维分布,就知道了 $x(t)$ 中任意 n 个随机变量的联合分布,也就掌握了这些随机变量之间的相互依赖的关系。

(二)有限维分布族的两个性质

(1)对称性

对 $(1,2,\cdots,n)$ 的任意排列 $(j_1,j_2,\cdots,j_n)$,有

$$
\begin{aligned}
F_{t_{j1},\cdots,t_{jn}}(x_{j_1},\cdots,x_{j_n}) &= P\{x(t_{j_1}) \leqslant x_{j_1},\cdots,x(t_{j_n}) \leqslant x_{j_n}\} \\
&= P\{x(t_1) \leqslant x_1,\cdots,x(t_n) \leqslant x_n\} \\
&= F_{t_1,\cdots,t_n}(x_1,\cdots,x_n)
\end{aligned}
$$

(2)相容性

当 $n \to \infty$ 时的高维分布的边缘分布同与之对应的低维分布是一致的:

对 $m < n$,有 $F_{t_1,\cdots,t_{m+1},\cdots,t_n}(x_1,\cdots,x_m,\cdots,\infty) = F_{t_1,\cdots,t_m}(x_1,\cdots,x_m)$

2.3.3 随机过程的基本类型

(一)平稳过程

定义 2.15 如果随机过程 $x(t)$ 对任意的 $t_1,t_2,\cdots,t_n \in T$ 和任意的 h,使得 $t_i + h \in T$ $(i = 1,2,\cdots,n)$,有 $[X(t_1+h),\cdots,X(t_n+h)]$ 与 $[X(t_1),\cdots,X(t_n)]$ 具有相同的联合分布,记为

$$
[X(t_1+h),\cdots,X(t_n+h)] \triangleq [X(t_1),\cdots,X(t_n)]
$$

则称 $X(t)$ 是严平稳的,这样的随机过程称为平稳过程。当参数 t 仅取整数值 $0,\pm1,\pm2,\cdots$ 或 $0,1,2,\cdots$ 时,则称平稳过程为平稳序列。

平稳过程处于某种平稳状态,其主要性质与变量时间间隔有关,与所考察的起点无关。

矩:设 X 为一个随机变量,如果 $E|X|^k < +\infty$,其中 $k = 1,2,\cdots$,则称 EX^k 为随机变量 X 的 k 阶原点矩,称 $E(X - EX)^k$ 为 X 的 k 阶中心矩。

如果随机过程 $X(t)$ 的所有二阶矩都存在,并且 $E[X(t)] = \mu$,协方差 $C(t,s)$ 只与时间差 $t-s$ 有关,则称 $X(t)$ 为宽平稳过程或二阶平稳过程。

1.几种常见的平稳过程

几种常见的平稳过程包括:平稳的噪声序列、滑动平均序列、两个特殊平稳过程。

(1)平稳的噪声序列

定义 2.16 设 X_n,$n = 0,1,\cdots$ 为一列两两互不相关的随机变量序列,满足 $E[x_n]=0$,$n = 0,1,2,\cdots$ 且

$$
E[x_m X_n] = \begin{cases} 0, & m \neq n \\ \sigma^2, & m = n \end{cases}
$$

则 $X = \{X_n,n = 0,1,\cdots\}$ 为平稳序列。这是因为协方差函数 $E[X_m X_n]$ 只与 $m-n$ 有关。

(2)滑动平均序列

定义 2.17 设 $\{\varepsilon_n,n = 0,\pm1,\pm2,\cdots\}$ 为一列互不相关的有相同均值 m 和方差 σ^2 的随

机变量序列。设 $a_1, a_2, \cdots, a_k$ 为任意 k 个实数。考虑如下定义的序列：

$$X_n = a_1 \varepsilon_n + a_2 \varepsilon_{n-1} + \cdots + a_k \varepsilon_{n-k+1}, n = 0, \pm 1, \pm 2, \cdots$$

$$E(X_n) = m(a_1 + \cdots + a_k)$$

令 $\xi_j = \varepsilon_j - m$，则由 ε_j 的两两互不相关性，可知协方差为

$$C(n + \tau, n) = \begin{cases} \sigma^2 (a_k a_{k-\tau} + \cdots + a_{\tau+1} a_1) & \text{若 } 0 \leqslant \tau \leqslant k - 1 \\ 0 & \text{若 } \tau \geqslant k \end{cases}$$

即协方差函数仅与时间间隔 τ 有关，故 $\{X_n, n = 0, \pm 1, \pm 2, \cdots\}$ 为平稳序列。

【预备知识】

设 $X_1, X_2, \cdots, X_n, \cdots$ 是一个随机变量序列，a 是一个常数。若对于任意正数 ε，有 $\lim\limits_{n \to \infty} P(|x_n - a| \geqslant \varepsilon) = 0$ 或 $\lim\limits_{n \to \infty} P(|X_n - a| < \varepsilon) = 1$，则称序列 $X_1, X_2, \cdots, X_n, \cdots$ 以概率收敛于 a，记作 $X_n \xrightarrow{P} a$。

辛钦大数定律：设随机变量 $X_1, X_2, \cdots, X_n, \cdots$ 为一系列独立同分布的随机变量，且具有数学期望 $E(\mu_i)(i = 1, 2, \cdots)$，则对任意正数 ε 有 $\lim\limits_{n \to \infty} P\left(\left| \frac{1}{n} \sum\limits_{i=1}^{n} X_i - \mu \right| > \varepsilon \right) = 0 (\frac{1}{n} \sum\limits_{i=1}^{n} X_i$ 以概率收敛于 μ)。

常用的大数定律还有切比雪夫大数定律和伯努利大数定律。

(3) 两个特殊平稳过程

① $X = \{X_n, n = 0, 1, \cdots\}$，其中 $\{X_n\}$ 为独立同分布随机变量序列，$E(X_n^2) < \infty$；$E(X_n) = m, n = 0, 1, 2, \cdots$

② $Y = \{Y_n = \tilde{Y}, n = 0, 1, 2, \cdots\}$，其中 $\tilde{Y}$ 是随机变量，$E(\tilde{Y}^2) < \infty$，且 $\tilde{Y} = \frac{1}{n}(Y_0 + Y_1 + \cdots + Y_{n-1})$。

对过程 X，由大数定律知，$\frac{1}{n}(X_0 + X_1 + \cdots + X_{n-1})$ 以概率 1 收敛于常数 m，二阶矩存在，且过程均值为常数，协方差为 0，则为宽平稳过程。

对过程 Y，经对 Y_n 时间的平均后，随机性没发生任何改变。而新生成的随机过程是否为平稳过程，则需关注平稳过程对时间的平均值是否等于过程的平均值，这是平稳过程的遍历性问题。

2.遍历性定理

对于平稳过程，只要加上一些条件，就可以从一次观察中得到 m 和 $C(\tau)$ 的较好的估计，这就是遍历性定理。

设 $X = \{X(t), -\infty < t < \infty\}$ 为一平稳过程（或平稳序列），若

$$\overline{X} = \lim\limits_{T \to \infty} \frac{1}{2T} \int_{-T}^{T} X(t) \mathrm{d}t = m$$

或

$$\overline{X} = \lim\limits_{N \to \infty} \frac{1}{2N + 1} \sum\limits_{k=-N}^{N} X(k) = m$$

则称 X 的均值有遍历性。这里的极限是指在均方意义下的极限，即

$$\lim_{T \to \infty} E \left[\left| \frac{1}{2T} \int_{-T}^{T} x(t) \mathrm{d}t - m \right|^2 \right] = 0 \text{（均方收敛）}$$

如果

$$C(\tau) = \lim_{T \to \infty} \frac{1}{2T} \int_{-T}^{T} [x(t) - m][x(t + \tau) - m] \mathrm{d}t = C(\tau)$$

或

$$\overline{C}(\tau) = \lim_{N \to \infty} \frac{1}{2N + 1} \sum_{k=-N}^{N} [x(k) - m][x(k + \tau) - m] = C(\tau)$$

则称 X 的协方差有遍历性。

若随机过程或随机序列的均值和协方差函数都具有遍历性，则称此随机过程有遍历性。

如果 t 只取非负实数，相应的积分和求和就限制在 $[0, \infty)$ 上。$X = \lim_{T \to \infty} \frac{1}{T} \int_0^T X(t) \mathrm{d}t = m$ 或 $\overline{X} = \lim_{N \to \infty} \frac{1}{N + 1} \sum_{k=0}^{N} X(k) = m$。

3. 均值遍历性定理

①设 $X = \{x_n, n = 0, \pm 1, \cdots\}$ 为平稳序列，其协方差函数为 $C(\tau)$，则 X 有遍历性的充分必要条件是

$$\lim_{N \to \infty} \frac{1}{N} \sum_{\tau=0}^{N-1} C(\tau) = 0$$

②若 $X = \{X(t), -\infty < t < +\infty\}$ 为平稳过程，则 X 有遍历性的充分必要条件是

$$\lim_{T \to \infty} \frac{1}{T} \int_0^{2T} \left(1 - \frac{\tau}{2T}\right) C(\tau) \mathrm{d}\tau = 0$$

（二）独立增量过程

定义 2.18 如果对于任何 $t_1, t_2, \cdots, t_n \in T, t_1 < t_2 < \cdots < t_n$，随机变量 $X(t_2) - X(t_1)$，$\cdots$，$X(t_n) - X(t_{n-1})$ 是相互独立的，则称 $X(t)$ 为独立增量过程。

定义 2.19 如果对于任何 t_1, t_2，有 $X(t_1 + h) - X(t_1) \stackrel{d}{=} X(t_2 + h) - X(t_2)$，则称 $X(t)$ 为平稳增量过程。

兼有独立增量和平稳增量的过程称为平稳独立增量过程，如泊松过程。泊松过程是一种累计随机事件发生次数的最基本的平稳独立增量过程。

整数值随机过程 $\{N(t), t \geqslant 0\}$ 满足下述三个条件，则称为强度为 $\lambda > 0$ 的泊松过程：

(1) $N(0) = 0$；

(2) $N(t)$ 是独立增量过程；

(3) $\forall t > 0, s \geqslant 0$，在时间区间 $(s, s + t]$ 中发生的随机事件数 $N(s + t) - N(t)$ 服从参数为 λt 的泊松分布，即

$$P\{N(s + t) - N(s) = k\} = \frac{(\lambda t)^k \mathrm{e}^{(-\lambda t)}}{k!}, k = 0, 1, \cdots$$

泊松过程的期望和方差：

$$EN(t) = \text{Var}[N(t)] = \lambda t$$

例 2.20 顾客依泊松过程到达某商店,速率 $\lambda = 4$ 人/小时。已知商店上午 9:00 开门,试求 9:30 时仅到一位顾客,而到 11:30 时总计已到达 5 位顾客的概率。

解: t 的计时单位为小时,以 9:00 为起始时刻。

所求事件可表示为 $\left\{N\left(\dfrac{1}{2}\right) = 1, N\left(\dfrac{5}{2}\right) = 5\right\}$。

其概率为

$$P\left\{N\left(\frac{1}{2}\right) = 1, N\left(\frac{5}{2}\right) = 5\right\} = P\left\{N\left(\frac{1}{2}\right) = 1, N\left(\frac{5}{2}\right) - N\left(\frac{1}{2}\right) = 4\right\}$$

$$= \frac{4 \times \dfrac{1}{2}}{1!} e^{-4 \times \frac{1}{2}} \cdot \frac{(4 \times 2)^4}{4!} e^{-4 \times 2}$$

$$= 0.015\,5$$

(三)更新过程

定义 2.20 设 $\{X_n, n = 1, 2, \cdots\}$ 是一串独立同分布的非负随机变量,分布函数为 $F(x)$。设 $F(0) = P\{X_n = 0\} \neq 1$,记 $\mu = E(X_n) = \displaystyle\int_0^\infty x\,\mathrm{d}F(x)$,则 $0 < \mu \leqslant \infty$。令 $T_n = \displaystyle\sum_{i=1}^n X_i, n \geqslant 1, T_0 = 0$。我们把由 $N(t) = \sup\{n : T_n \leqslant t\}$ 定义的计数过程称为更新过程。

在更新过程中,我们将事件发生一次叫作一次更新,从定义知:

(1) X_n 是第 $(n-1)$ 次和第 n 次更新的间距;

(2) T_n 是第 n 次更新发生的时刻;

(3) $N(t)$ 是 t 时刻之前发生的总的更新次数。

【L-C 模型】更新理论在金融保险中的应用:

$$U(t) = \mu + ct - \sum_{k=1}^{N(t)} X_k, t \geqslant 0$$

(1) $U(t)$ 是 t 时刻的盈余;

(2) μ 是初始资本;

(3) c 是单位时间征收的保险费;

(4) $N(t)$ 是时刻 t 发生的索赔次数;

(5) X_k 是第 k 次索赔额, $k \geqslant 1$。

(四)马尔可夫过程

自然界和社会中有一类事物的变化过程与事物的近期状态有关,与事物的过去状态无关,称为无后效性,亦即事物的第 n 次试验结果仅取决于第 $(n-1)$ 次试验结果。换言之,过程过去的历史只能通过当前状态影响未来的发展,当前的状态是以往历史的总结,这个过程称为马尔可夫过程。如果时间和状态是离散的,称其为马尔可夫链。

回忆随机过程的分类:

$$依照状态空间(S)= \begin{cases} 连续状态 \\ 离散状态 \end{cases}$$

$$依照参数集(T)= \begin{cases} 连续参数过程 \\ 离散参数过程 \end{cases}$$

定义 2.21　随机过程 $\{X_n, n=0,1,2,\cdots\}$ 称为**马尔可夫链**,若它只取有限或可列多个值 $E_1, E_2, \cdots$(我们以 $\{1,2,\cdots\}$ 来标记 $E_1, E_2, \cdots$,并称它们是过程的状态,$\{1,2,\cdots\}$ 记为 E,称为过程的状态空间),并且对一切状态 $i, j, i_0, i_1, \cdots, i_{n-1}$,有

$$P\{X_{n+1}=j \mid X_0=i_0, X_1=i_1, \cdots, X_{n-1}=i_{n-1}, X_n=i\} = P\{X_{n+1}=j \mid X_n=i\}$$

称该式为马尔可夫性。

定义 2.22　设 A 与 B 为两个事件,且 $P(B)>0$,那么在已知"事件 B 发生"的条件下事件 A 发生的条件概率 $P(A \mid B)$ 定义为 $P(A \mid B)=\dfrac{P(AB)}{P(B)}$,并且满足以下性质:

(1)非负性:对于任意事件 A,有 $P(A \mid B) \geqslant 0$;

(2)归一性:$P(\Omega \mid B)=1$;

(3)可列可加性:对于任一列两两互不相容的事件 A_n, $n=1,2,\cdots$,有

$$P\left(\bigcup_{n=1}^{\infty} A_n \mid B\right) = \sum_{n=1}^{\infty} P(A_n \mid B)$$

条件概率 $P\{X_{n+1}=j \mid X_n=i\}$ 为马尔可夫链 $\{X_n, n=0,1,2,\cdots\}$ 的一步转移概率,简称转移概率,一般情况下只与状态 i, j 和时刻 n 有关。

转移概率矩阵 P 定义如下:

$$P=(P_{ij})= \begin{pmatrix} P_{11} & P_{12} & \cdots & \cdots \\ P_{21} & P_{22} & \cdots & \cdots \\ \cdots & \cdots & \cdots & \cdots \\ \cdots & \cdots & \cdots & \cdots \end{pmatrix}$$

$P_{ij}(i, j \in E)$ 有以下性质:

(1) $P_{ij} \geqslant 0(i, j \in E)$;

(2) $\sum\limits_{j \in E} P_{ij}=1(\forall i \in E)$。

例 2.21　(投机者带吸收壁的随机游动)系统的状态是 $0 \sim n$,反映投机者 A 在投机期间拥有的钱数。当他输光或拥有钱数为 n 时,就停止投机,否则他将持续投机。每次以概率 p 赢得 1,以概率 $q=1-p$ 输掉 1,这个系统的概率转移矩阵如下:

$$P= \begin{pmatrix} 1 & 0 & 0 & 0 & \cdots & 0 & 0 & 0 \\ q & 0 & p & 0 & \cdots & 0 & 0 & 0 \\ 0 & q & 0 & p & \cdots & 0 & 0 & 0 \\ \cdots & \cdots & \cdots & \cdots & \cdots & \cdots & \cdots & \cdots \\ 0 & 0 & 0 & 0 & \cdots & q & 0 & p \\ 0 & 0 & 0 & 0 & \cdots & 0 & 0 & 1 \end{pmatrix}_{(n+1) \times (n+1)}$$

若当 A 输光时将获得赞助 1 使他继续下去,就如同一个在直线上做随机游动的球,在到达左侧 0 点处时就立即反弹回 1 一样,这就是一个一侧带有反射壁的随机游动,此时

$$P = \begin{pmatrix} 0 & 1 & 0 & 0 & \cdots & 0 & 0 & 0 \\ q & 0 & p & 0 & \cdots & 0 & 0 & 0 \\ 0 & q & 0 & p & \cdots & 0 & 0 & 0 \\ \cdots & \cdots & \cdots & \cdots & \cdots & \cdots & \cdots & \cdots \\ 0 & 0 & 0 & 0 & \cdots & q & 0 & p \\ 0 & 0 & 0 & 0 & \cdots & 0 & 0 & 1 \end{pmatrix}_{(n+1) \times (n+1)}$$

例 2.22 （直线上的随机游动）考虑直线上整数点上运动的粒子,当它处于位置 j 时（假定 j 就是过程所处的状态）,向右游动到 $j+1$ 的概率为 p,而向左游动到 $j-1$ 的概率为 $q = 1-p$。假定时刻 0 时,粒子处在原点,即 $X_0 = 0$,于是粒子在时刻 n 所处的位置 X_n 就是一个马尔可夫链,它有转移概率:

$$P_{jk} = \begin{cases} p, & k = j+1 \\ q, & k = j-1 \\ 0, & 其他 k \end{cases}$$

一个马尔可夫链由它的初始状态 X_0 或初始状态的概率分布以及转移概率阵完全确定。记 $P\{X_0 = i_0\} = p_{i0}$,不难算出:

$$P\{X_0 = i_0, X_1 = i_1, \cdots, X_n = i_n\}$$
$$= P\{X_0 = i_0, X_1 = i_1, \cdots, X_{n-1} = i_{n-1}\} P\{X_n = i_n \mid X_0 = i_0, \cdots, X_{n-1} = i_{n-1}\}$$
$$= P\{X_0 = i_0, X_1 = i_1, \cdots, X_{n-1} = i_{n-1}\} P_{i_{n-1}, i_n}$$
$$= \cdots$$

由数学归纳法,有

$$P\{X_0 = i_0, X_1 = i_1, \cdots, X_n = i_n\} = P_{i0} P_{i_0, i_1} P_{i_1, i_2} \cdots P_{i_{n-2}, i_{n-1}} P_{i_{n-1}, i_n}$$

n 步转移概率 $P_{ij}^{(n)} = P\{X_{m+n} = j \mid X_m = i\}$ 表示给定当前时刻 m 时,过程所处状态 i 间隔 n 步之后过程在时刻 $m+n$ 时转移到了状态 j 的条件概率。以 $P_{ij}^{(n)}$ 为 (i, j) 元的矩阵 $(P_{ij}^{(n)})$ 记为 $P^{(n)}$,它是马尔可夫链的 **n 步转移矩阵**。

定理 2.2 马尔可夫链的 n 步转移概率矩阵满足

$$P_{ij}^{(n)} = \sum_{k=0}^{\infty} P_{ik} P_{kj}^{(n-1)}$$

其中,$P^{(0)} = 1$；当 $j \neq i$ 时,$P^{(0)} = 0$。

$$P(n) = P \times P \times \cdots \times P = P^n$$

例 2.23 若 $n = 3$,$p = q = \frac{1}{2}$,投机者 A 从 2 元开始,求解他经过 4 次后输光的概率。

解：所求概率为 $P_{20}^{(4)} = P\{X_4 = 0 \mid X_0 = 2\}$,由上述分析过程写出转移矩阵和 4 步转移矩阵,得

$$P = \begin{pmatrix} 1 & 0 & 0 & 0 \\ \frac{1}{2} & 0 & \frac{1}{2} & 0 \\ 0 & \frac{1}{2} & 0 & \frac{1}{2} \\ 0 & 0 & 0 & 1 \end{pmatrix} \quad P^{(4)} = P^4 = \begin{pmatrix} 1 & 0 & 0 & 0 \\ \frac{5}{8} & \frac{1}{16} & \frac{1}{2} & \frac{5}{16} \\ \frac{5}{16} & 0 & \frac{1}{16} & \frac{5}{8} \\ 0 & 0 & 0 & 1 \end{pmatrix}$$

故 $P_{20}^{(4)} = \dfrac{5}{16}$。

例 2.24 以 S_n 表示保险公司在时刻 n 的盈余,这里的时间以适当的单位来计算(可以是天、月等)。初始盈余 $S_0 = x$ 显然为已知,但未来的盈余 S_1,S_2,…却必须视为随机变量,增量 $S_n - S_{n-1} = X_n$ 解释为在时刻 $n-1$ 和 n 之间获得的盈利(可以为负),并假定 X_1,X_2,…是不包含利息的盈利且独立同分布为 $F(x)$ [$F(x)$ 为离散分布],则 $S_n = S_{n-1}(1+i) + X_n$,其中 i 为固定的利率,$\{S_n\}$ 是一马尔可夫链,其转移概率 P_{xy} 为多少?

解:转移概率

$$
\begin{aligned}
P_{xy} &= P(S_{n+1} = y \mid S_n = x) \\
&= P[S_n(1+i) + X_{n+1} = y \mid S_n = x] \\
&= P[x(1+i) + X_{n+1} = y] \\
&= P[X_{n+1} = y - x(1+i)] \\
&= F[y - (1+i)x]
\end{aligned}
$$

(五)鞅过程

近年来,鞅理论在金融、保险等领域得到了广泛的应用,每个投资者都对他在一系列投资后获得期望收益最大化的策略感兴趣。如果每次投资输赢的机会均等,并且投机策略是依赖于前面的投机结果,则投机是"公平"的。因此任何投机者都不可能将公平的投机通过改变投机策略变成有利于自己的"有利"投机。

鞅过程描述的是"公平"的投机,下鞅和上鞅分别描述了"有利"投机和"不利"投机。

(1)鞅的数学描述

随机过程 $\{X_n, n \geqslant 0\}$ 称为关于 $\{Y_n, n \geqslant 0\}$ 的下鞅,如果对 $n \geqslant 0$,X_n 是 $(Y_0, \cdots, Y_n)$ 的函数,$E[X_n^+] < \infty$ 并且 $E[X_{n+1} \mid Y_0, \cdots, Y_n] \geqslant X_n$,这里 $X_n^+ = \max\{0, X_n\}$。

我们将 $\{X_n, n \geqslant 0\}$ 称为关于 $\{Y_n, n \geqslant 0\}$ 的上鞅,如果对 $n \geqslant 0$,X_n 是 $(Y_0, \cdots, Y_n)$ 的函数,$E[X_n^-] < \infty$ 并且 $E[X_{n+1} \mid Y_0, \cdots, Y_n] \leqslant X_n$,这里 $X_n^- = \max\{0, -X_n\}$。

若 $\{X_n\}$ 兼为关于 $\{Y_n\}$ 的上鞅和下鞅,则称之为关于 $\{y_n\}$ 的鞅。此时,

$$E[X_{n+1} \mid Y_0, \cdots, Y_n] = X_n$$

(2)鞅的应用

离散鞅的应用在微观金融分析中非常普遍,考虑一个关于股票价格的二叉树模型,假定第 0 期的股票价格为 S_0,而在第 1 期,股票价格将发生如下变化:

$$
S_1 = \begin{cases} uS_0, \text{概率为 } p = \dfrac{1-d}{u-d} \\[2mm] dS_0, \text{概率为 } 1-p = \dfrac{u-1}{u-d} \end{cases}
$$

其中,$0 < d < 1 < u$。这是一个模拟股票价格涨跌过程的模型,则第 1 期的股票价格的数学期望为

$$E(S_1 \mid S_0) = u S_0 \frac{1-d}{u-d} + d S_0 \frac{u-1}{u-d} = S_0$$

由此可知,遵循以上过程的股票价格是一个鞅过程。

(六)跳跃过程

(1)简单跳跃过程

鞅过程主要描述了经济变量在一般性事件影响下所发生的连续性变化特征,而跳跃过程着重描述经济变量在突发事件作用下可能发生的非连续性变化特征。在金融衍生证券定价中,泊松跳跃过程作为一种简单的随机跳跃过程广泛应用于基础标的金融资产的非连续性随机变化过程描述中。

假设以 $q(t)$ 表示泊松过程,$dq(t)$ 表示该过程的离散变化,则有

$$P[dq(t)=1] = \lambda \, dt$$
$$P[dq(t)=0] = (1-\lambda) dt$$

其中,λ 为泊松事件发生的强度参数,即在单位时间内泊松事件发生的概率。一般地,该参数也是一个随机过程。但为了应用上的方便,许多金融衍生证券的基础资产或变量在通常情况下设为常数。

(2)跳跃过程的现实意义

经典金融模型分析把经济变量理想化为连续的随机过程,而很多金融变量实际上并不是连续变量(连续时间)的函数。当有外部不可预测的某种信息到来时,会引起金融变量的跳跃变化。这些信息作用的时刻和等待发生的时刻是随机的,因此可以引入一维泊松过程有效地模拟这种随机跳跃过程。

随机跳跃过程模型考虑了突发事件对经济变量的影响,将金融变量的动态过程分为连续部分和跳跃部分,用布朗运动来描述连续部分,而用泊松跳跃过程来描述不可预测的随机事件对这种连续性的破坏。在跳跃模型方面,考克斯、罗斯和莫顿分别研究了纯粹跳跃模型和泊松过程驱动的金融模型,并指出跳跃模型下金融变量通常为半鞅。

▋本章小结 >>>

1.数理金融中函数和微分的运用。运用指数、对数函数计算连续复利和实际利率银行按揭贷款、分期付款问题。

2.运用微分方法计算时间最优问题、中间产品划拨价格。

3.运用积分方法测度净投资的时间积分、消费者剩余和生产者剩余。

4.运用微分方程和差分方程,决定动态平衡点和投资函数,制定滞后收入决定模型。

5.运用矩阵方法测度证券组合收益率和风险。

6.运用雅可比行列式判断函数的相关性,运用海赛行列式最优化测定最优化解。

7.运用随机过程研究无穷多个随机变量的方法。随机过程除具有统计特性外,还具有对

称性和相容性。随机过程分为平稳随机过程、独立增量过程、更新过程、马尔可夫过程、鞅过程等。

8.平稳随机过程是指处于某种平稳状态的过程。其主要性质与变量之间的时间间隔有关，与所考察的起始点无关。

9.马尔可夫过程。自然界和社会中有一类事物的变化过程与事物的近期状态有关，与事物的过去状态无关，称为无后效性，亦即事物的第 (n) 次试验结果仅取决于第 $(n-1)$ 次试验的结果。换言之，过程过去的历史只能通过当前状态影响未来的发展，当前的状态是以往历史的总结，这个过程称为马尔可夫过程。若时间和状态是离散的，称其为马尔可夫链。

10.鞅过程。鞅过程是一个"公平游戏"的数学模型。鞅是一个具有下列性质的随机过程 x_n：

（1）对于每一个 n，$E(|X_n|)<\infty$；

（2）若 X_n 兼为关于 Y_n 的上鞅和下鞅，则称之为关于 Y_n 的鞅；

$$E[X_{n+1}\mid Y_0,\cdots Y_n]=X_n$$

11.跳跃过程。直观来讲，跳跃过程是指样本轨道存在跳跃点的随机过程，其典型代表泊松过程的数学描述为：以 $q(t)$ 表示泊松过程，$\mathrm{d}q(t)$ 表示该过程的离散变化，λ 表示泊松事件发生的强度参数，则

$$P[\mathrm{d}q(t)=1]=\lambda\,\mathrm{d}t$$
$$P[\mathrm{d}q(t)=0]=(1-\lambda)\mathrm{d}t$$

 思考练习题

1.假设本金为 100 元，利率为 6%，分别计算以下两种情况下的实际利率：（1）每半年复利一次；（2）连续复利。

2.连续复利时，利率为多少才能使本金在 8 年内变成原来的 3 倍？

3.一个 5 年期投资计划预计由每年 2.6 万元增长到每年 4.2 万元，需要平均每年增加投资多少？

4.当前已故画家的艺术收藏品的估价为 $V=200\,000(1.25)^{\sqrt[3]{t^2}}$，在连续复利的情况下，如果贴现率为 0.06，则收藏者应持有多久后再出售，才会赚最多的钱？

5.为投资而买入的钻石价值为 $V=200\,000(1.25)^{\sqrt[4]{t}}$，如果在连续复利的情况下，利率为 0.07，应持有多久获利最大？

6.已知：
$$Q_1=150-3P_1+P_2+P_3$$
$$Q_2=180+P_1-4P_2+2P_3$$
$$Q_3=200+2P_1+P_2-5P_3$$
$$TC=Q_1^2+Q_1Q_2+2Q_2^2+Q_2Q_3+Q_3^2+Q_1Q_3$$

（1）求 $P=f(Q)$ 的反函数。

（2）利用克莱姆法则检验一阶条件。

（3）利用海赛行列式检验二阶条件，使利润最大化。

7．净投资率为 $I = 40 t^{\frac{3}{5}}$，当 $t = 0$ 时的资本存量是 75，求资本函数 K。

8．已知供给函数 $P_s = (Q + 3)^2$，当 $P_0 = 81$，$Q_0 = 6$ 时，求生产者剩余。

9．已知需求函数 $P_d = 25 - Q^2$ 和供给函数 $P_s = 2Q + 1$，求：（1）消费者剩余；（2）生产者剩余。

10．设马尔可夫链只有三种状态，转移概率如下式，判断其遍历性。

$$P = \begin{pmatrix} q & p & 0 \\ q & 0 & p \\ 0 & q & p \end{pmatrix}$$

第3章

计量经济学应用

本章学习要点与要求

本章主要论述计量经济学的基本理论和基本方法及其实际应用。通过对本章的学习,重点掌握一元线性回归和多元线性回归的基本方法,掌握协整方法、脉冲响应的基本理论,并会运用计量经济学的基本方法对金融相关问题进行分析。

计量经济学可以说与数理金融有着天然的联系。它以一定的经济理论和统计资料为基础,运用数学、统计学方法与电脑技术,以建立经济计量模型为主要手段,定量分析研究具有随机特性的经济变量关系。就发展历程而言,计量经济学主要经历过以下发展阶段:

(1)1926 年,"计量经济学"一词首次被提出;

(2)1930 年,国际计量经济学会在美国成立;

(3)1933 年,《计量经济学》(*Econometrica*)杂志开始出版;

(4)20 世纪 30 年代,计量经济学的研究对象基本上属于微观分析范畴,第二次世界大战后,计算机的发展和应用对计量经济学的研究起到了巨大的推动作用;

(5)20 世纪 40 年代,计量经济学研究从微观向局部地区扩大,以至整个社会的宏观经济体系,但所用的模型基本上属于单一方程形式;

(6)1950 年,以"动态经济模型的统计推断"和"线性联立经济关系的估计"为标志,计量经济学理论进入联立方程模型时代;

(7)20 世纪 70 年代,西方国家致力于更大规模的宏观模型研究,宏观经济变量的非平稳性和虚假回归问题越来越引起人们的注意;

(8)1987 年,提出协整概念,把计量经济学理论的研究又推向一个新阶段,也为数理金融的发展提供了一种理论结合实际的强有力的工具。

3.1 一元线性回归模型

3.1.1 一元线性回归基本模型

一元线性回归模型中只有一个解释变量,其参数估计方法是最简单的,其一般形式为:

$$y_t = \beta_0 + \beta_1 x_t + u_t \tag{3-1}$$

上式表示了变量 y_t 和 x_t 之间的关系。其中，

y_t：被解释变量（内生变量，因变量）；

x_t：解释变量（外生变量，自变量）；

u_t：随机误差项；

β_0：常数项；

β_1：回归系数（通常未知）；

式（3-1）可以分为两部分：

（1）回归函数部分：$E(y_t) = y_t = \beta_0 + \beta_1 x_t$；

（2）随机部分：u_t。

通常线性回归函数 $E(y_t) = y_t = \beta_0 + \beta_1 x_t$ 是观察不到的，利用样本得到的知识对 $E(y_t) = y_t = \beta_0 + \beta_1 x_t$ 的估计，即得到 β_0 和 β_1 的估计值。

在对回归函数进行估计之前应该对随机误差项 u_t 做出如下假定：

① u_t，$t = 1, 2, \cdots T$ 是一个随机变量，u_t 的取值服从概率分布；

② $E(u_t) = 0$；

③ $\mathrm{Var}(u_t) = E[u_t - E(u_t)]^2 = E(u_t^2) = \sigma^2$，称 u_t 具有同方差性（齐次方差性）；

④ u_t 服从正态分布（根据中心极限定理），即：$u_t \sim N(0, \sigma^2)$；

⑤ u_t 之间非自相关（无序列相关性），即不同观测值所对应的随机项相互独立，用数学语言表达为：$\mathrm{Cov}(u_i, u_j) = E\{[u_i - E(u_i)][u_j - E(u_j)]\} = E(u_i u_j) = 0 (i \neq j)$；

⑥ x_t 是非随机的；

⑦ $\mathrm{Cov}(u_i, x_i) = E\{[u_i - E(u_i)][x_i - E(x_i)]\} = E[u_i(x_i - E(x_i))] = E[u_i x_i - u_i E(x_i)] = E(u_i x_i) = 0$，$u_i$ 与 x_i 相互独立，以保证 x_i 的非随机性，否则分不清 y_t 的变动究竟受到哪个变量的影响；

⑧ 对于多元线性回归模型，解释变量之间不能完全相关或高度相关（非多重共线性）。

3.1.2 最小二乘估计法（OLS）

对于所研究的金融问题，被解释变量和解释变量之间的真实关系通常是观测不到的，收集样本的目的就是要对其做出估计。综合起来看，待估直线处于样本数据的中心位置最为合理，这用数学语言描述为：

设待估计线性关系为：$\hat{y}_t = \hat{\beta}_0 + \hat{\beta}_1 x_t$

其中，

$\hat{y}_t$：y_t 的拟合值；

$\hat{\beta}_0$：β_0 的估计量；

$\hat{\beta}_1$：β_1 的估计量。

观测值到这条直线的纵向距离用 e_t 表示，称为残差。最小二乘法的原则是以"残差平方和最小"确定直线位置。

估计的模型：$y_t = \hat{y}_t + e_t = \hat{\beta}_0 + \hat{\beta}_1 x_t + e_t$

用最小二乘估计法获得估计参数的原因在于：

（1）用"残差和最小"确定直线位置是一个途径，但很快发现计算"残差和"存在相互抵消的问题；

（2）用"残差绝对值和最小"确定直线位置也是一个途径，但绝对值的计算比较麻烦。

（3）用最小二乘估计法除了计算比较方便外，得到的估计量还具有优良的统计特性（这种方法对异常值非常敏感）。

设残差平方和为 Q，

$$Q = \sum_{t=1}^{T} e_t^2 = \sum_{t=1}^{T} (y_t - \hat{y}_t)^2 = \sum_{t=1}^{T} (y_t - \hat{\beta}_0 - \hat{\beta}_1 x_t)^2$$

则通过求解 Q 值最小来确定这条直线，即确定 $\hat{\beta}_0$ 和 $\hat{\beta}_1$ 的估计值。以 $\hat{\beta}_0$ 和 $\hat{\beta}_1$ 为变量，把 Q 看作 $\hat{\beta}_0$ 和 $\hat{\beta}_1$ 的函数，这是一个求极值的问题。

求 Q 对 $\hat{\beta}_0$ 和 $\hat{\beta}_1$ 的偏导数，得正规方程：

$$\begin{cases} \dfrac{\partial Q}{\partial \beta_0} = 2 \sum_{t=1}^{T} (y_t - \hat{\beta}_0 - \hat{\beta}_1 x_t)(-1) = 0 \\ \dfrac{\partial Q}{\partial \beta_1} = 2 \sum_{t=1}^{T} (y_t - \hat{\beta}_0 - \hat{\beta}_1 x_t)(-x_t) = 0 \end{cases}$$

整理得：

$$\begin{cases} \hat{\beta}_0 T + \hat{\beta}_1 \left(\sum_{t=1}^{T} x_t \right) = \sum_{t=1}^{T} y_t \\ \hat{\beta}_0 \sum_{t=1}^{T} x_t + \hat{\beta}_1 \left(\sum_{t=1}^{T} x_t^2 \right) = \sum_{t=1}^{T} x_t y_t \end{cases}$$

写成矩阵形式：

$$\begin{bmatrix} T & \sum x_t \\ \sum x_t & \sum x_t^2 \end{bmatrix} \begin{bmatrix} \hat{\beta}_0 \\ \hat{\beta}_1 \end{bmatrix} = \begin{bmatrix} \sum y_t \\ \sum x_t y_t \end{bmatrix}$$

那么：

$$\begin{bmatrix} \hat{\beta}_0 \\ \hat{\beta}_1 \end{bmatrix} = \begin{bmatrix} T & \sum x_t \\ \sum x_t & \sum x_t^2 \end{bmatrix}^{-1} \begin{bmatrix} \sum y_t \\ \sum x_t y_t \end{bmatrix}$$

$$= \frac{1}{T \sum x_t^2 - (\sum x_t)^2} \begin{bmatrix} \sum x_t^2 & -\sum x_t \\ -\sum x_t & T \end{bmatrix} \begin{bmatrix} \sum y_t \\ \sum x_t y_t \end{bmatrix}$$

$$= \begin{bmatrix} \dfrac{\sum x_t^2 \sum y_t - \sum x_t \sum x_t y_t}{T \sum x_t^2 - (\sum x_t)^2} \\ \dfrac{T \sum x_t y_t - \sum x_t \sum y_t}{T \sum x_t^2 - (\sum x_t)^2} \end{bmatrix}$$

写成离差形式：

$$\hat{\beta}_1 = \frac{\sum (x_t - \bar{x})(y_t - \bar{y})}{\sum (x_t - \bar{x})^2}$$

$$\hat{\beta}_0 = \bar{y} - \hat{\beta}_1 \bar{x}$$

矩阵的逆：

$$A^{-1} = \frac{1}{|A|} A^*$$

$$A^* = \begin{bmatrix} A_{11} & A_{21} & \cdots & A_{n1} \\ A_{12} & A_{22} & \cdots & A_{n2} \\ \cdots & \cdots & \cdots & \cdots \\ A_{1n} & A_{2n} & \cdots & A_{nn} \end{bmatrix}$$

其中，

$$A_{ij} = (-1)^{i+j} M_{ij}$$

离差的由来

$$\hat{\beta}_1 = \frac{T \sum x_t y_t - \sum x_t \sum y_t}{T \sum x_t^2 - (\sum x_t)^2}$$

$$= \frac{\sum x_t y_t - T \bar{x} \bar{y}}{\sum x_t^2 - T \bar{x}^2}$$

$$= \frac{\sum x_t y_t - \sum x_t \bar{y} - \bar{x} \sum y_t + T \bar{x} \bar{y}}{\sum x_t^2 - \sum \bar{x}^2}$$

$$= \frac{\sum (x_t - \bar{x})(y_t - \bar{y})}{\sum x_t^2 - \bar{x}^2}$$

其中，

$$\bar{x} = \frac{1}{T} \sum x_t, \bar{y} = \frac{1}{T} \sum y_t$$

分析分母

$$\sum (x_t - \bar{x})^2 = \sum x_t^2 - 2\bar{x} \sum x_t + \sum \bar{x}^2$$

$$= \sum x_t^2 - 2\frac{1}{T}(\sum x_t)^2 + \sum \bar{x}^2$$

$$= \sum x_t^2 - 2T(\frac{\sum x_t}{T})^2 + \sum \bar{x}^2$$

$$= \sum x_t^2 - 2\sum \bar{x}^2 + \sum \bar{x}^2$$

$$= \sum x_t^2 - \sum \bar{x}^2$$

3.1.3 一元线性回归模型的一级检验

(一)拟合优度检验

在一元回归模型中,可决系数 R^2 体现了参数的估计值对观测值的拟合程度。显然,若观测值离回归直线近,则拟合程度好;反之,则拟合程度差。

这里定义:

$$\sum (y_t - \bar{y})^2 = \sum (\hat{y_t} - \bar{y})^2 + \sum (y_t - \hat{y_t})^2 = \sum (\hat{y_t} - \bar{y})^2 + \sum (e_t)^2$$

即"总体平方和"="回归平方和"+"残差平方和"。

$$R^2 = \frac{\sum (\hat{y_t} - \bar{y})^2}{\sum (y_t - \bar{y})^2} = \frac{回归平方和}{总体平方和}$$

由定义可知,R^2 的取值范围是 $[0, 1]$。在计量经济模型中,R^2 越接近于 1,就说明模型拟合得越好。

Y_i 与 $\bar{Y}$ 的差叫作 Y_i 的离差,即 $Y_i = Y_i - \bar{Y}$。离差可分解为两部分:

(1) $\hat{Y_i}$ 与 $\bar{Y}$ 的差,记作 $\hat{Y_i} = \hat{Y_i} - \bar{Y}$,它是能由样本回归线解释的部分;

(2) Y_i 与 $\hat{Y_i}$ 的差,即残差,记作 $e_i = Y_i - \hat{Y_i}$,它是不能由样本回归解释的部分。

残差项是随机扰动项的估计值,是由影响 Y 的 X 之外的随机因素产生的,$\hat{Y_i}$ 越大,e_i 的绝对值越小,样本回归线与样本值的拟合优度就越好。

$$Y_i - \bar{Y}(离差) = (Y_i - \hat{Y_i}) + (\hat{Y_i} - \bar{Y})$$

几个常用的结果:

(1)残差 e_i 的均值等于 0,即 $\sum e_i = 0$(最小二乘法求极值得);

(2)残差 e_i 与解释变量 X_i 不相关,即 $\sum e_i X_i = 0$;

(3)样本回归直线经过点 $(\bar{X}, \bar{Y})$,即 $\hat{Y_i} - \bar{Y} = \hat{\beta_1}(X_i - \bar{X})$;

(4)被解释变量的样本平均值等于其估计值的平均值,即 $\bar{Y} = \frac{1}{n}\sum \hat{Y_i}$。

(二)变量的显著性检验

变量的显著性检验又称为 t 检验,主要检验唯一的解释变量 X_t 对被解释变量 Y_t 是否有显著影响。

$$H_0 : \beta_1 = 0; H_1 : \beta_1 \neq 0$$

在原假设 H_0 成立的条件下,

若 $|t| > t_{\alpha(T-2)}$,则拒绝原假设,$\beta_1 \neq 0$;

若 $|t| < t_{\alpha(T-2)}$,则不能拒绝原假设,$\beta_1 = 0$。

其中,

$$s_{(\hat{\beta_1})} = \hat{\sigma}_{\hat{\beta_1}} = \sqrt{\frac{\sum e_i^2}{(n-2)\sum (x_i - \bar{x})^2}}$$

$$s_{(\widehat{\beta_0})} = \widehat{\sigma}_{\widehat{\beta_0}} = \sqrt{\frac{\sum e_i^2 \sum x_i^2}{n(n-2)\sum (x_i - \bar{x})^2}}$$

由于抽样是随机的,不同的样本可得出不同的估计量,因此 $\widehat{\beta_0}, \widehat{\beta_1}$ 均为随机变量,并具有一定的概率分布。为了对估计量进行显著性检验,首先讨论它们的统计性质。

(1)线性性:$\widehat{\beta_0}, \widehat{\beta_1}$ 均是 $Y_i (i=1,2,\cdots,n)$ 的线性函数,即 $\widehat{\beta_0}, \widehat{\beta_1}$ 可以表示 Y_i 的线性组合,存在不全为零的 w_i 和 $k_i (i=1,2,\cdots,n)$,满足

$$\widehat{\beta_0} = \sum w_i Y_i, \widehat{\beta_1} = \sum k_i Y_i \left(k_i = \frac{x_i}{\sum x_i^2} \right)$$

(2)无偏性:无偏性是指估计量 $\widehat{\beta_0}, \widehat{\beta_1}$ 的数学期望值分别等于总体回归系的值 β_0, β_1,即

$$E(\widehat{\beta_0}) = \beta_0, E(\widehat{\beta_1}) = \beta_1$$

(3)最小方差性:在所有用计量经济方法得到的线性无偏估计量中,最小二乘估计量的方差最小,即

$$\mathrm{Var}(\widehat{\beta_1}) = \frac{\sigma_u^2}{\sum x_i^2}, \mathrm{Var}(\widehat{\beta_0}) = \frac{\sigma_u^2 \sum X_i^2}{n \sum x_i^2}$$

$$\widehat{\beta_0} \sim N\left(\beta_0, \frac{\sigma_a^2 \sum X_i^2}{n \sum x_i^2}\right)$$

$$\widehat{\beta_1} \sim N\left(\beta_1, \frac{\sigma_U^2}{\sum x_i^2}\right)$$

$$\sigma_u^2 = S_e^2 = \frac{\sum e_i^2}{n-2} \left[E(S_e^2) = \sigma_u^2, S_e^2 \text{ 是 } \sigma_u^2 \text{ 的无偏估计量} \right]$$

$$\widehat{\sigma}_{\widehat{\beta_0}} = S_{\widehat{\beta_0}} = \sqrt{\frac{\sum e_i^2 \sum x_i^2}{n(n-2)\sum x_i^2}}$$

$$\widehat{\sigma}_{\widehat{\beta_1}} = S_{\widehat{\beta_1}} = \sqrt{\frac{\sum e_i^2}{(n-2)\sum x_i^2}}$$

(三)常见的概率分布

常见的概率分布包括 t 分布、χ^2 分布和 Γ 分布。

(1)t 分布

定义 3.1 若 $X_1 \overset{d}{=} N(0,1)$,$X_2 \overset{d}{=} \chi^2(k)$,且 X_1, X_2 相互独立,则称

$$t(k) = \frac{X_1}{\sqrt{X_2/k}}$$

的分布为 t 分布,也记为 $t(k)$ 分布,称 k 为这一分布的自由度。t 分布的分布密度 $p(x;k)$ 为

$$p(x;k) = \frac{\Gamma\left(\frac{k+1}{2}\right)}{\sqrt{k\pi}\,\Gamma\left(\frac{k}{2}\right)} \left(1 + \frac{x^2}{k}\right)^{-(k+1)/2}$$

t 分布的均值、方差分别为

$$E[t(k)] = 0(k > 1), \mathrm{Var}[t(k)] = \frac{k}{k-2}(k > 2)$$

（2）χ^2 分布

定义 3.2 若随机变量 X 服从标准动态分布，则 χ^2 的分布密度为

$$p(x) = \sqrt{\frac{1}{2\pi}} \cdot \frac{1}{\sqrt{x}} \mathrm{e}^{-x/2} \sim \Gamma\left(\frac{1}{2}, \frac{1}{2}\right)$$

则 $\chi^2(k) = \sum_{i=1}^{k} x_i^2 \overset{d}{=} \Gamma\left(\frac{k}{2}, \frac{1}{2}\right)$，称这一随机变量的分布为 χ^2 分布，称 k 为分布的自由度。

（3）Γ 分布

定义 3.3 以下列 $p(x; \alpha, \lambda)$ 为分布密度的随机变量 X 称为 Gamma 分布，记为 $\Gamma(\alpha, \lambda)$

$$p(x; \alpha, \lambda) = \frac{\lambda^\alpha}{\Gamma(\alpha)} x^{\alpha-1} \mathrm{e}^{-\lambda x} I_{(0,+\infty)}(x), \alpha, \lambda > 0$$

其中，$\Gamma(\alpha)$ 为 Gamma 函数。

$$\Gamma(\alpha) = \int_0^{+\infty} x^{\alpha-1} \mathrm{e}^{-x} \mathrm{d}x$$

Gamma 分布的矩、均值、方差分别为

$$E(X^k) = \frac{\Gamma(\alpha+k)}{\lambda^k \Gamma(\alpha)}, E(X) = \frac{\alpha}{\lambda}, \mathrm{Var}(X) = \frac{\alpha}{\lambda^2}$$

（四）实例：用一元线性回归模型分析我国实际 *GDP* 平均增长率

我们建立半对数线性方程，估计我国 1978—2014 年实际 GDP 的长期平均增长率，模型形式为

$$\ln(\mathrm{gdp}_t) = \beta_0 + \beta_1 \times t_t + u_t$$

其中，$\mathrm{gdp}_t = \mathrm{GDP}_t / P_t$ 表示剔除价格因素的实际 GDP_t。设 $y_t = \ln(\mathrm{gdp}_t)$，利用我国 1978—2014 年的 GDP 数据和最小二乘法估计该模型，得到

$$\hat{y} = 8.065 + 0.095\,1 \times t_t$$
$$(678.38)(174.28)$$

其中，$R^2 = 0.998$，括号中的数据为 t 检验值。

模型中时间趋势变量的系数估计值是 0.095，说明我国 1978—2014 年实际 GDP 的年平均增长率为 9.5%。拟合优度（可决系数）R^2 为 0.998，趋近于 1，表明模型拟合效果好。

3.2 多元线性回归模型

3.2.1 多元线性回归基本模型

多元线性回归模型的一般形式为：

$$y_t = \beta_0 + \beta_1 x_{t1} + \beta_2 x_{t2} + \cdots + \beta_{k-1} x_{tk-1} + u_t$$

其中，

y_t：被解释变量（因变量）；

x_t：解释变量（自变量）；

u_t：随机误差项；

$\beta_i, i=0,1,\cdots,k-1$：回归参数（通常未知）。

当给定一个样本 $(y_t, x_{t1}, x_{t2}, \cdots, x_{tk-1})$，$t=1,2,\cdots,T$ 时，上述模型表示为：

$$
\begin{cases}
y_1 = \beta_0 + \beta_1 x_{11} + \beta_2 x_{12} + \cdots + \beta_{k-1} x_{1k-1} + u_1 \\
y_2 = \beta_0 + \beta_1 x_{21} + \beta_2 x_{22} + \cdots + \beta_{k-1} x_{2k-1} + u_2 \\
\qquad\qquad\qquad\qquad \cdots \\
y_T = \beta_0 + \beta_1 x_{T1} + \beta_2 x_{T2} + \cdots + \beta_{k-1} x_{Tk-1} + u_T
\end{cases}
$$

矩阵化模型：

$$
\begin{pmatrix} y_1 \\ y_2 \\ \cdots \\ y_T \end{pmatrix}_{(T\times 1)}
=
\begin{pmatrix}
1 & x_{11} & \cdots & x_{1j} & \cdots & x_{1k-1} \\
1 & x_{21} & \cdots & x_{2j} & \cdots & x_{2k-1} \\
\cdots & \cdots & \cdots & \cdots & \cdots & \cdots \\
1 & x_{T1} & \cdots & x_{Tj} & \cdots & x_{Tk-1}
\end{pmatrix}_{(T\times k)}
\begin{pmatrix} \beta_0 \\ \beta_1 \\ \cdots \\ \beta_{k-1} \end{pmatrix}_{(k\times 1)}
+
\begin{pmatrix} u_1 \\ u_2 \\ \cdots \\ \cdots \\ u_T \end{pmatrix}_{(T\times 1)}
$$

上述矩阵化模型即：$Y = X\beta + u$。

为保证得到最优估计量，回归模型应满足如下假定条件：

（1）随机误差项 u_t 是非自相关的，每一误差项都满足均值为零，方差 σ^2 相同且为有限值，即

$$E(u) = 0, \mathrm{Var}(u) = \sigma^2 I$$

（2）解释变量与误差项相互独立，即

$$E(X'u) = 0$$

（3）解释变量之间线性无关；

（4）解释变量是非随机的。

3.2.2　多元线性回归模型的一级检验

（一）拟合优度检验

（1）可决系数 R^2

$$Y = X\hat{\beta} + \hat{u} = \hat{y} + \hat{u}$$

总体平方和

$$SST = \sum_{t=1}^{T} (y_t - \bar{y})^2 = \sum_{t=1}^{T} y_t^2 - 2\bar{y}\sum_{t=1}^{T} y_t + T\bar{y}^2 = y'Y - T\bar{y}^2$$

其中，$\bar{y}$ 是 y_t 的样本平均数，定义为 $\bar{y} = (\sum_{t=1}^{T} y_t)/T$。

回归平方和

$$SSR = \sum_{t=1}^{T} (\hat{y_t} - \bar{y})^2 = \hat{y}'\hat{y} - T\bar{y}^2$$

其中，$\bar{y}$ 的定义同上。

残差平方和

$$SSE = \sum_{t=1}^{T}(y_t - \hat{y}_t)^2 = \sum_{t=1}^{T}\hat{u}_t^2 = \hat{u}'\hat{u}$$

则有如下关系存在：

$$SST = SSR + SSE$$

$$R^2 = \frac{SSR}{SST} = \frac{\hat{y}'\hat{y} - T\bar{y}^2}{y'Y - T\bar{y}^2}$$

显然有 $0 \leqslant R^2 \leqslant 1$。$R^2$ 越趋近于 1，拟合优度越好。

（2）调整的可决系数 $\bar{R}^2$

当解释变量的个数增加时，通常 R^2 不下降，而是上升。为调整由自由度减小带来的损失，定义调整的多重可决系数 $\bar{R}^2$ 如下：

$$\bar{R}^2 = 1 - \frac{SSE/(T-k)}{SST/(T-1)}$$

自由度表示以样本的统计量来估计总体的参数时，样本中独立或能自由变化的数据的个数。计算某一统计量时，取值不受限制的变量个数。

自由度＝独立变量－衍生量数；

自由度＝样本个数－样本数据受约束条件的个数。

（二）方程的显著性检验

与 $SST = SSR + SSE$ 相对应，自由度 $T-1$ 也被分解为两部分：

$$(T-1) = (k-1) + (T-k)$$

定义 $MSR = \dfrac{SSR}{k-1}$ 为回归均方，$MSR = \dfrac{SSR}{T-k}$ 为残差均方，如表 3-1 所示。

设定假设为 $H_0 : \beta_1 = \beta_2 = \cdots = \beta_{k-1} = 0$；$H_1 : \beta_j$ 不全为零，

$$F = \frac{MSR}{MSE} = \frac{SSR/(k-1)}{SSE/(T-k)} \sim F_{(k-1, T-k)}$$

表 3-1 方差分析表

方差来源	平方和	自由度	均方
回归	$SSR = \hat{y}'\hat{y} - T\bar{y}^2$	$k-1$	$MSR = SSR/(k-1)$
残差	$SSE = \hat{u}'\hat{u}$	$T-k$	$MSE = SSE/(T-k)$
总体	$SST = y'Y - T\bar{y}^2$	$T-1$	

此时解释变量对被解释变量的解释力越强，则 F 值越大，说明模型整体显著。当检验水平为 α 时，检验规则是：

若 $F \leqslant F_{\alpha(K-1, T-k)}$，不能拒绝 H_0；

若 $F > F_{\alpha(K-1, T-k)}$，拒绝 H_0。

（三）变量的显著性检验

多元线性回归中仍用 T 检验来检验变量的显著性，设定假设为 $H_0 : \beta_j = 0 (j = 1, 2, \cdots, k-$

1）；$H_1:\beta_j \neq 0$。

$$t = \frac{\hat{\beta}_j}{s(\hat{\beta}_j)} = \hat{\beta}_j / \sqrt{\mathrm{Var}(\hat{\beta})_{j+1}} = \hat{\beta}_j / \sqrt{s^2(X'x_{j+1}^{-1})} \sim t_{(T-k)}$$

判别规则为：

若 $|t| \leqslant t_{a(T-k)}$，不能拒绝 H_0；

若 $|t| > t_{a(T-k)}$，拒绝 H_0。

需要注意的是，即使 F 统计量显著，各个 t 统计量也有可能不是显著的。

（四）注意事项

在运用多元线性回归模型时，要注意以下几点：

（1）研究经济变量之间的关系要剔除物价变动因素。

（2）依照经济理论以及对具体经济问题的深入分析初步确定解释变量。

（3）当引用现成数据时，要注意数据的定义是否与所选定的变量定义相符。

（4）通过散点图、相关系数，确定解释变量与被解释变量的具体函数关系（线性、非线性、无关系）。

（5）谨慎对待异常值，不能把简历模型简单化为一个纯数学过程，目的是寻找经济规律。

（6）选定模型后可利用样本数据（序列的、截面的、混合的）对模型进行估计。

（7）首先进行 F 检验。F 检验是对模型整体回归显著性的检验（检验一次，$H_0:\beta_1 = \beta_2 = \cdots = \beta_{k-1} = 0$；$H_1:\beta_j$ 不全为零）。

（8）进一步做 t 检验[检验 k 次，$H_0:\beta_i = 0(j=1,2,\cdots,k-1)$；$H_1:\beta_i \neq 0$]。$t$ 检验是对单个解释变量的回归显著性的检验。若回归系数估计值未通过 t 检验，则应将相应解释变量从模型中剔除。剔除该解释变量后重新回归。

3.3　市场间联动性分析

股票市场联动（stock market co-movement），是指不同的股票市场之间相似资产的收益率呈现出较强的相关性，或者不同股票市场的资产价格拥有共同的长期均衡关系或者长期同步运动趋势。

利用传统的根据经济理论建立回归方程的方式，只能分析变量之间是否有相关关系，而研究市场间联动性涉及信息的变动对另一市场的影响，需要对非平衡数据简历动态模型，平稳性检验、Granger 因果检验、协整关系检验、向量自回归模型和向量误差修正模型、脉冲响应函数和方差分解等计量方法的出现对这一问题提供了很好的解决途径。

3.3.1　平稳性检验

金融市场中许多变量（如股票价格等）的时间序列数据服从单位根过程，而单位根过程是非平稳过程，传统的数理统计和经济计量方法已不再适用。近十几年来，建立在维纳过程、泛函中心极限定理等基础上的有关单位根过程的理论以及协整过程的理论应运而生并蓬勃发展,为我们研究金融问题提供了有力的工具。

常用的单位根检验,又称为迪基-富勒(Dickey-Fuller)检验和增项迪基-富勒(Augmented Dickey-Fuller)检验,简称为 DF 检验和 ADF 检验。

对于随机过程 $\{y_t, t=1,2,\cdots\}$,若 $y_t = \rho y_{t-1} + u_t$,其中,$\rho = 1$,$\{y_t\}$ 为一平稳过程,且 $E(u_t) = 0$,$\text{Cov}(u_t, u_{t-s}) = \mu_t < \infty$,这里 $s = 0, 1, 2, \cdots$。称该随机过程为单位根过程。

(一)DF 检验

考虑任一时间序列 Y_t,有一阶自回归:

$$Y_t = \rho Y_{(t-1)} + \varepsilon_t$$

其中,ρ 为待估参数;ε_t 为白噪声。

如果,$\rho = 1$,则 Y_t 为随机游走过程;如果,$\rho < 1$,则上式产生的 Y_t 过程为 0 阶平稳过程。

基于此,1979 年迪基和富勒提出了检验上式中的 ρ 是否为 1 的单位根检验,称为 DF 检验,其回归方程为

$$DY_t = \delta Y_{(t-1)} + \varepsilon_t$$

或

$$Y_t = (1 + \delta) Y_{(t-1)} + \varepsilon_t$$

其中,$DY_t = Y_t - Y_{(t-1)}$;δ 为待估参数。

具体做法就是用最小二乘法求出 $Y_t = (1 + \delta) Y_{(t-1)} + \varepsilon_t$ 中的 δ,并检验其负性:

$$H_0 : \delta = 0$$
$$H_1 : \delta < 0$$

如果不拒绝 H_0,意味着 $Y_t \sim I(d)$,$d \not< 1$;如果拒绝 H_0,则 $Y_t \sim I(0)$。

如果 $Y_t = \rho Y_{(t-1)} + \varepsilon_t$ 中存在常数项 t 和趋势项 δ_0,那么有

$$Y_t = \delta Y_{(t-1)} + \delta_0 + \theta_t + \varepsilon_t$$

相应的检验回归方程变成

$$DY_t = \delta Y_{(t-1)} + \delta_0 + \theta_0 + \varepsilon_t$$

判别规则:

(1)$DF >$ 临界值,则不拒绝 H_0,结论是 Y_t 非平稳(存在单位根);

(2)$DF <$ 临界值,则拒绝 H_0,结论是 Y_t 平稳(不存在单位根)。

可以通过最小二乘法得到 δ 的估计值,并对其进行显著性检验,构造检验显著性水平的 t 统计量。但是,Dickey-Fuller 研究了这个 t 统计量在原假设下已经不再服从 t 分布,它依赖于回归的形式(是否引入常数项和趋势项)和样本长度 T。Mackinnon 进行了大规模的模拟,给出了不同回归模型、不同样本数以及不同显著性水平下的临界值。这样,再根据需要,选择适当的显著性水平,通过 t 统计量来决定是否拒绝原假设。

(二)ADF 检验

如果 DY_t 存在自回归,则 DF 检验方程 $Y_t = \rho Y_{(t-1)} + \varepsilon_t$ 中增加滞后项,有 ADF 检验方程:

$$DY_t = \delta Y_{(t-1)} + \sum_{i=1}^{k} \delta_i \times DY_{(t-i)} + \varepsilon_t$$

如果考虑到截距项 δ_0，有 ADF 检验方程：

$$DY_t = \delta Y_{(t-1)} + \delta_0 + \sum_{i=1}^{k} \delta_i \times DY_{(t-i)} + \varepsilon_t$$

再考虑到趋势项 θ_t，有 ADF 检验方程：

$$DY_t = \delta Y_{(t-1)} + \delta_0 + \theta_t + \sum_{i=1}^{k} \delta_i \times DY_{(t-i)} + \varepsilon_t$$

上面三式中的 k 为 DY_t 滞后的最大阶数，为了节约自由度，k 应尽可能地小，一般在 3 左右。

$\sum_{i=1}^{k} \delta_i \times DY_{(t-i)}$ 的来源：

考虑 Y_t 存在 k 阶序列相关，用 k 阶自回归过程来修正

$$Y_t = a + \varphi_1 Y_{t-1} + \varphi_2 Y_{t-2} + \cdots + \varphi_k Y_{t-k} + u_t$$

$$\delta = \sum_{i=1}^{k} \varphi_i - 1$$

$$\delta_i = -\sum_{j=i+1}^{k} \varphi_j$$

(三)检验统计量

DF 检验和 ADF 检验的统计量都是

$$t_\delta = \frac{\hat{\delta}}{\sigma(\hat{\delta})}$$

其中，$\hat{\delta}$ 是最普通最小二乘法求出的 δ 的估值；$\sigma(\hat{\delta})$ 为其标准差。

如果 $t_\delta \leqslant t_\delta(\sigma)$，$DY_t \sim I(0)$，则 t_δ 不存在有限正态分布。

3.3.2　Granger 因果检验

可以将 Granger 非因果检验理解为：如果由 Y_t 和 X_t 滞后值所决定的 Y_t 的条件分布与仅由 Y_t 滞后值所决定的统计分布相同，则称 X_{t-1} 对 Y_t 不存在 Granger 因果性关系。换句话说，其他条件不变，加上 X_t 的滞后变量对 Y_t 预测精度没有显著性改善，则称 X_{t-1} 对 Y_t 不存在 Granger 因果性关系。

以两变量为例建立回归方程：$Y_t = \sum_{i=1}^{k} \alpha_i Y_{t-i} + \sum_{i=1}^{k} \beta_i x_{t-i} + u_{it}$。

原假设为 X_{t-1} 对 Y_t 不存在 Granger 因果性关系，即：$H_0 : \beta_1 = \beta_2 = \cdots = \beta_k = 0$。

在原假设成立的条件下：$F = \dfrac{(SSE_r - SSE_u)/k}{SSE_u/(T-2k)} \approx F(k, t-2k)$ 成立。其中，SSE_r 为施加约束的残差平方和；SSE_u 为不施加约束的残差平方和；k 表示最大滞后期；T 表示样本容量。

用样本计算的 F 值如果落在临界值以内，则不拒绝原假设，即 X_{t-1} 对 Y_t 不存在 Granger 因果性关系。

3.3.3　协整关系检验

如果某一非平稳序列 x_t 能够经过 d 次差分后变成平稳序列,则称该序列为 d 阶整性,记为 $X_t \sim I(d)$。

假设两个非平稳时间序列 Y_t,X_t,且有 $Y_t \sim I(d)$ 和 $X_t \sim I(d)$。如果存在某一参数向量 $(1-\beta)$,使得:

$$[Y_t - \beta X_t] \sim T(d-b)$$

那么认为序列 Y_t,X_t 之间存在协整关系,记为:Y_t,$X_t \sim CI(d,b)$。其中,b 为正整数;$(1-\beta)$ 为协整向量;β 为协整系数。

如果 $d-b=0$,那么:Y_t,$X_t \sim CI(d,d)$,此时有 $\mu_t(Y_t-\beta X_t) \sim I(0)$。这意味着回归方程 $Y_t = \beta X_t + \mu_t$ 有意义,此时 β 唯一存在。

同时,时间序列 Y_t,X_t 在时间上的实际变动与其长期均衡轨道的偏差 μ 是收敛的。即:即使在某一时间点上,Y_t,X_t 的运动方向相互背离,它们之间存在的长期规律或内在力量也将迫使它们趋向一致,即 $\mu \sim N(0,1)$,因此判定 y_t 和 x_t 之间存在长期均衡关系。

协整检验与整形检验的唯一不同在于:$Y_t = \beta X_t + \mu_t$ 中的 μ_t 代替原来检验回归方程中的 Y_t。

对于被检验的协整变量的个数超过两个的情况,检验要求原回归方程(或寻求的长期关系式)左边的被解释变量 y_t 的整性阶数不大于右边的解释变量 x_t 的整性阶数。

在实际的经济环境中,有时一组(两个或两个以上)时间序列变量(如货币供应量和股票指数)是随机游走的,但它们的某个线性组合却可能是平稳的。在这种情况下,我们称这两个变量是协整的,即存在协整关系。

用数学语言可以将上述定义描述为:假设两个时间序列变量分别为 X_t 和 Y_t,而且这两个变量都是一阶单整过程,即 $I(1)$ 过程,如果 X_t 和 Y_t 的一个线性组合,如 $z_t = x_t - \alpha y_t$,构成一个平稳的时间序列,则 X_t 和 Y_t 具有协整关系,其中 α 称为协整参数。

3.3.4　向量自回归模型和向量误差修正模型

考虑到要对变量之间的动态联系提供一个严密说明,且内生变量可以出现在方程的两边,经济计量方法即以经济理论为基础描述变量关系的模型,将不再适用,这时出现了向量自回归模型(Vector Auto-Regression model,简称 VAR 模型)和向量误差修正模型(Vector Error Correction Model,简称 VEC 模型)。

(一)向量自回归模型:VAR 模型

VAR 模型是基于数据的统计性质建立的模型,Sims(1980)将 VAR 模型引入经济学中,推动了经济系统动态性分析的广泛应用。

VAR 模型的数学表达式为:

$$y_t = \Phi_1 y_{t-1} + \cdots + \Phi_p y_{t-p} + H x_t + \varepsilon_t, t=1,2,\cdots,T$$

其中,

y_t:k 维内生变量列向量;

x_t：d 维外生变量列向量；

p：滞后阶数；

T：样本个数；

$\Phi_1,\cdots,\Phi_p$：$k \times k$ 维矩阵；

H：$k \times d$ 维矩阵；

ε_t：k 维扰动列向量。

Φ,H 均是待估计的系数矩阵。

(二)向量误差修正模型：VEC 模型

当一系列变量之间存在协整关系时，VAR 模型就不是最合适的模型形式，需要引入能够有效支持协整结构的特定参数化方法，VEC 模型有效解决了这一问题。

VEC 模型的数学表达式为：

$$\Delta y_t = \beta_0 \Delta x_t + \beta_1 ec\, m_{t-1} + u_t$$

其中，

$ec\, m_t = y_t - k_0 - k_1 x_t$：非均衡误差；

$y_t = k_0 + k_1 x_t$：y_t 和 x_t 的长期关系；

$\beta_1 ec\, m_{t-1}$：误差修正项；

β_1：修正系数，表示误差修正项对 Δy_t 的修正速度，为负值；

k_0,k_1：长期参数；

β_0,β_1：短期参数。

3.3.5 脉冲响应函数

脉冲响应函数方法是指 VAR 模型的一个误差项发生变化或受到某种冲击时对系统的动态影响。

现考虑两个变量的情形：

$$\begin{pmatrix} y_{1t} \\ y_{2t} \end{pmatrix} = \begin{pmatrix} a_{0,11} & a_{0,11} \\ a_{0,21} & a_{0,22} \end{pmatrix} \begin{pmatrix} \varepsilon_{1t} \\ \varepsilon_{2t} \end{pmatrix} + \begin{pmatrix} a_{1,11} & a_{1,11} \\ a_{1,21} & a_{1,22} \end{pmatrix} \begin{pmatrix} \varepsilon_{1t-1} \\ \varepsilon_{2t-1} \end{pmatrix} + \begin{pmatrix} a_{2,11} & a_{2,11} \\ a_{2,21} & a_{2,22} \end{pmatrix} \begin{pmatrix} \varepsilon_{1t-2} \\ \varepsilon_{2t-2} \end{pmatrix} + \cdots$$

现假设在初期给 y_1 一个单位的脉冲，即

$$\varepsilon_{1t} = \begin{cases} 1, t=0 \\ 0, 其他 \end{cases}, \varepsilon_{2t} = 0, t=0,1,2,\cdots$$

则由 y_1 的脉冲引起的 y_2 的响应函数为 $t=i$ 时，$y_{2i} = a_{i,21}(i=0,1,2,\cdots)$。

因此，由 y_j 的脉冲引起的 y_i 的响应函数可以求出 $a_{0,ij}, a_{1,ij}, a_{2,ij}, \cdots, i,j=1,2,\cdots$。

3.3.6 方差分解

脉冲响应函数描述 VAR 模型中一个内生变量的冲击对其他内生变量造成的影响，而方差分解分析每一结构的冲击对内生变量变化的贡献度。其思路如下：

由式

$$y_i = \sum_{j=1}^{k} (a_{0,ij} \varepsilon_{jt} + a_{1,ij} \varepsilon_{jt-1} + a_{2,ij} \varepsilon_{jt-2} + \cdots)$$

$$i = 1, 2, \cdots, k; t = 1, 2, \cdots, T$$

可知各括号中的扰动项 ε_j 是整个时间段内对 y_i 的影响总和，求其方差，则

$$E[(a_{0,ij} \varepsilon_{jt} + a_{1,ij} \varepsilon_{jt-1} + a_{2,ij} \varepsilon_{jt-2} + \cdots)^2] = \sum_{q=0}^{\infty} (a_{q,ij})^2 \sigma_{ij}$$

$$i, j = 1, 2, \cdots, k$$

假定扰动项量的协方差是对角矩阵，则 y_i 的方差是上述方差的和

$$\mathrm{Var}(y_i) = \sum_{j=1}^{k} \left\{ \sum_{q=0}^{\infty} (a_{q,ij})^2 \sigma_{jj} \right\}, i = 1, 2, \cdots, k$$

为了测量各扰动项对 y_i 的方差有多大贡献，定义相对方差贡献度（RVC）。

$$RVC_{j \to i}(\infty) = \frac{\displaystyle\sum_{q=0}^{\infty} (a_{q,ij})^2 \sigma_{jj}}{\displaystyle\sum_{j=1}^{k} \sum_{q=0}^{\infty} (a_{q,ij})^2 \sigma_{jj}}$$

根据第 j 个变量基于冲击的方差对 y_i 的方差的贡献度来观测第 j 个变量对第 i 个变量的影响。

实例：A 股指数和 H 股指数之间联动效应的实证分析

本研究选取 2005 年 9 月 15 日至 2010 年 6 月 30 日的上证 A 股指数和香港恒生中国企业指数（H 股）收盘价为研究对象，剔除不是同一交易日的数据，为方便分析，对样本数据进行了对数处理。

因为 2007 年 10 月 A 股和 H 股价格都达到了历史最高价，所以选取 2007 年 10 月 30 日为分界点，之前（第一阶段）的 A 股和 H 股对数股价记为 $LA1$ 和 $LH1$，之后（第二阶段）的 A 股和 H 股对数股价记为 $LA2$ 和 $LH2$，对总体、第一阶段和第二阶段的数据分别进行分析。

数据来自上海大智慧软件系统，使用分析工具 Excel 和 Eviews 6.0 对数据进行描述性统计，如表 3-2 所示。

表 3-2　描述性统计

	LH	LA	$LH1$	$LA1$	$LH2$	$LA2$
均值	9.184 156	7.897 093	9.011 18	7.725 437	9.319 967	8.031 868
中位数	9.274 241	7.976 322	8.904 72	7.528 692	9.382 729	8.034 450
最大值	9.923 294	8.763 391	9.92 329	8.763 391	9.911 665	8.733 821
最小值	8.457 974	7.033 991	8.457 974	7.033 991	8.515 207	7.491 679
标准差	0.331 925	0.432 006	0.346 912	0.525 983	0.245 685	0.273 685
偏度	−0.283 81	−0.189 35	0.52 857	0.414 786	−0.664 987	0.413 506
峰度	2.216 673	2.331 238	2.623 957	1.816 649	2.996 578	2.924 244
J-B 统计量	44.06 035	27.80 982	26.070 83	43.249 58	46.653 24	18.190 14
概率	0.000 000	0.000 001	0.000 002	0.000 000	0.000 000	0.000 112
总数	10 378.1	8 923.715	4 478.557	3 839.42	5 899.539	5 084.173
总数标准差	124.386 6	210.704 2	59.692 52	137.22 26	38.148 33	47.339 15
观察数量	1 130	1 130	497	497	633	633

由表 3-2 可知，第一阶段的波动性大于第二阶段，尤其第一阶段的 A 股指数波动最大

(0.523);从偏度(skewness)的数据可知,数据都是有偏度的,除第二阶段的 H 股指数右偏外,其他都是左偏的;从峰度(kurtosis)的数据可知,第一阶段的峰值明显小于 3,第二阶段的峰值 >1 接近于 3,证明第一阶段风险较大;从 J-B 统计量可知,数据不符合正态分布。

(一)平稳性检验

利用 ADF 单位根检验方法,分析数据的平稳性,结果如表 3-3 所示。

(二)Granger 因果检验

表 3-3　单位根检验结果

	LA	LH	LA1	LH1	LA2	LH2
水平值检验结果						
ADF 值	−1.716 32	−2.013 59	1.338 987	1.636 788	−2.493	−2.524
概率	0.422 7	0.281 1	0.998 8	0.999 6	0.117 6	0.110 1

	DLA	DLH	DLA1	DLH1	DLA2	DLH2
一阶差分值检验结果						
ADF 值	−33.391 8	−32.886 4	−22.515	−20.491	−25.201	−25.068
概率	0.000 0	0.000 0	0.000 0	0.000 0	0.000 0	0.000 0

注:在 1%、5%、10% 的置信水平下,临界值 t 统计量分别为 −3.44、−2.87、−2.57。

由水平值及一阶差分以后数据的 ADF 值与相应的临界值比较可知,差分前不平稳,差分后平稳;由相应的概率值也可知,差分前不拒绝"存在单位根"的原假设,一阶差分后拒绝原假设,表明数据一阶差分是平稳的,即是一阶单整的。可以利用处理非平稳变量的协整关系进行分析。

对总体、第一阶段和第二阶段的数据进行 Granger 因果检验,结果如表 3-4 所示。

表 3-4　Granger 因果检验结果

原假设	F 统计量	概率
LA 不是 LH 变化的 Granger 原因	6.459 34	0.001 6
LH 不是 LA 变化的 Granger 原因	3.509	0.030 3
LA1 不是 LH1 变化的 Granger 原因	0.345 46	0.708 1
LH1 不是 LA1 变化的 Granger 原因	2.479 53	0.084 8
LA2 不是 LH2 变化的 Granger 原因	2.898 12	0.055 9
LH2 不是 LA2 变化的 Granger 原因	1.451 84	0.234 9

从表 3-4 可知,总体上,在 5% 的显著性水平下,A 股和 H 股互为引导关系,且 A 股对 H 股的引导更强。在第一阶段,A 股不是 H 股的 Granger 原因,但在 10% 的显著性水平下,H 股是 A 股的 Granger 原因;在第二阶段,两者的关系发生了变化,在 10% 的显著性水平下,H 股不是 A 股的 Granger 原因,而 A 股是 H 股的 Granger 原因。在上涨阶段,H 股价格引导 A 股价格,在下降阶段,A 股价格引导 H 股价格。其主要原因是:H 股与美国股市及国际其他股市的联系紧密,信息流通迅速,引导 A 股的走势;而在次贷危机发生后国际股市遭受的危机影响较大,内地虽然也受危机影响,但总体经济平稳发展,进而 A 股引导 H 股的走势。

(三)协整关系检验

采用 EG 两步法协整检验对 A 股和 H 股之间的协整关系进行分析,即首先利用最小二乘法对 A 股和 H 股指数价格的相关关系进行拟合;然后检验残差的平稳性,分析两者之间是否有长期平稳的相关关系。

(1)对总体数据进行最小二乘法拟合

$$LA = -3.296\ 894 + 1.218\ 837LH + \varepsilon_1$$

$$(-26.394)(89.674)$$

$$R^2 = 0.877, DW = 0.034, AIC = -0.934, SC = -0.925$$

对残差 ε_1 字母序列进行单位根检验,结果如表 3-5 所示。

表 3-5　总体拟合结果残差的平稳性检验

ADF 统计量	显著性水平			概率
	1%	5%	10%	
−2.867 805	−3.435 926	−2.863 890	−2.568 072	0.049 5

残差在 5% 显著性水平下是平稳的,证明 A 股和 H 股存在长期的协整关系,可以数据进行误差修正模型分析。

(2)对第一阶段的数据进行最小二乘法拟合

$$LA1 = -5.510\ 122 + 1.469\ 1LH1 + \varepsilon_{1t}$$

$$(-36.143)\quad(86.88)$$

$$R^2 = 0.938, DW = 0.037, AIC = -1.23, SC = -1.21$$

对残差 ε_{1t} 进行单位根检验,结果如表 3-6 所示。

表 3-6　第一阶段拟合结果残差的平稳性检验

ADF 统计量	显著性水平			概率
	1%	5%	10%	
−1.661 943	−3.443 307	−2.867 147	−2.569 818	0.450 1

由相应的 ADF 的 t 统计量的值及概率值 45% 可知,残差序列不平稳,即 $LA1$ 与 LH 之间不存在协整关系。

(3)对第二阶段进行协整关系检验

$$LA2 = -1.15 + 0.985\ 51LH2 + \varepsilon_{2t}$$

$$(-5.967)\quad(47.623)$$

$$R^2 = 0.78, DW = 0.042, AIC = -1.27, SC = -1.26$$

对残差 ε_{2t} 进行单位根检验,结果如表 3-7 所示。

表 3-7　第二阶段拟合结果残差的平稳性检验

ADF 统计量	显著性水平			概率
	1%	5%	10%	
−2.360 777	−3.440468	−2.865895	−2.569147	0.1535

由相应的概率可知,以 15.35% 的概率不拒绝存在单位根的原假设,表明残差序列是不平稳的,$LA2$ 和 $LH2$ 不存在协整关系。

(四)VAR 模型估计

(1)对总体利用 VEC 模型分析

$$DLH_t = -0.025(LH_{(t-1)} - 0.65\,LA_{(t-1)}) - 4.07) + 0.064\,DLH_{(t-1)} - 0.09\,DLA_{(t-1)}$$
$$t = -3.88 - 8.86 - 7.01.83 - 2.07$$

$$DLA_t = -0.01(LHR_{(t-1)} - 0.65\,LA_{(t-1)}) - 4.07) + 0.066\,DLH_{(t-1)} - 0.04\,DLA_{(t-1)}$$
$$t = -2.05 - 8.86 - 7.02.37 - 1.16$$

DLH、DLA 分别表示 H 股和 A 股价格对数的一阶差分,即 H 股和 A 股的收益率序列。LH 和 LA 的长期关系为 $LH = 0.65LA + 4.07$,A 股价格上涨 1%,H 股价格平均上涨 0.65%,模型还说明 H 股滞后期的收益率与本期的 A 股和 H 股的收益率有正相关关系,A 股滞后期收益率与本期 A 股和 H 股的收益率有负相关关系。

(2)对第一、二阶段利用 VAR 模型分析

因为 $LA1$、$LH1$、$LA2$、$LH2$ 都是一阶单整的,即一阶差分平稳,分别表示为 $DLA1$、$DLH1$、$DLA2$、$DLH2$。平稳的序列适合应用 VAR 模型,首先需要估计 VAR 模型的滞后阶数,然后利用 LR 方法确定滞后阶数(如表 3-8 所示)。

表 3-8 LR 方法的滞后阶数

滞后阶数	第一阶段	第二阶段
	LR	LR
0	NA	NA
1	3.886 162	5.855 879
2	3.261 281	0.397 053
3	6.385 066	5.626 143
4	5.719 758	12.903 820
5	7.430 865	8.800 128
6	10.979 930 *	9.495 841 *

注:* 表示最合适的滞后阶数。

选取的滞后阶数均为 6。由于滞后期数过多,在此不给出具体的回归方程。方程结果显示:在第一阶段,A 股收益率对自身滞后 6 期的收益率的相关系数为负值且显著,其他均不显著;对 H 股滞后期收益率均不显著;H 股对 A 股滞后 5 期的收益率的相关系数为负且显著,对自身滞后期收益率的相关系数为正。

在第二阶段,A 股和 H 股的收益率对 A 股滞后期收益率的相关关系为负,且多不显著;只有 A 股收益率对自身滞后 6 期的收益率的相关关系显著,H 股对 A 股滞后 5 期的收益率的相关关系显著;A 股收益率对 H 股滞后期的收益率相关系数为正,而 H 股对自身的滞后期收益率相关系数为负。

(五)脉冲响应检验

(1)总体股票指数方差分解

整个时间段的股票指数方差分解结果如表 3-9 所示。

表 3-9　整个时间段的方差分解表（2005-09-14～2010-06-30）

时期	序列 LH 的方差分解			序列 LA 的方差分解		
	标准差	LH	LA	标准差	LH	LA
1	0.026 211	100.000 000	0.000 000	0.020 996	26.151 550	73.848 450
2	0.037 250	99.871 330	0.128 675	0.029 746	28.842 650	71.157 350
3	0.045 375	99.859 300	0.140 697	0.036 414	29.403 210	70.596 790
4	0.052 017	99.872 920	0.127 080	0.042 039	29.398 910	70.601 090
5	0.057 702	99.891 230	0.108 774	0.046 998	29.178 200	70.821 800
6	0.062 698	99.907 470	0.092 531	0.051 486	28.854 53	71.145 470
7	0.067 166	99.918 720	0.081 281	0.055 619	28.476 400	71.523 600
8	0.071 213	99.923 460	0.076 542	0.059 470	28.068 000	71.932 000
9	0.074 912	99.920 800	0.079 199	0.063 092	27.642 750	72.357 250
10	0.078 318	99.910 180	0.089 820	0.066 524	27.208 640	72.791 360

A 股收益率的预测误差方差的 72.8％由其自身的冲击解释，27.2％由 H 股收益率的新生冲击解释；H 股收益率的预测误差方差的 0.09％由 A 股的新生冲击解释，99.91％由自身的新生冲击解释。这表明 H 股不易受 A 股市场影响，受各自滞后期影响较明显。

（2）第一阶段股票指数方差分解

第一阶段的股票指数方差分解结果如表 3-10 所示。

表 3-10　第一阶段的股票指数方差分解表（2005-09-14～2007-10-30）

时期	序列 DLA1 的方差分解			序列 DLH1 的方差分解		
	标准差	DLA1	DLH1	标准差	DLA1	DLH1
1	0.017 574	100.000 0	0.000 000	0.017 022	11.275 70	88.724 30
2	0.017 601	99.748 26	0.251 736	0.017 085	11.214 41	88.785 59
3	0.017 634	99.734 60	0.265 402	0.017 089	11.227 03	88.772 97
4	0.017 696	99.724 24	0.275 762	0.017 143	11.171 72	88.828 28
5	0.017 741	99.697 13	0.302 865	0.017 210	11.862 37	88.137 63
6	0.017 748	99.643 81	0.356 186	0.017 311	12.875 03	87.124 97
7	0.017 884	99.501 43	0.498 571	0.017 432	13.665 03	86.334 97
8	0.017 887	99.496 82	0.503 175	0.017 436	13.681 72	86.318 28
9	0.017 890	99.495 41	0.504 592	0.017 436	13.683 97	86.316 03
10	0.017 895	99.492 69	0.507 306	0.017 440	13.702 12	86.297 88

A 股收益率的预测误差方差的 99.49％由其自身的冲击解释，0.51％由 H 股收益率的新生冲击解释；H 股收益率的预测误差方差的 13.71％由 A 股的新生冲击解释，86.29％由自身的新生冲击解释。

（3）第二阶段股票指数方差分解

第二阶段的股票指数方差分解结果如表 3-11 所示。

表 3-11　第二阶段的股票指数方差分解表（2007-10-31～2010-6-30）

时期	序列 DLA2 的方差分解			序列 DLH2 的方差分解		
	标准差	DLA2	DLH2	标准差	DLA2	DLH2
1	0.023 121	100.000 000	0.000 000	0.031 587	33.655 800	66.344 200
2	0.023 167	99.616 220	0.383 784	0.031 645	33.845 590	66.154 410
3	0.023 167	99.616 240	0.383 762	0.031 649	33.847 740	66.152 260
4	0.023 172	99.586 840	0.413 160	0.031 748	33.697 290	66.302 710
5	0.023 230	99.587 370	0.412 633	0.031 798	33.864 730	66.135 270
6	0.023 282	99.242 490	0.757 508	0.031 950	34.427 080	65.572 920
7	0.023 379	98.694 10	1.305 901	0.032 003	34.634 500	65.365 500
8	0.023 380	98.684 080	1.315 917	0.032 006	34.641 460	65.358 540
9	0.023 381	98.678 470	1.321 529	0.032 007	34.643 060	65.356 940
10	0.023 384	98.674 180	1.325 825	0.032 007	34.643 550	65.356 450

A 股收益率的预测方差的 98.67% 由其自身的冲击解释，1.32% 由 H 股收益率的新生冲击解释；H 股收益率的预测误差方差的 34.64% 由 A 股的新生冲击解释，65.36% 由自身的新生冲击解释。在股市下降阶段，A 股价格波动主要受自身信息冲击影响，表明 A 股是政策市，政府消息推出直接影响价格波动。H 股不但受自身信息冲击，很大比例也受 A 股的冲击，同时 H 股也会受内地政策的影响，这与实际是相符的。

（4）脉冲响应函数

考虑给系统内一个变量的冲击时其他变量的变化，就要用脉冲响应函数，分别给 A 股指数和 H 股指数 1 个单位标准差的冲击，观察另一市场的响应状况，分析两市场间的联动性，进而分析市场对抗外界干扰能力的强弱。

①总体时间段

总体时间段的脉冲响应函数结果分析如图 3-1 所示。

在本期给 H 股 1 个单位的正冲击后，H 股开始的响应是 0.026 左右，而后在第 10 期减少到 0.024 左右，这一冲击有促进作用；A 股价格开始有 0.01 左右的响应，在第 2 期达到最大 0.012 左右，而后开始减少，在第 10 期又降到 0.01 左右。

给本期 A 股市场 1 个单位的正冲击后，H 股有负的响应，第 7 期以后开始有正的响应，但很小；A 股价格开始有 0.18 左右的响应，第 2 期略有减少，而后稳步上升。以上结果表明，一个标准差冲击对自身的价格都是有影响的，对其他市场的影响不同。给 A 股一个冲击对 H 股几乎没有影响，给 H 股一个冲击对 A 股有正的影响，说明 H 股市场的抗干扰能力较 A 股市场强。

②第一阶段

第一阶段的脉冲响应函数结果分析如图 3-2 所示。

在第一阶段，A 股收益率对自身 1 个单位的正冲击立刻有较强的反应，收益率比初始的均衡水平增加了 0.016 个单位，之后迅速减少，到第 2 天至第 3 天为负反应，之后又上升为正，在 0 附近波动，到第 8 天后变为 0；A 股对 H 股收益率 1 个单位的冲击的反应为：收益率增加 0.05 个单位，第 2 天减少为 0，第 4 天到第 8 天有小幅正负交错影响后，便不再有影响。

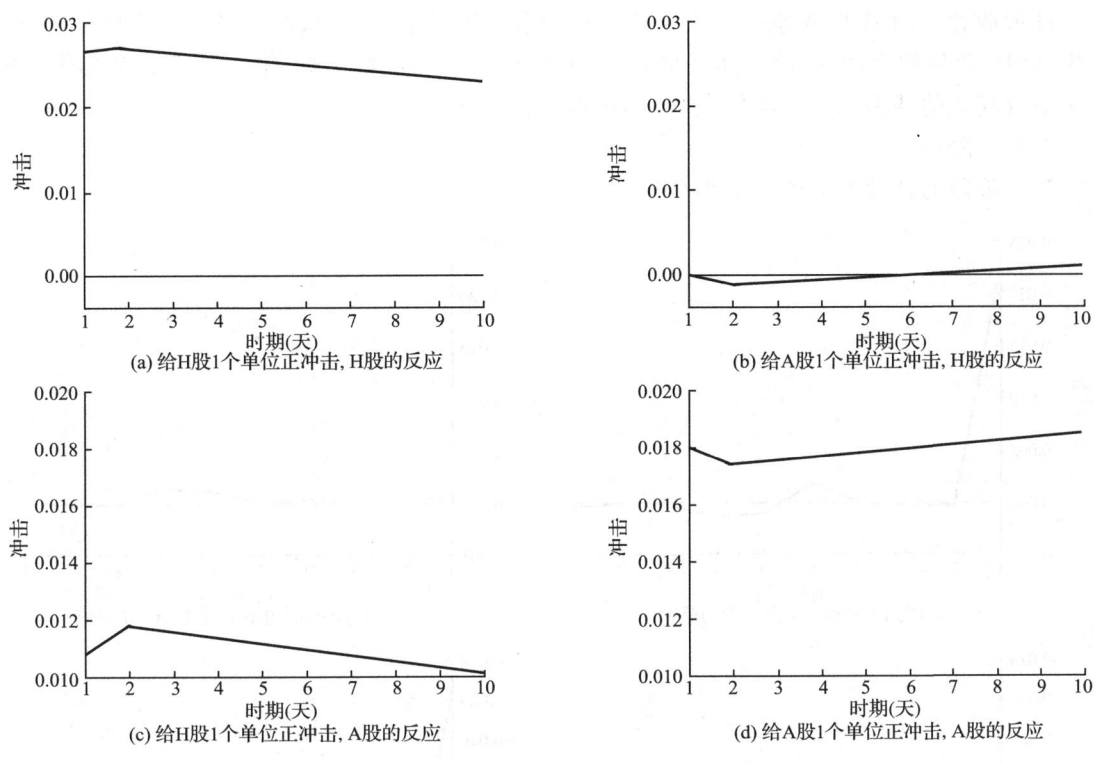

图 3-1 总体时间段的脉冲响应函数结果分析图

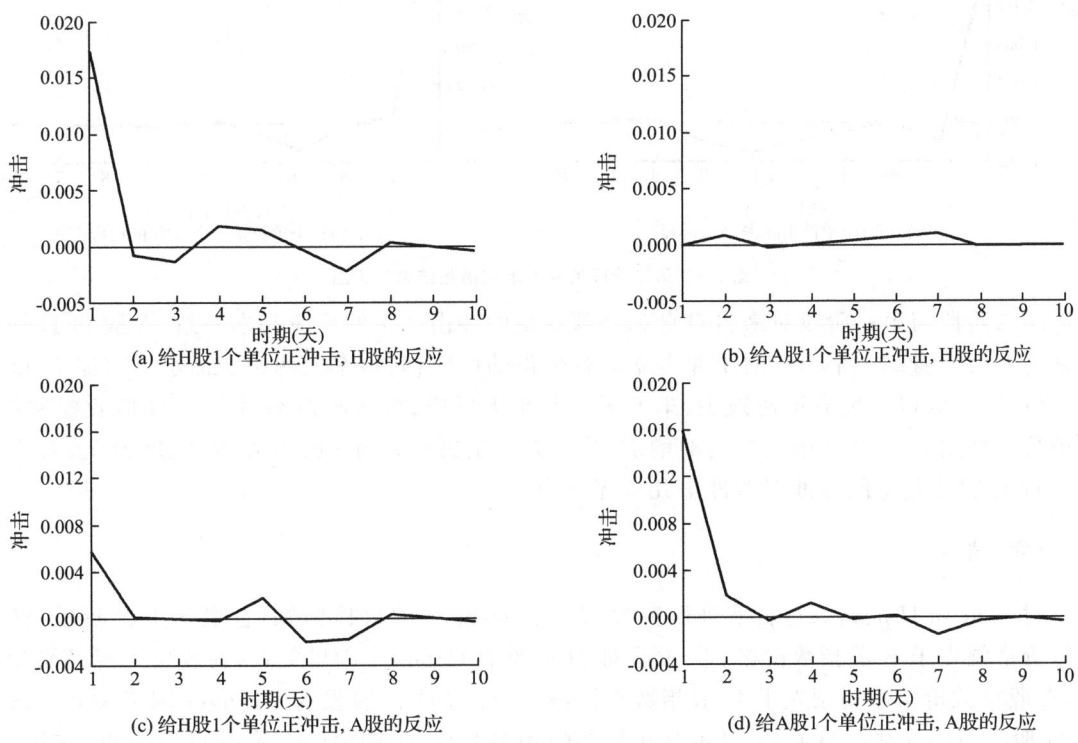

图 3-2 第一阶段的脉冲响应函数结果分析图

H 股收益率对 A 股收益率 1 个单位的正冲击产生很小的反应,对自身的 1 个单位的冲击产生 0.016 单位的增加,之后迅速减少,第 3 天为 0,之后有小幅影响,第 9 天后变为没有影响。证明来自其他的冲击都是短期的,这与协整检验相一致。

③第二阶段

第二阶段的脉冲响应函数结果分析如图 3-3 所示。

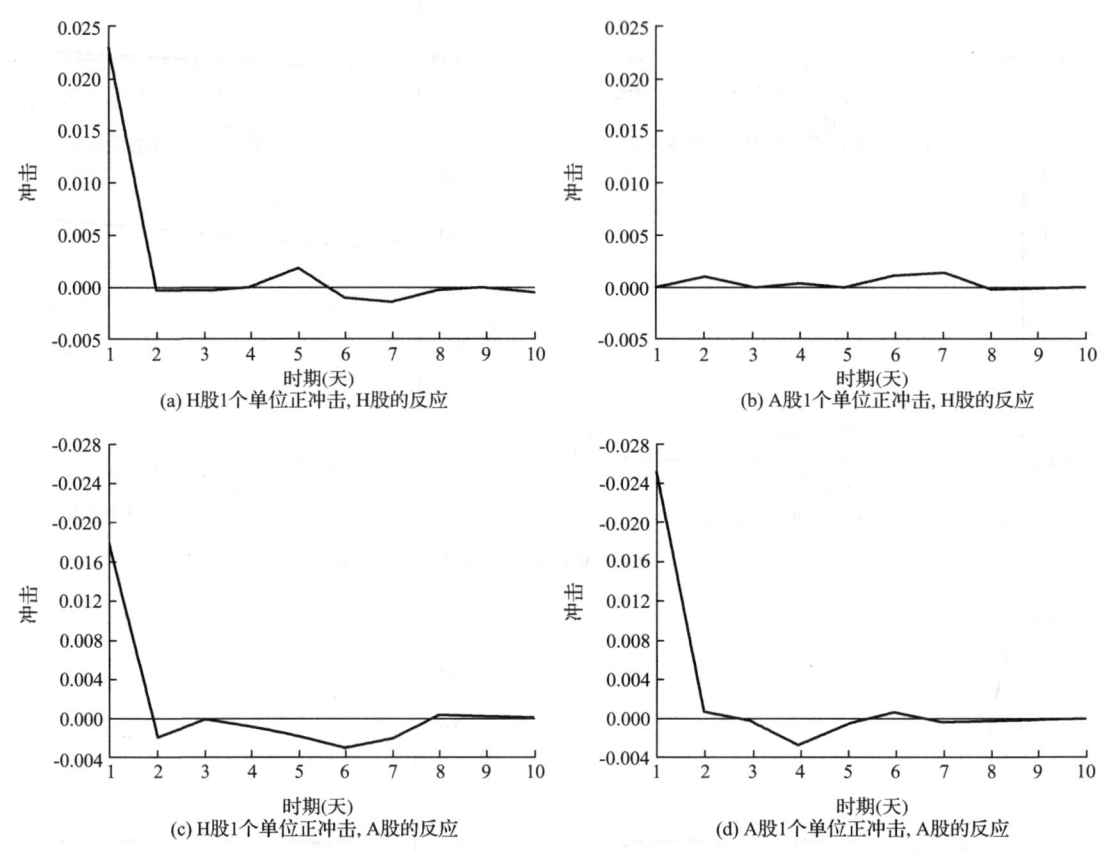

图 3-3　第二阶段的脉冲响应函数结果分析图

第二阶段与第一阶段对来自自身和外部变量的冲击产生的反应基本一致,A 股和 H 股收益率对来自自身的 1 个单位的正冲击立刻有较强的反应:收益率比初始均衡水平增加了 0.024 个单位,第 2 天以后反应迅速减少,第 8 天后几乎无反应;A 股收益率对来自 H 股收益率的 1 个单位正冲击,有 0.018 单位左右的增加,第 2 天后至第 8 天为 −0.03 左右,之后为 0。H 股收益率对 A 股收益率的标准误差冲击几乎无反应。

(六)结论

对 A 股和 H 股指数进行实证研究发现,经 Granger 因果检验知,在股价上升阶段,H 股指数价格领先于 A 股指数价格,但 A 股对 H 股没有 Granger 因果关系;在股价下降及平稳阶段,A 股指数价格微弱领先于 H 股指数价格波动,H 股对 A 股没有 Granger 因果关系。A 股和 H 股指数不存在协整关系,且不存在长期的相关关系,短期内收益率受自身的冲击较大,A 股同时受 H 股的冲击较大,但 H 股受 A 股的冲击不大,且 H 股抗外界信息冲击的能力强于

A股市场,A股市场走势受来自H股的信息的影响。

本章小结 >>>

1.计量经济学是用定量的方法研究经济活动规律及其应用的科学,是经济学与统计学、数学相结合的产物,是经济学的一个分支,属于社会科学的范畴。

2.计量经济学与数理经济学相结合可以定量描述与分析金融活动,验证金融理论,包括描述宏观、微观金融问题,国际、国内金融问题等。

3.建立经济计量模型、为制定金融政策服务。通过计量模型得到参数(边际系数、弹性系数、技术系数、比率、速率等)的可靠估计值,从而为制定金融政策、实施宏观调控提供依据。

4.做好金融发展趋势预测。这是经济计量学利用模型所要解决的最重要内容,也是最困难的内容。经济计量学的发展史就是谋求对经济变量做出更精确预测的发展史。这要求:(1)变量选择要准确;(2)模型形式要合理。

5.协整是对非平稳经济变量长期均衡关系的统计描述。一般情况下,若干个I(1)过程的线性组合仍是I(1)过程。但在有些时候,几个I(1)过程的某种特定的线性组合会变为I(0)过程,我们就称这几个I(1)过程为协整的。协整性反映的是长期均衡关系。

思考练习题

在当前的金融市场中,有哪些变量之间的关系值得研究? 是否可以利用本章介绍的方法进行定量研究?

第4章
投资组合理论与资产定价模型

本章学习要点与要求

投资组合理论和资产定价模型是数理金融的核心内容。投资组合理论于 20 世纪 50 年代由马科维茨首先提出，后来由夏普、罗斯等人进一步完善和发展为资本资产定价模型。它揭示了如何运用组合理论来确定一条可供投资者选择的有效边界，使得边界上的每一个点都符合在给定风险水平下具有较大收益的特点。

本章重点讲述了不确定条件下的消费者行为选择理论，进而推导了资本资产定价模型。通过对本章的学习，读者应主要掌握偏好与期望效用函数，方差-协方差矩阵方法，资本资产定价模型的含义、公式、图形、因子分析、套利定价理论等。

4.1 不确定条件下的选择理论

不确定条件下消费者行为选择的产生和发展是现代微观经济学对传统经济学的重要发展，也是构成以资产组合和资产定价理论为代表的现代金融理论的基石。

在确定性条件下，金融资产所提供的现金流是不存在不确定性的，即这一金融资产是无风险的。任何相同期限的金融资产应提供相同的回报率，因而具有相同的市场价格水平。确定性环境这一极端情况假设为资产的时间价值研究提供了方便，然而对于资产的风险价值的研究，却必须放弃这一前提假设，引入风险因素后才得以进行。现代微观经济学对不确定条件进行了深入的研究，为风险资产的定价和现代金融风险管理奠定了坚实的理论基础。

4.1.1 偏好与期望效用函数

效用是微观经济学的重要概念，它用来描述消费者对商品的选择行为。为了描述个人消费者的选择行为，必须对其进行量化，为此在选择集上引入个人偏好，用来比较选择对象的"好"与"坏"。厌恶风险的投资人在选择证券时，会这样选择：二者风险相同，选收益高的；二者收益相同，选风险小的。

定义 4.1　设集合 S 是 N 种证券的所有证券组合所构成的集合,称为投资者的选择集。设投资者对 S 中任何两个证券组合 x, x' 都可以进行比较,存在如下三种结果:

(1)$x > x'$,表示 x 优于 x';

(2)$x < x'$,表示 x' 优于 x;

(3)$x \sim x'$,表示 x 和 x' 无差异。

则比较结果就定义了投资者在集合 S 上的一个偏好关系。

设偏好关系具有传递性,即如果 $x > x'$, $x' > x''$,则 $x > x''$。

在给定的偏好关系下,所有和证券组合 x 无差异的证券组合构成的集合称为证券组合 x 无差异集。当无差异集是一条曲线时,就称为**无差异曲线**。

定义 4.2　设 S 是具有偏好关系"$\geq$"的选择集,$U : S \to R_+$ 的单值函数。如果 $x, x' \in S$, $U(x) \geq U(x')$ 当且仅当 $x \geq x'$ 成立,则称 U 为**效用函数**。

显然,效用函数是偏好关系的一个定量描述。

记 $G(a, b; \alpha)$ 为一个博弈,它表示以概率 α 获得财产 a,以概率 $1 - \alpha$ 获得财产 b,若对于任何两个博弈 $G(a_1, b_1; \alpha_1)$, $G(a_2, b_2; \alpha_2)$ 及给定的偏好关系,函数 $U(g)$ 满足以下条件:

(1)$G_1(a_1, b_1; \alpha_1)$ 比 $G_2(a_2, b_2; \alpha_2)$ 好,当且仅当

$$U[G_1(a_1, b_1; \alpha_1)] > U[G_2(a_2, b_2; \alpha_2)]$$

(2)$G_1(a_1, b_1; \alpha_1)$ 和 $G_2(a_2, b_2; \alpha_2)$ 无差异,当且仅当

$$U[G_1(a_1, b_1; \alpha_1)] = U[G_2(a_2, b_2; \alpha_2)]$$

(3)$U[G_1(a_1, b_1; \alpha)] = \alpha U(a) + (1 - \alpha)U(b) = E[U(G)]$

则称 $U(a)$ 为代表此偏好关系的期望效用函数。

4.1.2　效用函数与风险态度测定

在投资理论中,投资者对待风险的态度一般通过投资者的效用函数来度量。期望效用准则假定投资者对每一种可能出现的结果都给出一个对应的数字(即效用水平),同时当面对各种可供选择的机会时,他将选择期望效用最大的那个。

定义 4.3　设 $G(a, b; \alpha)$ 是一个博弈,一个投资者的效用函数为 $U(G)$,如果

(1)$U\{E[G(a, b; \alpha)]\} > E[U(G)]$,则称他为风险厌恶者;

(2)$U\{E[G(a, b; \alpha)]\} < E[U(G)]$,则称他为风险偏好者;

(3)$U\{E[G(a, b; \alpha)]\} = E[U(G)]$,则称他为风险中性者。

上述定义表明,投资者对风险的态度与其效用函数的形态有关。考虑凹性效用函数 $U(x)$,即 $U'(x) > 0$, $U''(x) < 0$,它表示投资者对于风险的态度是厌恶的,这也是大多数投资者所表现出的风险态度类型。

我们讨论两个财产博弈:一个博弈是 $G(10, 60; 0.8)$,他的期望值为:

$$E[G(10, 60; 0.8)] = 0.8 \times 10 + 0.2 \times 60 = 20$$

另外一个博弈是确定性地得到 20 单位财产,即 $G(20, 0; 1)$。

现在问投资者喜欢哪个博弈,即问题是投资者喜欢确定性地得到这个博弈的期望值,还是喜欢这个博弈本身。如果投资者愿意拿走确定性的 20 单位财产,则表明确定性的 20 单位财产的效用大于博弈本身的效用,说明该投资者是一个风险厌恶者;反之,其是一个风险偏好者。结合上述定义,可以更好地区分风险爱好及厌恶等。

例 4.1 设投资者的效用函数为 $U(W)=\ln(W)$，对于博弈 $G(10,60;0.8)$，可求得

$$E[G(10,60;0.8)] = 0.8 \times 10 + 0.2 \times 6\ 020$$

$$U[E(10,60;0.8)] = \ln20 = 2.995\ 7$$

$$E[U(10,60;0.8)] = 0.8 \times \ln10 + 0.2 \ln60 = 2.661$$

因为 $U[E(10,60;0.8)] > E[U(10,60;0.8)]$，所以该投资者是风险厌恶型的。

进一步讨论，设 $\ln(x)=2.661$，则 $x=14.31$，计算结果表明确定性收益 14.31 的效用与博弈 $G(10,60;0.8)$ 的期望效用相同，定义博弈 $G(10,60;0.8)$ 的期望收益 20 与确定性收益 14.31 之差为风险厌恶型投资者选择博弈 $G(10,60;0.8)$ 的风险报酬——点 C 与点 M 的横坐标值之差。

投资者都希望财富越多越好，因此所有风险类型投资者的效用函数的斜率都为正数，即 $U'(x)>0$，而效用函数二阶导数的方向决定投资者的风险态度，也就是效用函数曲线的凹凸性。

$$U'(x) > 0$$

当 $U''(x)>0$ 时，$U(x)$ 为凸函数；当 $U''(x)<0$ 时，$U(x)$ 为凹函数。

一条效用函数的曲线凹度越大，表示投资者越规避风险。

用效用函数的二阶导数除以一阶导数，得到一个衡量度，称为阿罗-普拉特绝对风险规避度量：

$$r(x) = -\frac{U''(x)}{U'(x)}$$

对于风险厌恶者而言，其二阶导数 $U''(x)<0$，则 $r(X)>0$。

在投资学中常用的一个效用函数是

$$U = E(r) - 0.005A\sigma^2$$

$E(r)$ 表示资产组合的预期收益；σ^2 表示收益方差；A 表示投资者的风险厌恶指数。

4.2 投资组合理论

投资组合理论也称为均值-方差证券组合模型，通常被认为是现代金融学的发端。它使金融学开始摆脱纯粹描述性的定性研究模式，数量化方法开始进入金融领域，引发了后续理论突破。

4.2.1 投资组合的方差——协方差矩阵

投资组合理论假设投资者完全根据一段时期内投资组合的预期收益率和标准差来评价组合的优劣。当面临其他条件相同的两种选择时，投资者会选择具有较高预期收益率的组合；当面临其他条件相同的两种选择时，投资者会选择具有较低风险（即较小标准差）的组合。

假定所有资产服从正态分布，由于有价证券组合是正态分布变量的线性组合；因此它也服从正态分布，其方差可用矩阵表示，即

$$\sigma_{\mathrm{p}}^2 = \omega' \sum \omega$$

其中，

ω：资产收益权重；

$\sum$：资产收益的协方差矩阵。

投资组合就是对一定数量的风险资产拥有量的组合。

在将其进行分解后，投资组合的收益就是各种基础资产收益的线性组合，每种资产的权重 ω_i 由最初对该资产的投资金额决定。从时间 t 到 $t+1$ 期间投资组合的收益为：

$$R_{p,t+1} = \sum_{t=1}^{N} \omega_{i,t} R_{i,t+1} \left(\sum_{i=1}^{N} \omega_i = 1 \right)$$

矩阵形式

$$R_p = (\omega_1 \omega_2 \cdots \omega_N) \begin{pmatrix} R_1 \\ R_2 \\ \cdots \\ R_N \end{pmatrix} = W'R$$

投资组合后的收益期望值：

$$E(R_p) = \mu_p = \sum_{i=1}^{N} \omega_i \mu_i$$

方差为：

$$\mathrm{Var}(R_p) = \sigma_p^2 = \sum_{i=1}^{N} \omega_i^2 \sigma_i^2 + \sum_{i=1}^{N} \sum_{j=1, j \neq i}^{N} \omega_i \omega_j \sigma_{ij}$$

表 4-1   投资组合相关数据

	资产 1	资产 2
标准差	25%	16%
投资比例	30%	70%
相关系数	0.7	

矩阵形式：

$$\sigma_p^2 = (\omega_1 \quad \omega_2 \quad \cdots \quad \omega_N) \begin{pmatrix} \sigma_1^2 & \sigma_{12} & \cdots & \sigma_{1N} \\ \sigma_{21} & \sigma_2^2 & \cdots & \sigma_{2N} \\ \cdots & \cdots & \cdots & \cdots \\ \sigma_{N1} & \sigma_{N2} & \cdots & \sigma_N^2 \end{pmatrix} \begin{pmatrix} \omega_1 \\ \omega_2 \\ \cdots \\ \omega_N \end{pmatrix}$$

即：

$$\sigma_p^2 = W' \sum W$$

例 4.2 假设将 100 万美元投资于两种资产，风险经理要计算该投资组合的标准差。表 4-1 给出了该投资组合的相关数据。

相关系数

$$r(X,Y) = \frac{\mathrm{cov}(X,Y)}{\sqrt{\mathrm{Var}(X)\mathrm{Var}(Y)}}$$

首先求出组合的方差-协方差矩阵

$$Q = \begin{pmatrix} 25\% & 0 \\ 0 & 16\% \end{pmatrix} C = \begin{pmatrix} 1 & 0.7 \\ 10.7 & 1 \end{pmatrix}$$

$$\sum = QCQ = \begin{pmatrix} 6.25\% & 2.8\% \\ 2.8\% & 2.56\% \end{pmatrix}$$

那么投资组合的方差为

$$\sigma_p^2 = W' \sum W = (30\% \quad 70\%) \begin{pmatrix} 6.25\% & 2.8\% \\ 2.8\% & 2.56\% \end{pmatrix} \begin{pmatrix} 30\% \\ 70\% \end{pmatrix} = 2.996\%$$

$$\sigma_p = 17.29\%$$

4.2.2 数学模型的建立

假设有 n 种证券,它们的收益分别用 $x_1, x_2, \cdots, x_n$ 来表示。x_i 为随机变量且假定 x_i 的期望值和它们的协方差矩阵都是已知的,用符号来表示,记

$$X = \begin{pmatrix} x_1 \\ x_2 \\ \cdots \\ x_N \end{pmatrix} \quad E(X) = \begin{pmatrix} Ex_1 \\ Ex_2 \\ \cdots \\ Ex_n \end{pmatrix} = \begin{pmatrix} \mu_1 \\ \mu_2 \\ \cdots \\ \mu_n \end{pmatrix} = \mu$$

$$\text{Var}(X) = E(X - \mu)(X - \mu)' = \sum = (\sigma_{ij})$$

其中,μ 和 $\sum$ 是已知的。考虑投资的分配,实际上就是考虑在 $x_1, x_2, \cdots, x_n$ 上的分配比例,用 $W = (\omega_1, \omega_2, \cdots, \omega_n)'$ 表示这种分配。

有 $\omega_i \geqslant 0, i = 1, \cdots, n$ 且 $\sum_{i=1}^{n} \omega_i = 1$,即 W 的约束条件:

$$\omega \geqslant 0, \sum_{i=1}^{n} \omega_i = (1, 1, \cdots, 1) \begin{pmatrix} \omega_1 \\ \omega_2 \\ \cdots \\ \omega_n \end{pmatrix} = \Pi'W = 1, \Pi' = (1, 1, \cdots, 1)$$

根据投资组合理论的假设、建模出发点可以有以下两种不同的考虑:

(1)指定收益率,即要求 $\omega'\mu = a$,求 W 使风险达到最小,即 $\text{Var}(W'X) = W' \sum W$ 最小;

(2)指定风险的值,即 $\text{Var}(W'X) = W' \sum W = \sigma_0^2$,求 W 使收益率最大,即 $W'\mu$ 达到最大。

用数学语言可以表述为:在 W 满足 $W \geqslant 0, \sum_{i=1}^{n} \omega_i = \Pi'W = 1, W'\mu = a$ 的条件下,求使 $W' \sum W$ 达到最小值的解。用拉格朗日函数求解 $f(x)$ 在 $Q_1(x) = 0$,$Q_2(x) = 0$ 条件下的极值。

(1)建立拉格朗日(Lagrangian)函数

$$F(x) = f(x) + \lambda_1 Q_1(x) + \lambda_2 Q_2(x)$$

(2)求解拉格朗日方程

$$\begin{cases} \dfrac{\partial F}{\partial x} = 0 \\ Q_1(x) = 0 \\ Q_2(x) = 0 \end{cases}$$

在数学最优问题中,拉格朗日乘数法是一种寻找变量受一个或多个条件所限制的多元函数的极值的方法。这种方法将一个有 n 个变量与 k 个约束条件的最优化问题转化为一个有 $n+k$ 个变量的方程组的极值问题,其变量不受任何约束。这种方法引入了一种新的标量未知数,即拉格朗日系数:约束方程的梯度的线性组合里每个向量的系数。

由拉格朗日乘数法,令

$$F(W) = W'\sum W - 2\lambda_1(\Pi'W - 1) - 2\lambda_2(W'\mu - a)$$

于是

$$\frac{\partial F}{\partial W} = 2\sum W - 2\lambda_1\Pi - 2\lambda_2\mu = 0$$

$$\sum W = \lambda_1\Pi + \lambda_2\mu$$

$$\sum{}^{-1}\sum W = \sum{}^{-1}(\lambda_1\pi + \lambda_2\mu)$$

$$W = \sum{}^{-1}(\lambda_1\pi + \lambda_2\mu) = \omega_*$$

代入约束条件得到

$$\begin{cases} \lambda_1 = \dfrac{C-aB}{\Delta}, \lambda_2 = \dfrac{aA-B}{\Delta} \\ A = \Pi'\sum{}^{-1}\Pi, B = \Pi\sum{}^{-1}\mu, C = \mu'\sum{}^{-1}\mu \\ \Delta = AC - B^2 \end{cases}$$

将得到的解代入 $W'\sum W$,可以求出 $W'X$ 相应的方差,记为 $\sigma^2(\omega_*)$,有

$$\sigma^2(W_*) = W'_*\sum(\lambda_1\sum{}^{-1}\Pi + \lambda_2\sum{}^{-1}\mu)$$

$$= W'_*(\lambda_1\Pi + \lambda_2\mu)$$

$$= \lambda_1 + \lambda_2 a$$

$$= \frac{1}{\Delta}(Aa^2 - 2Ba + C)$$

经过简化,上式可写成

$$\sigma^2(W_*) = \frac{A}{\Delta}\left(a - \frac{B}{A}\right)^2 + \frac{1}{A}$$

W_* 是由 a 决定的解,用 W_a 表示。不同的 a 就有对应的 W_a,它就是满足 $\Pi'W = 1$,$W'\mu = a$ 使风险 $W'\sum W$ 达到最小的解,相应的风险 $\sigma^2(W_*)$ 记为 $\sigma^2(W_a)$。

双曲线 $\sigma^2(W_*) = \dfrac{A}{\Delta}\left(a - \dfrac{B}{A}\right)^2 + \dfrac{1}{A}$ 上半支示意的点为有效点集,简称有效集。

4.2.3 W_a 的性质及推论

从问题假定的前提来看,$EX = \mu$,μ 的每一个分量 μ_i 反映的是证券 i 的平均收益,所以毫无疑问 $\mu_i > 0$,若 μ_i 小于等于 0,则无人愿意购买。记 $\mu_* = \min\limits_{1 \leqslant i \leqslant n}\mu_i$,$\mu^* = \max\limits_{1 \leqslant i \leqslant n}\mu_i$ $W'\mu$ 就是 μ_1,μ_2,$\cdots$,μ_n 的加权平均 $a \in [\mu_*, \mu^*]$ $\sum$:正定矩阵 $(Z^T\sum Z > 0)$ $A > 0$,$C > 0$ 且 $AC - B^2 = \Delta > 0$ 有

(1) $\sigma^2(W_a) \geqslant \dfrac{1}{A}$ 且 $\sigma^2(W_a) = \dfrac{1}{A}$ 的充分必要条件是 $a = \dfrac{B}{A}$，此时 $W_a = \dfrac{\sum^{-1}\Pi}{\Pi\sum^{-1}\Pi'}$；

(2) 给定 $[\mu_*, \mu^*]$ 中两个数 a 与 b，相应的有 W_a，W_b，则

$$\mathrm{Cov}(W'_a X, W'_b X) = \frac{A}{\Delta}\left(a - \frac{B}{A}\right)\left(b - \frac{B}{A}\right) + \frac{1}{A};$$

(3) 记 $W_g = \dfrac{\sum^{-1}\Pi}{\Pi\sum^{-1}\Pi}$，它是 $\sigma^2(W_g) = \dfrac{1}{A}$ 相应的解 $g = \dfrac{B}{A}$，并且对任何 W_a，都有

$$\mathrm{Cov}(W'_g X, W'_a X) = \frac{1}{A} = \sigma^2(W_g);$$

(4) 令 $d = \dfrac{\mu'\sum^{-1}\mu}{\Pi'\sum^{-1}\mu} = \dfrac{\mu'\sum^{-1}\mu}{B}(B \neq 0)$，于是 $W_d = \dfrac{\sum^{-1}\mu}{\Pi\sum^{-1}\mu}$，则 $W = \sum^{-1}(\lambda_1\Pi +$

$\lambda_2\mu)$ 可以改为 $W_a = \lambda_1 A W_g + \lambda_2 B W_d$，而 $\lambda_1 A + \lambda_2 B = \dfrac{1}{\Delta}(AC - aAB + AB - B^2) = 1$，即 $W_a = pW_g + (1-p)W_d$，W_a 是 W_g、W_d 的凸线性组合；

(5) 任给一个 $a \neq \dfrac{B}{A}$，就存在 a_*，使 $\mathrm{Cov}(W'_a, W'_{a*} X) = 0$。

图 4-1 所示为 t 分布的密度函数。

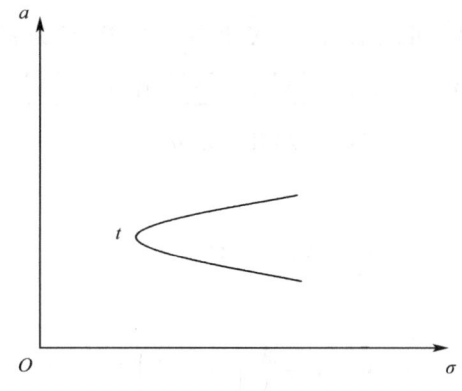

图 4-1 t 分布的密度函数

4.3 资本资产定价模型

资本资产定价模型(CAPM)是由马科维茨的学生威廉·夏普对投资组合理论进行了进一步改进的结果,是现代金融学研究中具有里程碑意义的成果,具有极大的理论价值和实践意义。

4.3.1 资本资产定价模型的主要假设

(1)投资者行为是理性的,遵循马科维茨的投资组合选择模型优化自己的投资行为;

(2)每种资产都是无限可分的,也就是说,投资者可以买卖单位资产,或组合的任意部分;

（3）投资者可按相同的无风险利润自由借入或贷出资金，税收和交易费用忽略不计；

（4）投资者都是价格的接受者，对于各种资产的收益率、标准差、协方差具有相同的预期。

4.3.2 无风险资产的引入

假设无风险的收益为 R_0，风险的投资收益用 $x_1，x_2，\cdots，x_n$ 表示，则

$$X = (x_1，x_2，\cdots，x_n)'，EX = \mu = (\mu_1，\mu_2，\cdots，\mu_n)'，\mathrm{Var}(x) = \sum$$

假定 $\mu_i \geqslant R_0，i = 1，2，\cdots，n$ 是成立的，因为当 $\mu_i < R_0$ 时，没有人愿意投资第 i 种证券。投资结构为 $(W_0，W_1，\cdots，W_n) = (W_0，W')$，$W_0$ 是无风险投资。显然，$W_0 = 1 - W'\Pi$，$W'\Pi \leqslant 1$，

这时收益

$$(W_0，W')\binom{R_0}{\mu} = W_0 R_0 + W'\mu = R_0(1 - W'\pi) + W'\mu = R_0 + W'(\mu + R\Pi)$$

指定收益为 a 时，

$$W'(\mu + R_0\Pi) = a - R_0$$

相应的风险用方差表示，仍为 $W'\sum W$。

用拉氏乘子法求解

$$W_a = \frac{(a - R_0)\sum^{-1}(\mu - R_0\Pi)}{C - 2R_0 B + R_0^2 A}$$

相应的风险

$$\sigma^2(W_a) = \frac{(a - R_0)^2}{C - 2R_0 B + R_0^2 A}$$

4.3.3 资本市场线

现考虑 W_0 的投资，它是直线 $\alpha = R_0 + \sigma\sqrt{(-2R_0 B + R_0^2 A)}$ 和反曲线 $\sigma^2 = \frac{a}{\Delta}\left(a - \frac{B}{A}\right)^2 + \frac{1}{A}$ 的切点，$\alpha \in [\mu_* ；\mu^*]$，它的坐标用 $(\sigma_t；a_t)$ 表示，由于 $W_0 = 0$，t 点相应的坐标为

$$a_t = \frac{C - R_0 B}{B - AR_0}\sigma_t^2 = \frac{C - 2R_0 B + R_0^2 A}{(B - AR_0)^2}$$

相应的解 W_{a_t} 记为 $W(t) = \dfrac{\sum^{-1}(\mu - R_0\Pi)}{B - AR_0}$。

很明显 $a - R_0$ 是承担风险所得的收益；其风险用标准差来衡量：$\sigma_a = \sigma(W_a)$。因此，$\dfrac{a - R_0}{\sigma(W_a)}$ 就是单位风险所得的收益，称为夏普比率。

$\dfrac{a - R_0}{\sigma(W_a)}$ 反映了风险的效益，它是点 $(0，R_0)$ 与双曲线 $\sigma^2 = \dfrac{A}{\Delta}\left(a - \dfrac{B}{A}\right)^2 + \dfrac{1}{A}$ 上的点 $(\sigma，a)$ 连线的斜率 $\dfrac{a - R_0}{\sigma}$，这个值越大越有效，最大值就在切点 t 上达到。所以理性的人选择投资时，一部分放在无风险的 R_0 上，一部分放在 t 点上，也就是点 $(0，R_0)$ 与点 $(\sigma_t，a_t)$ 的连线上，所以这一条线称为**资本市场线（CML）**，此时资本市场线成为引入无风险资产后的有效集。

4.3.4 市场组合

直线和双曲线的切点 t 所代表的组合具有重要意义。它包含市场上存在的所有风险资产

种类,并且各种资产所占的比例与每种资产的总市值占市场所有资产总市值的比例相同。我们称 t 点所代表的组合为市场组合。

$$\mathrm{Cov}\,[X\,,W'(t)x]=\frac{\mu-R_0\Pi}{B-AR_0}$$

$$\mathrm{Var}\,[W'(t)x]=\frac{W'(t)(\mu-R_0\Pi)}{B-AR_0}=\frac{a_t-R_0}{B-AR_0}$$

与 $W(t)=\dfrac{\sum^{-1}(\mu-R_0\Pi)}{B-AR_0}$ 相除,得

$$\mu-R_0\Pi=\frac{\mathrm{Cov}\,[x\,,W'(t)x]}{\mathrm{Var}\,[W'(t)x]}(a_t-R_0)$$

上式反映了各种投资 x_i 的平均超额收益与 a_t-R_0 成比例,这个比例只与 x_i 和 $W'(t)x$ 的协方差有关,该比例的数值正好是回归系数。

市场组合的引入为指数化的投资策略提供了理论支持,这种策略分为两步:第一步是按照市场的组成比例来构筑有风险资产的组合,这也实现了风险分散化的要求;第二步是将资金按照投资者的风险偏好在无风险资产和所构筑的有风险市场组合之间分配。如果投资者是风险厌恶者,他所选择的投资组合位于点 R_0 和切点 t 之间的线段上;如果投资者是风险偏好者,他所选择的投资组合位于点 R_0 和切点 t 连线的延长线上。当然,在现实的金融市场中,真正意义上的市场组合并不存在,人们往往把以金融市场指数为基础开发的指数产品作为风险市场组合的替代品。

4.3.5 证券市场线

在 $\mu-R_0\Pi=\dfrac{\mathrm{Cov}\,[x\,,W'(t)x]}{\mathrm{Var}\,[W'(t)x]}(a_t-R_0)$ 中,令 $\beta=\dfrac{\mathrm{Cov}\,[x\,,W'(t)x]}{\mathrm{Var}\,[W'(t)x]}$,从而获得了著名的公式:

$$\mu-R_0\pi=\beta(a_t-R_0)$$

上式被称为**证券市场线(SML)**。由于 R_0 是固定的,μ 对市场的依赖性由 β 来体现,β 反映了证券对市场依赖的程度(某一投资对象相对于大盘的表现,值越大,表示收益变化幅度相对于大盘幅度越大)。

若市场能反映人们理性思考的后果,那么市场的投资情况应该反映这种 a_t 的投资。a_t 用 a_M 表示,通常用一种指数来代替,即这种指数反映了市场的收益情况。

$$\mu=R_0\pi+\beta(a_t-R_0)$$

即可改写为:

$$\mu=R_0\pi+\beta(a_M-R_0)$$

$\beta=\dfrac{\mathrm{Cov}\,(x\,,W'_Mx)}{\mathrm{Var}\,(W'_MX)}$,$W_M=W_t$,对任一组合投资 $P=W't$,有:

$$\mu_P=R_0+\beta_P(a_M-R_0)$$

$$\beta_P=\sum_{i=1}^n W_i\frac{\mathrm{Cov}(x_i,W'_Mx)}{\mathrm{Var}(W'_Mx)}$$

上式表明,证券组合投资的市场风险 β_P 是各证券的市场风险的加权平均,这些权重就是组合投资的权重,从而风险如何分散到各个不同的证券上也就可以明确地表现出来。

4.4 套利定价理论

套利定价理论(APT)是罗斯于1976年提出的。该理论不是建立有效的资产组合,而是计算在运行良好的资产市场中可被任何投资者获取的零风险利润与期望回报率之间的关系。套利是指利用一个或多个市场存在的各种价格差异,在不冒风险或风险较小的情况下赚取较高收益率的交易活动。换句话说,套利是利用资产定价的错误、价格联系的失常,以及市场缺乏有效性的其他机会,通过买进价格被低估的资产,同时卖出价格被高估的资产来获取无风险利润的行为。套利是市场无效率的产物,而套利的结果则促使市场效率提高,因此套利对社会的正面效应远超过负面效应。

4.4.1 套利的基本形式

(1)空间套利:在一个市场上低价买进某种商品,在另一市场上高价卖出同种商品;

(2)时间套利:同时买卖在不同时点交割的同种资产,包括现在对未来的套利和未来对未来的套利;

(3)工具套利:利用同一标的资产的现货及各种衍生证券的价格差异,通过低买高卖来赚取无风险利润的行为;

(4)风险套利:利用风险定价上的差异,通过低买高卖赚取无风险利润的交易行为;

(5)税收套利:利用不同投资主体、不同证券、不同收入来源在税收待遇上存在的差异所进行的套利交易。

4.4.2 因子模型

假设证券 i 的收益率 r_i 依赖于 k 个因素 F_j,r_i 和 F_j 的关系如下:

$$r_i = E(r_i) + b_{i1}F_1 + \cdots + b_{ik}F_k + \varepsilon_i, i = 1, 2, \cdots, n$$

假定 F_j 的期望值为 0,b_{ij} 反映了证券 i 对因素 F_j 的依赖程度(称为因素 F_j 的载荷)。现考虑对这些证券组合进行投资,用 ω_i 表示在证券 i 上投资的比例,$\omega_i > 0$ 表示买进;$\omega_i < 0$ 表示卖出。

如果 $\sum_{i=1}^{n} \omega_i = 0$ 表示在原有的投资上做调整,无须增加新的投资,ω_i 反映了调整的比例,调整后的收益为

$$\sum_{i=1}^{n} \omega_i r_i = \sum_{i=1}^{n} \omega_i [E(r_i) + b_{i1}F_1 + \cdots + b_{ik}F_k + \varepsilon_i]$$

记 $b_\alpha = (b_{1\alpha}, b_{2\alpha}, \cdots, b_{n\alpha})'$,$\alpha = 1, 2, \cdots, k$,$b_\alpha$ 反映了因素 F_α 对各证券的影响情况。

如果 $\sum_{i=1}^{n} \omega_i b_{i\alpha} = 0$,则表明新的组合 $\sum_{i=1}^{n} \omega_i r_i$ 的收益不受 F_α 的影响。于是可以看出,只要 k 较小,n 相当大,$W = (\omega_1, \cdots, \omega_n)'$ 是 n 维空间的向量,$b_1, b_2, \cdots, b_k$ 是 n 维向量,它们构成一个至多是 k 维子空间,$\sum_{i=1}^{n} \omega_i b_{i\alpha} = 0$ 表示所选的 W 与它们都正交,就可以不受它们的

影响。

选 W 与 Π, b_1, b_2, $\cdots$, b_k 都正交,因 $W'\Pi = \sum_{i=1}^{n} \omega_i = 0$,即 W 与 Π 也正交。这样的 W 是存在的,选出 W 后,由于 $\sum_{i=1}^{n} \omega_i b_{i\alpha} = 0$ 对 $\alpha = 1, 2, \cdots, k$ 成立,有

$$\sum_{i=1}^{n} \omega_i r_i = \sum_{i=1}^{n} \omega_i E(r_i) + \sum_{i=1}^{n} \omega_i \varepsilon_i$$

其中,$E(\varepsilon_i) = 0$,$\text{Var}(\varepsilon_i) = \sigma^2$,且 $\varepsilon_1, \varepsilon, \cdots, \varepsilon_n$ 相互独立,因此

$$\text{Var}(\sum_{i=1}^{n} \omega_i \varepsilon_i) = \sigma^2 \sum_{i=1}^{n} \omega_i^2$$

由切比雪夫不等式(设随机变量 X)的数学期望值 $E(X) = \mu$,方差 $D(X) = \sigma^2$,$\forall \varepsilon > 0$,$P\{|X - \mu| \geqslant \varepsilon\} \leqslant \dfrac{\sigma^2}{\varepsilon^2}$ 或 $P\{|X - \mu| < \varepsilon\} \geqslant 1 - \dfrac{\sigma^2}{\varepsilon^2}$,

$$P(\left|\sum_{i=1}^{n} \omega_i \varepsilon_i\right| \geqslant \delta) = P\left[\left|\sum_{i=1}^{n} \omega_i \varepsilon_i - \sum_{i=1}^{n} \omega_i E(\varepsilon_i)\right| \geqslant \delta\right] \leqslant \dfrac{\sigma^2}{\delta^2} \sum_{i=1}^{n} \omega_i^2$$

只要有 $\sum_{i=1}^{n} \omega_i^2 \to 0$,当 $n \to \infty$(比如 $|\omega_i| \approx \dfrac{1}{n}$),则 $\sum_{i=1}^{n} \omega_i r_i = \sum_{i=1}^{n} \omega_i E(r_i)$,其结果是一个常数。

如果 $\sum_{i=1}^{n} \omega_i E(r_i) > 0$,表示无须投资,只要适当调整就可以套利,无风险地增加收益。而从市场运行规律来看,这是不可能实现的。合理的结果是 $\sum_{i=1}^{n} \omega_i E(r_i) = 0$(无套利),这表示 $E(r) = [E(r_1), E(r_2), \cdots, E(r_n)]'$ 这个向量是与 W 正交的,它表示向量 $E(r)$ 与 Π, b_1, b_2, $\cdots$, b_k 线性相关的部分,即

$$E(r) = \lambda_0 \Pi + \lambda_1 b_1 + \cdots + \lambda_k b_k + d$$

d 反映了不能被 Π, b_1, b_2, $\cdots$, b_k 线性表示的部分。当 d 很小时,有证券定价公式:

$$E(r) = \lambda_0 \Pi + \lambda_1 b_1 + \cdots + \lambda_k b_k$$

λ_i 反映了证券对各因子的敏感性;

λ_0 反映无风险因素(通常被认为是无风险收益率 r_0)。

上式可写成超额收益形式:$E(r - r_0\Pi) = \sum_{\alpha=1}^{k} \lambda_\alpha b_\alpha$

4.4.3 套利定价组合的条件

假定证券有无限多,不存在无风险的收益,一个渐进套利机会是对于 $n = 1, 2, \cdots$ 有一个 n 种证券的投资组合形成的序列 $W_i^n = (W_1^n, W_2^n, \cdots, W_n^n)'$,它满足三个条件:

$$\sum_{i=1}^{n} W_i^n = 0$$

$$\sum_{i=1}^{n} W_i^n r_i \geqslant \sigma > 0$$

$$\sum_{i=1}^{n} \sum_{j=1}^{n} W_i^n W_j^n \sigma_{ij}^n \to 0 \quad (n \to \infty)$$

即

$$\Pi_n W^n = 0$$

$$r'_{(n)} W^n \geqslant \delta > 0$$

$$W^{n'} \sum\nolimits_{(n)} W^n \to 0 (n \to \infty)$$

其中,$\sum\nolimits_{(n)} = \mathrm{Var}[r_{(n)}]$

4.4.4 标准的套利定价理论与推导

现在以两种资产 i 和 j 来讨论套利定价模型。假定在单因子模型下,资产 i 和 j 的收益率受到因素 F_1 的影响,因子载荷分别为 b_{i1} 和 b_{j1},那么投资组合的收益为

$$\omega_i r_i + \omega_j r_j = \omega_i [E(r_i) + b_{i1} F_1] + \omega_j [E(r_j) + b_{j1} F_1]$$
$$= [\omega_i E(r_i) + \omega_j E(r_j)] + (\omega_i b_{i1} + \omega_j b_{j1}) F_1$$

如果 $(\omega_i b_{i1} + \omega_j b_{j1}) F_1 = 0$,该投资组合就是无风险投资,其收益率用于无风险收益率,否则市场上存在套利机会。

由 $(\omega_i b_{i1} + \omega_j b_{j1}) F_1 = 0$,可知 $F_1 = 0$ 或 $\omega_i b_{i1} + \omega_j b_{j1} = 0$。如 $F_1 = 0$,则不存在随机变量;如 $\omega_i b_{i1} + \omega_j b_{j1} = 0$,则意味两种投资 i, j 的风险相互抵消。

因此,当市场存在影响收益的风险因素 F_1 时,投资者要使构造的资产组合无风险,即

$$\omega_i b_{i1} + \omega_j b_{j1} = (1 - \omega_j) b_{i1} + \omega_j b_{j1} = 0$$

$$\omega_j = \frac{b_{i1}}{b_{i1} - b_{j1}}$$

其收益为:$\omega_i E(r_i) + \omega_j E(r_j)$。

若无风险收益为 r_0,则有

$$\omega_i E(r_i) + \omega_j E(r_j) = (1 - \omega_j) E(r_i) + \omega_j E(r_j) = r_0$$

$$\omega_j = \frac{E(r_i) - r_0}{E(r_i) - E(r_j)}$$

联立 $\omega_j = \dfrac{b_{i1}}{b_{i1} - b_{j1}}$ 和 $\omega_j = \dfrac{E(r_i) - r_0}{E(r_i) - E(r_j)}$ 可得

$$\frac{E(r_i) - r_0}{b_{i1}} = \frac{E(r_i) - E(r_j)}{b_{i1} - b_{j1}}$$

同样,由 $\omega_j = 1 - \omega_i$ 可得

$$\frac{E(r_j) - r_0}{b_{j1}} = \frac{E(r_i) - E(r_j)}{b_{i1} - b_{j1}}$$

令 $\lambda_1 = \dfrac{E(r_i) - E(r_j)}{b_{i1} - b_{j1}}$ 可得

$$\frac{E(r_i) - r_0}{b_{i1}} = \frac{E(r_j) - r_0}{b_{j1}} = \lambda_1$$

$\dfrac{E(r_j) - r_0}{b_{j1}} = \dfrac{E(r_i) - E(r_j)}{b_{i1} - b_{j1}}$ 和 $\dfrac{E(r_i) - r_0}{b_{i1}} = \dfrac{E(r_j) - r_0}{b_{j1}} = \lambda_1$ 是资产的市场平均收益率分析,其本质作用相当于均值。

$$\frac{E(r_i) - r_0}{b_{i1}} = \frac{E(r_j) - r_0}{b_{j1}} = \lambda_1 \text{ 表明,对于任意的 } i \text{ 和 } j \text{ 都有}$$

$$E(r_q) = r_0 + \lambda_1 b_{q1}, q = i, j$$

上式就是单因子模型下套利定价理论的结果,也就是著名的线性定价原则。它的含义是,任何资产的预期收益率都是无风险收益率与风险报酬的线性结果,其中风险报酬由资产对风险因素的反应灵敏度和市场平均收益率共同决定。同样,上式可拓展到多因子模型,即

$$E(r) = r_0 + \lambda_1 b_1 + \lambda_2 b_2 + \cdots + \lambda_k b_k$$

4.4.5　套利定价理论与资本资产定价模型的区别

套利定价理论的关键是应用了无套利的假定,通过许多因子来确定证券的价格,其核心是要求出 b_{ij},利用 b_{ij} 去解释市场的变化,度量每个因子的风险大小。它使我们扩大了考虑因素的范围,可以从证券市场以外的因素去选择,而不像资本资产定价模型只从证券市场本身的历史来研究。这样就可以把证券的价格与国家经济发展状况、企业效益状况、外汇市场等其他经济因素相联系,从而使模型能更好地反映现实状况。

套利定价理论与资本资产定价模型的区别有如下几点:

(1)套利定价理论对分布不做要求,而资本资产定价模型必须是正态分布假定;

(2)套利定价理论对个人收益没有直接假定条件,而资本资产定价模型则假定在收益一定的条件下,选择风险小的组合,同时在风险一定的条件下,选择收益大的组合;

(3)套利定价理论中证券组合无特殊地位;

(4)套利定价理论允许非证券市场因素参与定价,而资本资产定价模型只与证券市场本身因素有关;

(5)套利定价理论可以对证券市场某一部分的组合定价,无须涉及全体,而资本资产定价模型必须从证券市场整体考虑;

(6)套利定价理论可以进行多阶段组合。

▌本章小结 >>>

1.不确定条件下消费者行为选择的产生和发展是现代微观经济学对传统经济学的重要发展,也是构成以资产组合和资产定价理论为代表的现代金融理论的核心基石。

2.测度投资组合的风险时,假定所有资产服从正态分布,由于有价证券组合是正态分布变量的线性组合,因此,它也服从正态分布,其方差可用矩阵表示。

3.系统性风险的测定用 β 系数来表示。β 系数是衡量一个证券系统性风险的指标,是指证券的收益率和市场组合的收益率的协方差再除以市场组合收益率的方差。

4.有效集是指能同时满足预期收益率最大、风险最小的投资组合的集合。有效集是一条向右上方倾斜的曲线,它反映了"高收益、高风险"的原则,有效集是一条向上凸的曲线;有效集曲线上不可能有凹陷的地方。投资者效用最大化的最优投资组合是位于无差异曲线与有效集的相切点。利用无风险资产和使用贷、借款可以对有效集进行改进。

5.资本市场线(CML)表示均衡状态的有效组合的预期收益率和标准差的线性关系。通

常资本市场线总是向上倾斜的,其斜率是有效证券组合中风险的市场价格。

6.套利是指利用一个或多个市场存在的各种价格差异,在不冒风险或冒较小风险的情况下赚取较高收益率的交易活动。套利是利用资产定价的错误、价格联系的失常,以及市场缺乏有效性的其他机会,通过买进价格被低估的资产,同时卖出价格被高估的资产来获取无风险利润的行为。套利有五种基本形式:空间套利、时间套利、工具套利、风险套利和税收套利。

7.套利定价理论认为,套利组合要满足三个条件:(1)投资者不需追加资金;(2)套利组合对任何因素的敏感度均为零;(3)套利组合的预期收益率大于零。套利定价理论也是关于资产定价的均衡模型,但假设条件少,使用起来比较方便。

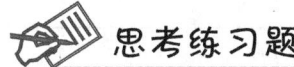 **思考练习题**

1.试述不确定条件下的选择理论要点。

2.简述资本资产定价模型的基本思想。

3.简述套利定价理论的基本思想。

4.给定三种证券的方差-协方差矩阵以及各证券占组合的比例(如下表所示),试用公式和矩阵两种方法计算组合的方差和标准差。

	证券 A	证券 B	证券 C
证券 A	459	−211	112
证券 B	−211	312	215
证券 C	112	215	179

注:$\omega_A = 0.5$;$\omega_B = 0.3$;$\omega_C = 0.2$。

5.假设证券的收益率由一个单因素模型生成。陈先生拥有一个组合,其具有如下表所示的特征:

	证券 A	证券 B	证券 C
期望收益率	20%	10%	5%
因素灵敏度	2.0	3.5	0.5
权重	0.20	0.40	0.40

根据上述特征,陈先生发现能够用证券 A 、B、C 构造套利组合,于是决定通过"增加原有组合中证券 A 的权重,并相应减少原有组合中证券 B 和 C 的权重"的方法来进行套利。假定陈先生将原有证券 A 的权重增加 0.20,试问:在调整后的陈先生的投资组合中其他两种证券的权重为多少时,才能达到套利的目的?

6.现有三种股票组成的套利证券组合,如下表所示:

	预期收益率	因素灵敏度	权重
证券 1	20%	4.0	0.05
证券 2	15%	2.5	0.10
证券 3	10%	3.0	−0.15

假定投资者持有这三种证券的市值分别为 100 万元,那么套利证券组合的市值为 300 万元。可以怎样操作?

7.给定某投资者的效用函数为 $U(W) = \ln W$,某投资收益分布为 $G(50,200;0.4)$,计算该投资活动的风险溢价。

8.根据下表的数据,对单指数模型中的市场模型 $E(r_p) - r_f = \alpha_p + \beta_p [E(r_m) - r_f]$ 的参数进行估计,并解释估计结果。如果明年的预期市场收益率为 20% ,利用上述模型预测股票组合 P 的预期收益率($r_f = 6\%$)。

年份	市场组合的年平均收益率	股票组合 P 的年平均收益率
1	20%	22%
2	27%	27%
3	12%	15%
4	13%	16%
5	5%	9%
6	28%	27%
7	32%	31%
8	17%	19%

第5章

金融建模与风险管理

5.1 金融衍生品和定价方法

5.1.1 常见的金融衍生品

金融衍生品(derivatives),是指一种基于基础金融工具的金融合约,其价值取决于一种或多种基础资产或指数,合约的基本种类包括远期合约、期货、掉期(互换)和期权。金融衍生品还包括具有远期、期货、掉期(互换)和期权中一种或多种特征的混合金融工具。

金融衍生产品是与金融相关的派生物,通常是指从原生资产(underlying assets)派生出来的金融工具。其共同特征是保证金交易,即只要支付一定比例的保证金就可进行全额交易,不需要实际上的本金转移;合约的了结一般也采用现金差价结算的方式进行,只有在满期日以实物交割方式履约的合约才需要买方交足贷款。因此,金融衍生产品交易具有杠杆效应。保证金越低,杠杆效应越大,风险也就越大。

航运金融支柱之一的航运金融衍生品对航运业的发展起着至关重要的作用。航运金融衍生品是在金融衍生品的基础上产生的,其功能在于套期保值和价格发现,这能够使得国内航运企业可以主动锁定自身收益和成本。航运金融衍生品融合了航运市场的特殊性,能够帮助航运企业规避运费波动的风险。

金融衍生品必须依赖一定的基础交易。基础交易泛指以实物(包括财产、服务、权利等)为标的的真实交易,又称实体交易,这类实体交易主要包括远期期货、互换和期权。而航运金融衍生品所依附的基础交易大多是船舶租赁交易。作为航运市场的风险管理工具,航运金融衍生品的外延包括运价指数期货(Baltic International Freight Futures Exchange,BIFFEX)、远期运价协议(Forward Freight Agreement,FFA)以及航运运价期权(Freight Options,FOP)等。

下面介绍一下常见的几种金融衍生品。

(一)远期合约

远期合约是指在未来指定的时间以现在确定的固定价格购买或者卖出风险资产的协议,

指定的时间称为交割日(delivery date),固定的价格 F 称为远期价格(forward price)。将打算购买资产的投资者称为远期合约多头,或称为持有远期合约多头头寸。将打算卖出资产的投资者称为远期合约空头,或称持有远期合约空头头寸。在远期合约交易时,没有现金支付。

例 5.1

假设远期价格为 80 美元。如果在交割日,资产的市场价格为 84 美元,那么,一方面远期合约多头头寸的持有者以 80 美元的价格购买资产,立刻以 84 美元卖出,就可以获得 4 美元差价;另一方面,持有远期合约空头头寸的投资者,将以 80 美元卖出资产,损失 4 美元。但是,在交割日,如果资产的市场价格是 75 美元,那么,持有远期合约多头头寸的投资者以 80 美元购买该资产,损失 5 美元。同时,持有远期合约空头头寸的投资者以 80 美元卖出资产,高出市场价格 75 美元,赚得 5 美元。这两种情况为一个投资者损失而另一个投资者获利的情形。

一般来说,如果资产的未来价格 $S(1)$ 上升,而且高于远期价格 F,那么以时间 1 为交割日的持有远期合约多头头寸的投资者将受益。如果资产的未来价格 $S(1)$ 下跌到远期价格 F 以下,那么远期合约多头头寸的持有者将遭受损失。一般地,远期合约多头头寸的回报(payoff)为 $S(1)-F$(它可以为正、为负或为零),远期合约空头头寸的回报为 $F-S(1)$。

除了股票和债券之外,一个投资者持有的资产组合可以包含远期合约,此时我们用三元组 (x,y,z) 表示资产组合,和以前一样,用 x 和 y 表示股票和债券的数量,z 为远期合约的数量(多头为正,空头为负)。因为远期合约交易时没有现金支付,所以这样的资产组合的初始值可以简化为

$$V(0)=xS(0)+yA(0)$$

在交割日,投资组合的价值为

$$V(1)=xS(1)+yA(1)+z[S(1)-F]$$

远期价格 F 由无套利原则确定。特别地,很容易发现没有持有成本(carrying cost)的资产。这种资产的典型例子为不支付红利的股票。(相反,商品通常包括储存成本;而持有外币可以获得利息,可以认为是负的持有成本。)

远期头寸保证在交割日以远期价格卖出资产。资产可以现在卖出,也可持有到交割日。而如果初始现金支出为零,则必须贷款融资购买,在交割日需要归还的贷款及利息为远期价格。下面的命题说明,确实如此。

命题 5.1

假设 $A(0)=100$ 美元,$A(1)=110$ 美元,$S(0)=50$ 美元,风险证券没有持有成本,则有远期价格 $F=55$ 美元;否则,就存在套利机会。

证明

假设 $F>55$ 美元。那么在时间 0:

- 借入 50 美元。
- 以 $S(0)=50$ 美元的价格买入该资产。
- 以远期价格 F 购进远期合约空头,交割日为时间 1。

其结果是资产组合 $(1,-\frac{1}{2},-1)$ 由股票、无风险头寸和远期合约空头头寸构成,初始价格为 $V(0)=0$,那么在时间 1:

- 终止远期合约空头头寸,以 F 美元的价格卖出资产。

- 终止无风险资产头寸,支付 $\frac{1}{2} \times 110 = 55$ 美元,则投资组合的终值 $V(1) = F - 55 > 0$ 将是套利利润,违背无套利原则。

另一方面,如果 $F < 55$ 美元,则在时间 0:

- 以 50 美元的价格卖空资产。
- 将这个金额投资于无风险资产。
- 取得股票的远期合约多头头寸,远期价格为 F 美元,交割日为时间 1。

这个资产组合 $(-1, \frac{1}{2}, 1)$ 的初始值 $V(0) = 0$,而在时间 1:

- 来自无风险投资的现金是 55 美元。
- 以 F 美元买资产,结清远期合约多头头寸,将资产返还给所有者。那么,套利利润 $V(1) = 55 - F > 0$,这再一次违背了无套利原则,得出远期价格必须是 $F = 55$ 美元。

练习 5.1

假设 $A(0) = 100$ 美元;$A(1) = 112$ 美元;$S(0) = 34$ 美元。如果股票远期价格 $F = 38.6$ 美元,交割日为时间 1,能找到套利机会吗?

练习 5.2

假设 $A(0) = 100$ 美元;$A(1) = 105$ 美元;英镑现在的价格 $S(0) = 1.6$ 美元;英镑远期价格 $F = 1.5$ 美元;交割日为时间 1。如果约定在时间 1 支付 100 英镑,今天英镑债券的成本会是多少? 提示:基于资产的远期合约包括负的持有成本(投资于英镑债券得到的利息收益)。

(二)期货合约

期货合约(futures contracts)与远期合约类似,也是一种协议,是指期货交易场所统一制定的,约定在将来某一特定的时间和地点交割一定数量标的物的标准化合约。

期货合约是买方同意在一段指定时间之后按特定价格接收某种资产,卖方同意在一段指定时间之后按特定价格交付某种资产的协议。双方同意将来交易时使用的价格称为期货价格。双方将来必须进行交易的指定日期称为结算日或交割日。双方同意交换的资产称为标的。如果投资者通过买入期货合约(即同意在将来日期买入)在市场上取得一个头寸,则称多头头寸或在期货上做多。相反,如果投资者取得的头寸是卖出期货合约(即承担将来卖出的合约责任),则称空头头寸或在期货上做空。

(三)看涨期权和看跌期权

看涨期权(call option)又称认购期权、买进期权、买方期权、买权、延买期权或"敲进",是指期权的购买者拥有在期权合约有效期内按执行价格买进一定数量标的物的权利。看涨期权是这样一种合约:它给合约持有者(即买方)按照约定的价格从对手手中购买特定数量之特定交易标的物的权利。

看跌期权又称认沽期权,是看涨期权的对称,期权交易的种类之一。它是指在将来某一天或一定时期内,按规定的价格和数量,卖出某种有价证券的权利。根据《股票期权交易试点管理办法》第 28 条,认沽期权,是指买方有权在将来特定时间以特定价格卖出约定数量合约标的的期权合约。客户购入看跌期权后,有权在规定的日期或期限内,按契约规定的价格、数量向看跌期权的卖出者卖出某种有价证券。

假设 $A(0)=100$ 美元；$A(1)=110$ 美元；$S(0)=100$ 美元，且

$$S(1)=\begin{cases} 120 & \text{概率为 } p \\ 80 & \text{概率为 } 1-p \end{cases}$$

式中，$0<p<1$。

看涨期权（其敲定价或者施权价为 100 美元，施权时间为 1）是一个合约，这个合约赋予持有者在时间 1 以 100 美元价格购买 1 股股票的权利（而不是义务）。

如果股票价格下跌到施权价以下，则期权没有价值。如果股票的市场价为 80 美元，以 100 美元的价格购买 1 股股票是没有意义的，也没有投资者会行使这个权利。相反，如果股票上涨到 120 美元，高于施权价，期权将会给持有者带来 20 美元的利润，他可以在时间 1 以 100 美元价格购买 1 股股票，并立刻以 120 美元的价格卖出。这就是行使期权，即利用股票市场价和施权价之间的差价 20 美元，简单地行使期权。实际上，这是经常采用的方法，因为不需要股票换手。

因此，看涨期权的回报，即它在时间 1 的价值为随机变量

$$C(1)=\begin{cases} 20 & \text{如果股价上涨} \\ 0 & \text{如果股价下跌} \end{cases}$$

而 $C(0)$ 表示期权在时间 0 的价值，即今天购买或者卖出期权的价格。

注 5.1

乍看起来，看涨期权类似于远期合约多头，两者都包含在未来某个时间，以预先固定的价格购买一种资产。一个本质的区别是，远期合约多头头寸的持有者承担以固定价格购买资产的义务，而看涨期权的持有者有权利但没有义务这样做。另一个区别是，投资者需要花钱购买看涨期权，而在远期合约交易时不需要任何支付。

在可以利用期权的市场，可以投资由 x 股股票、y 份债券、z 份期权构成的资产组合 (x, y, z)。在时间 0，该资产组合的价值为

$$V(0)=xS(0)+yA(0)+zC(0)$$

在时间 1，该资产组合的价值为

$$V(1)=xS(1)+yA(1)+zC(1)$$

恰似包含远期合约投资组合的情况。

我们的任务是，在符合市场假设的情况下，特别地，在没有套利机会的条件下，计算看涨期权在时间 0 的价格 $C(0)$。因为看涨期权的持有者有权利但没有义务，所以可以合理地认为 $C(0)$ 是正的；因为需要支付期权费以获得权利。期权价格 $C(0)$ 可以用如下两个步骤解出。

步骤 1

构造 x 股股票、y 份债券的投资，使得在时间 1，不论股票价格上涨到 120 美元还是下跌到 80 美元，资产组合与期权具有同样的价值，即

$$xS(1)+yA(1)=C(1)$$

称其为复制期权。

步骤 2

计算时间 0 在股票和债券上的投资的价值，证明它必须等于期权的价格，即

$$xS(0)+yA(0)=C(0)$$

否则将存在套利机会,这个步骤被称为期权定价或者估值。

步骤1(复制期权)

时间1在股票和债券上的投资的价值将是

$$xS(1) + yA(1) = \begin{cases} 120x + 110y & \text{如果股价上涨} \\ 80x + 110y & \text{如果股价下跌} \end{cases}$$

因此,两个随机变量的等式 $xS(1) + yA(1) = C(1)$ 可以写为

$$\begin{cases} 120x + 110y = 20 \\ 80x + 110y = 0 \end{cases}$$

第一个方程对应于股票上涨到120美元;第二个方程对应于股票下跌到80美元。因为我们想使得在股票和债券上的投资在时间1无论股票上涨和下跌都恰好等于期权的价值,所以这两个方程同时满足,解出 x 和 y,于是有

$$x = \frac{1}{2}, y = -\frac{4}{11}$$

为复制期权,我们需要购买 $\frac{1}{2}$ 股股票和取得远期合约空头头寸 $-\frac{4}{11}$ 份债券(或者借入 $\frac{4}{11} \times 100 = \frac{400}{11}$ 美元现金)。

步骤2(期权定价)

我们可以计算在股票和债券上的投资在时间0的价值,即

$$xS(0) + yA(0) = \frac{1}{2} \times 110 - \frac{4}{11} \times 100 \approx 13.636\,4(\text{美元})$$

下面的命题证明它必须等于期权的价格。

命题5.2

如果期权可以被上面的投资于股票和债券的资产组合复制,那么,$C(0) = \frac{1}{2}S(0) - \frac{4}{11}A(0)$;否则,存在套利机会。

证明

假设 $C(0) + \frac{4}{11}A(0) > \frac{1}{2}S(0)$,如果是这种情况,那么在时间0:

- 以 $C(0)$ 美元价格卖出1份期权。

- 借入 $\frac{4}{11} \times 100 = \frac{400}{11}$ 美元现金(或利用卖出债券取得 $y = -\frac{4}{11}$ 债券空头头寸)。

- 支付 $xS(0) = \frac{1}{2} \times 100 = 50$ 美元购买 $x = \frac{1}{2}$ 股股票。

该交易的现金余额是正的,即 $C(0) + \frac{4}{11}A(0) - \frac{1}{2}S(0) > 0$,将此金额进行无风险投资。

随后,在时间1:

- 如果股票上涨,则结算期权,支付市场价和施权价之差20美元;如果股票下跌,没有任何支付。成本将是 $C(1)$,包含两种可能性。

- 归还贷款和利息(终止债券的空头头寸 $y=-\dfrac{4}{11}$),这个成本将是 $\dfrac{4}{11}\times 110=40$ 美元。

- 卖出 $\dfrac{1}{2}S(1)$ 股股票,如果股票上涨,得到 $\dfrac{1}{2}\times 120=60$ 美元;如果股票下跌,得到 $\dfrac{1}{2}\times 80=40$ 美元。

这些交易的现金余额是0,即 $-C(1)+\dfrac{1}{2}S(1)-\dfrac{4}{11}A(1)=0$,这与股票上涨和下跌无关。

但是,投资者将得到初始的无风险投资 $C(0)+\dfrac{4}{11}A(0)-\dfrac{1}{2}S(0)$ 加上利息带来的利润,因此存在套利机会。

另一方面,如果 $C(0)+\dfrac{4}{11}A(0)<\dfrac{1}{2}S(0)$,那么在时间0:

- 支付 $C(0)$ 美元买入1份期权。

- 支付 $\dfrac{4}{11}\times 100=\dfrac{400}{11}$ 美元买入 $\dfrac{4}{11}$ 份债券。

- 卖空 $x=\dfrac{1}{2}$ 股股票得到 $\dfrac{1}{2}\times 100=50$ 美元。

这些交易的现金余额是正的,即 $-C(0)-\dfrac{4}{11}A(0)+\dfrac{1}{2}S(0)>0$,可以进行无风险投资。用这种方法就可以构造一个资产组合,其初始价值 $V(0)=0$。随后,在时间1:

- 如果股票上涨,则行使期权,获得市场价和施权价的差价20美元;如果股票下跌,没有任何收益。收入将是 $C(1)$,包含两种可能性。

- 以 $\dfrac{4}{11}A(1)=\dfrac{4}{11}\times 100=\dfrac{400}{11}$ 美元卖出债券。

- 终止股票空头头寸,支付 $\dfrac{1}{2}S(1)$,即如果股票价格上涨,支付 $\dfrac{1}{2}\times 120=60$ 美元;如果股票价格下跌,支付 $\dfrac{1}{2}\times 80=40$ 美元。

这些交易的现金余额为0,即 $C(1)+\dfrac{4}{11}A(1)-\dfrac{1}{2}S(1)=0$,无论股票是上涨还是下跌。

但是,投资者可以得到来自无风险投资的 $-C(0)-\dfrac{4}{11}A(0)+\dfrac{1}{2}S(0)$ 加上利息带来的利润,与无套利原则矛盾。

我们再一次看到,套利策略的一般模式是卖出(或者卖空,如果有必要)价格高的证券,买入价格低的证券,不管将来会发生什么,只要在履行金融义务的过程中可以获利即可。

命题5.2暗含期权在今天的价格一定是

$$C(0)=\frac{1}{2}S(0)-\frac{4}{11}A(0)\approx 13.636\ 4(美元)$$

任何人以低于这个价格买入期权或高于这个价格卖出期权,就存在套利机会,相当于分发意外之财。这就完成了解决问题的第二步。

注5.2

注意,股票上涨或下跌的概率 p 和 $1-p$ 与定价和复制期权无关。这是该理论的显著特色,不是巧合。

注 5.3

在期权可以被股票和债券复制的市场,期权似乎是多余的。在简化的单期模型中,这个结论也成立。但在包含多个时期(或者连续时间)的情况下,复制是非常繁重的任务。在每一个时期都会发生价格变化,需要即时调整股票和债券的头寸,必须考虑管理和交易的成本。在某些情况下,不可能准确地复制期权,这就是为什么大多数投资者宁愿买卖期权,而复制仅为机构和交易商形式上的交易。

练习 5.3

假设债券和股票的价格 $A(0),A(1),S(0),S(1)$ 设定同上,计算在如下两种情况下施权日为时间 1 的看涨期权的价格 $C(0)$:(1)施权价为 90 美元;(2)施权价为 110 美元。

练习 5.4

假设价格 $A(0),S(0),S(1)$ 设定同上,如果(1)$A(1)=105$ 美元;(2)$A(1)=115$ 美元,计算施权价为 100 美元、施权日为时间 1 的看涨期权的价格 $C(0)$。

施权价为 100 美元、施权日为时间 1 的看跌期权给出了在时间 1 以 100 美元卖出 1 股股票的权利。如果股票上涨,这种期权就没有任何价值,否则将带来利润,其回报为

$$P(1)=\begin{cases}0 & \text{如果股价上涨}\\20 & \text{如果股价下跌}\end{cases}$$

假设 $A(0),A(1),S(0),S(1)$ 设定同上,则资产组合概念可以扩展到允许看跌期权头寸,与前面一样,我们用 z 表示看跌期权头寸。

看跌期权的复制和定价与看涨期权的模式相同,特别地,看跌期权的价格 $P(0)$ 等于用股票和债券复制的投资在时间 0 的价值。

注 5.4

看跌期权和远期合约空头头寸的相似之处是,两者都包含在将来的某个确定时间,以固定价格卖出资产。两者本质的不同是,远期合约空头头寸的持有者,有义务以固定的价格卖出资产;而看跌期权的持有者,有权利但没有义务卖出资产。而且,想购买看跌期权的投资者将进行支付,但在进行远期合约交易时,没有支付。

5.1.2 利用期权管理风险

期权和衍生证券的应用可以扩展到其他投资领域。假设投资者的初始财富为 1 000 美元,按上一节的设定比较以下两个投资:

- 购买 10 股股票,在时间 1 的价值为

$$10\times S(1)=\begin{cases}1\ 200 & \text{如果股价上涨}\\800 & \text{如果股价下跌}\end{cases}$$

或者

- 购买 $\dfrac{1\ 000}{13.636\ 4}\approx 73.333\ 3$ 份期权,在这种情况下,投资者的最终财富是

$$73.333\ 3\times C(1)\approx\begin{cases}1\ 466.67 & \text{如果股价上涨}\\0.00 & \text{如果股价下跌}\end{cases}$$

如果股票上涨,与股票投资相比,期权投资产生的收益将更高,大约高 46.67%。否则,将

是灾难性的:投资者将损失所有的财富。而当投资者投资于股票时,会得到 20% 或者损失 20%。由于没有指定概率,我们不能计算期望收益和标准差。但我们认为,与投资股票相比, 期权的风险更高,这可能会被愿意冒风险的投资者利用。

练习 5.5

在上述设定下,计算初始财富为 1 000 美元,期权投资和股票投资各占一半的投资者的最终财富。

期权还可以用于降低风险。考虑一个计划在将来购买股票的投资者,股票在今天的价格是 $S(0) = 100$ 美元。但是,投资者仅在时间 $t = 1$ 有可用资金,股票在时间 1 的价格会变成

$$S(1) = \begin{cases} 160 & \text{概率为 } p \\ 40 & \text{概率为 } 1-p \end{cases}$$

$0 < p < 1$。与前面一样,我们假设 $A(0) = 100$ 美元;$A(1) = 110$ 美元。比较如下两个策略:

- 等到时间 1,当资金可利用时,以 $S(1)$ 的价格购买股票。
- 在时间 0,借钱购买施权价为 100 美元的看涨期权,在时间 1 归还贷款及利息;如果股票价格上涨,则行使期权购买股票。

如果投资者选择第一种策略,他将面临不可忽视的风险。如果选择第二个策略,他将借入 $C(0) \approx 31.818\ 2$ 美元购买期权。在时间 1,他将归还 35 美元结清贷款,并利用期权购买股票, 购买 1 股的成本将是

$$S(1) - C(1) + 35 = \begin{cases} 135 & \text{如果股价上涨} \\ 75 & \text{如果股价下跌} \end{cases}$$

比较这两个策略,显然,与选择第一种策略相比,选择第二种策略的风险较低。

练习 5.6

如果用购买 1 股的成本的标准差度量风险,计算使用期权和不使用期权的风险:(1) $p = 0.25$;(2) $p = 0.5$;(3) $p = 0.75$。

练习 5.7

证明无论概率 $p(0 < p < 1)$ 为何值,含有期权的策略的风险(用购买 1 股的成本与标准差度量)是没有期权的策略的风险的一半。

如果购买两个期权,风险将降为零,即

$$S(1) - 2 \times C(1) + 70 = 110 \quad \text{概率为 } 1$$

这个策略等价于远期合约多头,因为股票远期价格恰是 110 美元。它还等价于今天借 100 美元购买 1 股股票,在时间 1 归还 110 美元结清贷款。

5.2 二叉树模型

5.2.1 二叉树模型

在本节中,我们将探讨一个极其重要的股票价格模型,即二叉树模型。一方面,二叉树模

型在数学上容易处理,因为它包含的参数很少且假设在股票价格树的每个节点上具有简单且相同的结构。另一方面,它抓住了现实市场的很多特征。

二叉树模型由如下条件定义。

条件 5.1

股票单期收益率 $K(n)$ 是独立同分布的随机变量,满足在每个时段 n

$$K(n) = \begin{cases} u & \text{概率为 } p \\ d & \text{概率为 } 1-p \end{cases}$$

其中,$-1 < d < u$;$0 < p < 1$。

这个条件意味着在每个时段,股票价格 $S(n)$ 上涨和下跌的因子为 $1+u$ 或者 $1+d$。如果 $S(0)$ 是正的,则不等式 $-1 < d < u$ 可以保证所有的股票价格 $S(n)$ 都是正的。

条件 5.2

假设 r 是在一个长度为 τ 的单期时段上的无风险投资收益率。

在每个时段,无风险投资单期收益率 r 是相同的,并且

$$d < r < u$$

条件 5.2 说明,股票价格变动与无风险资产(如债券或者银行存款)有关。

因为 $\dfrac{S(1)}{S(0)} = 1 + K(1)$,条件 5.1 可以推导出随机变量 $S(1)$ 可能取两个不同的值,即

$$S(1) = \begin{cases} S(0)(1+u) & \text{概率为 } p \\ S(0)(1+d) & \text{概率为 } 1-p \end{cases}$$

练习 5.8

$S(2)$ 和 $S(3)$ 可以取多少个不同的值?取这些值的概率是多少?

练习 5.8 的计算,除了可以计算出相应的概率外,还可以计算出 $S(n)$ 的值。在 n 期股票价格树中,每一个具有 i 次上涨和 $n-i$ 次下跌的股票价格变动在时间 n 会产生相同的价格 $S(0)(1+u)^i(1+d)^{n-i}$。其结果是,存在 $\binom{n}{i}$ 这样的状况,每一个的概率为 $p^i(1-p)^{n-i}$,因此

$$S(n) = S(0)(1+u)^i(1+d)^{n-i}, \text{概率为 } \binom{n}{i} p^i(1-p)^{n-i} \tag{5-1}$$

当 $i = 0, 1, \cdots, n$ 时,在时间 n,股票价格 $S(n)$ 可用 $n+1$ 个不同值描述。$S(n)$ 的概率分布由式(5-1)给出。

价格向上变动的次数 i 为服从二项分布的随机变量;价格向下变动的次数 $n-i$ 也服从同样的分布。因此我们说,价格过程服从二叉树。对于 n 期二叉树所有状况的集合 Ω,在每一个时段上涨或者下跌共有 2^n 个元素。例如,股票价格两时段二叉树如图 5-1 所示;股票价格三时段二叉树如图 5-2 所示。

为简单起见,假设在这两个图中,$S(0) = 1$。

练习 5.9

如果 $S(1)$ 的可能值为 87 美元和 76 美元,$S(2)$ 的最大可能值为 92 美元,计算 u 和 d。

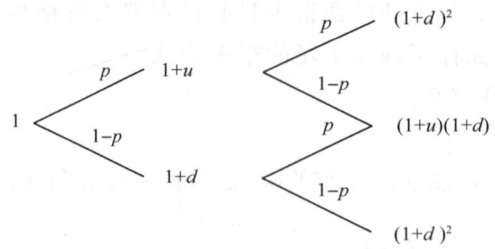

图 5-1 股票价格两时段二叉树

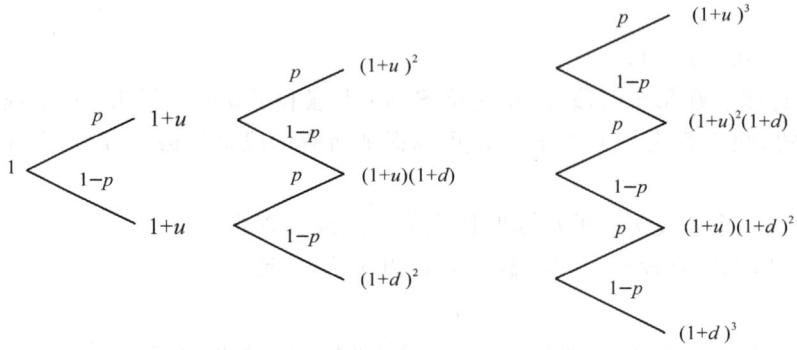

图 5-2 股票价格三时段二叉树

练习 5.10

假设在连续复合之下,无风险收益率为 14%,时段 τ 为 1 个月,$S(0)=22$ 美元,$d=-0.01$,计算与条件 5.2 一致的 $S(2)$ 的中间值的范围。

练习 5.11

假设 28 美元、32 美元和 x 美元是 $S(2)$ 的可能值,计算 x。假设股票价格服从二叉树,你能画出这棵树吗?画法是否唯一?

练习 5.12

假设股票价格服从二叉树模型,$S(2)$ 的可能值是 121 美元、110 美元和 100 美元。当 $S(0)=100$ 美元时,计算 u 和 d;当 $S(0)=104$ 美元时,计算 u 和 d。

5.2.2　风险中性概率

在二叉树模型中,即使不知道股票未来的确切价值,也可以计算出股票的期望价格。然后可将这些期望价格与无风险投资进行比较。我们可以将这个简单的思想应用于衍生证券(例如期权、远期、期货)中,这些应用是广泛且令人惊奇的。

首先,我们研究股票价格期望 $E[S(n)]$ 的动态变化。当 $n=1$ 时,有

$$E[S(1)]=pS(0)(1+u)+(1-p)S(0)(1+d)$$
$$=S(0)\{1+E[K(1)]\}$$

式中

$$E[K(1)]=pu+(1-p)d$$

是单期收益的期望,下面我们将其扩展到任意的 n 的情形。

命题 5.3

当 $n = 0, 1, 2, \cdots$ 时,股票价格的期望

$$E[S(n)] = S(0)\{1 + E[K(1)]\}^n$$

证明

因为单期收益 $K(1), K(2), \cdots$ 是不相关的,于是随机变量 $1 + K(1), 1 + K(2), \cdots$ 也是不相关的,由此得出

$$
\begin{aligned}
E[S(n)] &= E\{S(0)[1 + K(1)][1 + K(2)] \cdots [1 + K(n)]\} \\
&= S(0)E[1 + K(1)]E[1 + K(2)] \cdots E[1 + K(n)] \\
&= S(0)\{1 + E[K(1)]\}\{1 + E[K(2)]\} \\
&\quad \cdots \{1 + E[K(n)]\}
\end{aligned}
$$

因为 $K(n)$ 是同分布的,其期望相同,即

$$E[K(1)] = E[K(2)] = \cdots = E[K(n)]$$

于是我们就证明了 $E[S(n)]$ 的公式。

如果将 $S(0)$ 的金额在时间 0 投资于无风险资产,n 个时段以后,它将增长为 $S(0)(1 + r)^n$。 显然,要比较 $E[S(n)]$ 和 $S(0)(1 + r)^n$,我们只须比较 $E[K(1)]$ 和 r 即可。

股票投资存在风险,因为价格 $S(n)$ 预先是未知的。一个典型的风险厌恶的投资者要求 $E[K(1)] > r$,因为他认为应该有更高的回报作为对风险的补偿。反之,当 $E[K(1)] < r$ 时,如果收益高的非零概率很小,收益低的非零概率很大(典型的例子是彩票,其期望收益为负),对某些投资者而言仍然有吸引力,我们称这样的投资者是风险偏好者。在市场的边缘情况下,$E[K(1)] = r$,被认为是风险中性的。

为方便起见,我们对风险中性引入特殊的概率符号 p_* 以及相应的数学期望的符号 E_*,满足条件

$$E_*[K(1)] = p_* u + (1 - p_*)d = r \tag{5-2}$$

由式 (5-2) 即可推导出

$$p_* = \frac{r - d}{u - d}$$

我们称 p_* 为风险中性概率;E_* 为风险中性期望。p_* 是一个抽象的数学概念,它可以不等于市场的实际概率 p,即仅在风险中性的市场上有 $p = p_*$。风险中性概率 p_* 甚至可以与真实概率 p 没有任何关系;当出于衍生证券估值目的时,我们假设合适的概率不是 p 而是 p_*。 这是风险中性概率的重要应用,我们将在下面的内容中讨论。

练习 5.13

令 $u = \frac{2}{10}$ 和 $r = \frac{1}{10}$,研究作为 d 的函数的 p_* 的性质。

练习 5.14

证明当且仅当 $0 < p_* < 1$ 时,$d < r < u$。

条件 5.1 意味着

$$p_*(u - r) + (1 - p_*)(d - r) = 0$$

在几何意义上,这意味着把二元组 $(p_*, 1 - p_*)$ 看作平面 R^2 中的向量,它垂直于坐标为 $(u - r, d - r)$ 的向量。向量 $(u - r, d - r)$ 表示如果投资者利用利率为 r 的现金贷款融资购买股

票,持有 1 股的(单时段)投资者可能的收益或损失如图 5-3 所示。点 (1,0) 和 (0,1) 连线上的所有点的坐标为 $(p,1-p)$,其中 $0<p<1$。这些点中的一个点对应于市场的真实概率,另一个点对应于风险中性概率。

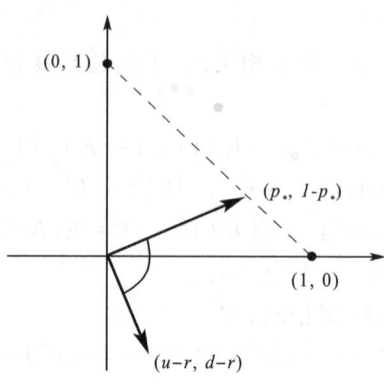

图 5-3 风险中性概率 p_* 的几何表示

风险中性概率的条件 5.1 的另一个含义如图 5-4 所示。如果把质量 p_* 和 $1-p_*$ 放在实轴上坐标为 u 和 d 的点上,那么质心在 r。

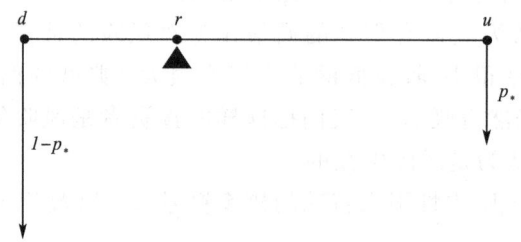

图 5-4 风险中性概率 p_* 的质心解释

5.2.3 鞅性质

由命题 5.3 可知,$S(n)$ 对于风险中性概率 p_* 的期望为

$$E_*[S(n)]=S(0)(1+r)^n \tag{5-3}$$

其中,$r=E_*[K(1)]$。

例 5.2

考虑一个两时段二叉树模型,$S(0)=100$ 美元,$\mu=0.2,d=-0.1,r=0.1$。那么,$p_*=\dfrac{2}{3}$ 为风险中性概率,两个时段之后,股票价格的数学期望为

$$E_*[S(2)]=S(0)(1+r)^2=121 \text{ 美元}$$

一个时段以后,股票价格上升和下降已知,我们要重新计算 $S(2)$ 的期望。假设一个时段以后,股票价格上升到 120 美元,在这样的情况下,可能状况集合会简化为 $S(1)=120$ 美元的那些状况,股票价格树会简化为图 5-5 中的子树。给定 $S(1)=120$ 美元,则 $S(2)$ 的风险中性期望将是 $\dfrac{2}{3}\times 144+\dfrac{1}{3}\times 108=132$ 美元,等于 $120(1+r)$。在形式上,可以写成给定 $S(1)=120$ 美元,则 $S(2)$ 的条件期望。

$$E_*\big[S(2)\mid S(1)=120\big]=120(1+r)$$

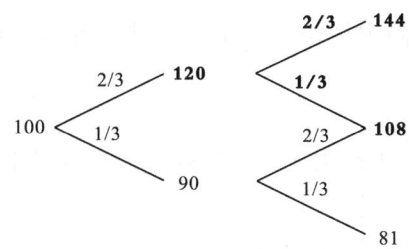

图 5-5 $S(1)=120$ 美元的子树

类似地,如果股票价格在一个时段之后下降到 90 美元,则可能状况集合就会简化为 $S(1)=90$ 美元的那些状况,股票价格树会简化为图 5-6 所示的子树。给定 $S(1)=90$ 美元,则 $S(2)$ 的风险中性期望为 $\frac{2}{3}\times108+\frac{1}{3}\times81=99$ 美元,等于 $90(1+r)$,这可以写为

$$E_*\big[S(2)\mid S(1)=90\big]=90(1+r)$$

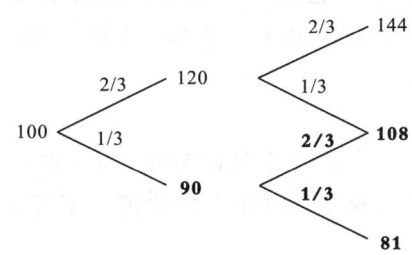

图 5-6 $S(1)=90$ 美元的子树

根据上面的两个公式,条件期望可以写成一个公式,非常容易理解,即

$$E_*\big[S(2)\mid S(1)\big]=S(1)(1+r)$$

这个分析可扩展到二叉树模型的任何时段。假设 n 时段已经过去,股票价格变为 $S(n)$,则下一个时段以后,价格 $S(n+1)$ 的风险中性期望是什么?

命题 5.4

假设股票在时间 n 的价格 $S(n)$ 是已知的,价格 $S(n+1)$ 的风险中性条件期望是

$$E_*\big[S(n+1)\mid S(n)\big]=S(n)(1+r)$$

证明

假设 n 时段之后 $S(n)=x$,于是有

$$E_*\big[S(n+1)\mid S(n)=x\big]=p_*x(1+u)+(1-p_*)x(1+d)$$

因为 $S(n+1)$ 取值 $x(1+u)$ 的概率为 p_*,取值 $x(1+d)$ 的概率为 $1-p_*$,且由式 (5-2) 可知 $p_*(1+u)+(1-p_*)(1+d)=1+r$,于是有

$$E_*\big[S(n+1)\mid S(n)=x\big]=x(1+r)$$

对 $S(n)$ 的任意可能值 x 成立,证毕。

将命题 5.4 的等式的两边除以 $(1+r)^{n+1}$,我们就可以得到下面关于股票折现价格 $\tilde{S}(n)=S(n)(1+r)^{-n}$ 的重要结论。

推论(鞅性质)

对任意的 $n=0,1,2,\cdots$,有

$$E_*[\tilde{S}(n+1) \mid S(n)]=\tilde{S}(n)$$

则股票的折现价格 $\tilde{S}(n)$ 在风险中性概率之下会形成一个鞅,风险中性概率 p_* 被认为是**鞅概率**。

练习 5.15

假设 $r=0.2$,给定 $S(2)=110$ 美元,计算 $S(3)$ 的风险中性条件期望。

5.2.4 二叉树模型的应用

单期模型

对于以股票 S 为标的资产的欧式衍生证券或者未定权益,我们指定一个形式为 $D(T)=f[S(T)]$ 的随机变量,其中 f 为给定的函数,称为回报函数。回报函数是欧式看涨期权的 $f(S)=(S-X)^+$ 和看跌期权的 $f(S)=(X-S)^+$ 或远期合约的 $f(S)=S-X$(对多头头寸)直接的推广。

基于复制期权的回报,我们已经论述了单期期权定价的基本方法(见 5.1 节)。毫不奇怪,这个思想可以扩展到建立在单期二状态树块基础上的一般的二叉树模型。在本部分中,我们的主要任务是进行这个扩展。

定理 5.1

假设对任意未定权益 $D(T)$ 存在一个复制策略,即存在一个可允许的策略 $x(t),y(t)$,其价值 $V(T)=D(T)$,那么未定权益在时间 0 的价值一定等于复制策略在时间 0 的价值,即 $V(0)=D(0)$。

证明

如果 $D(0)>V(0)$,则我们卖出衍生证券并取得策略的多头头寸,承担的义务可以由该策略履行。差额 $D(0)-V(0)$ 可以给我们带来套利利润。如果 $D(0)<V(0)$,我们进行相反的操作,将产生套利利润。

复制还解决了期权卖出者套期保值头寸问题,即如果将来自期权的现金投资于复制策略,那么卖出期权的风险将被化解。

在本部分,我们将进一步发展期权的这种定价方法,我们从对单期二叉树模型的综合分析开始,然后扩展到多期模型。

我们假设在时间 1 随机的股票价格 $S(1)$ 取两个值,表示如下:

$$\begin{cases} S^u = S(0)(1+u) \\ S^d = S(0)(1+d) \end{cases}$$

其概率分别为 p 和 $1-p$。为复制回报为 f 的一般的衍生证券,我们需要对 $x(1),y(1)$ 求解方程组

$$\begin{cases} x(1)S^u + y(1)(1+r) = f(S^u) \\ x(1)S^d + y(1)(1+r) = f(S^d) \end{cases}$$

于是有

$$x(1) = \frac{f(S^u) - f(S^d)}{S^u - S^d}$$

是股票的复制头寸,称为期权的 δ(德尔塔,delta)。我们还可求出货币市场头寸,即

$$y(1) = -\frac{(1+d)f(S^u) - (1+u)f(S^d)}{(u-d)(1+r)}$$

该复制资产组合的初始价值为 $x(1)S(0) + y(1)$，根据定理 5.1，有

$$D(0) = x(1)S(0) + y(1)$$
$$= \frac{f(S^u) - f(S^d)}{u-d} - \frac{(1+d)f(S^u) - (1+u)f(S^d)}{(u-d)(1+r)} \qquad (5\text{-}4)$$

练习 5.16

其他变量不变，证明看涨期权的价格随 u 增长，分析 d 的变化对期权价格的影响。

定理 5.2

折现回报对风险中性概率的期望等于未定权益的现值，即

$$D(0) = E_*\{(1+r)^{-1}f[S(1)]\} \qquad (5\text{-}5)$$

证明

这是式（5-4）的直接结果，即

$$D(0) = \frac{f(S^u) - f(S^d)}{u-d} + \frac{(1+u)f(S^d) - (1+d)f(S^u)}{(u-d)(1+r)}$$
$$= \frac{1}{1+r}\left(\frac{(r-d)f(S^u)}{u-d} + \frac{(u-r)f(S^d)}{u-d}\right)$$
$$= \frac{1}{1+r}[p \cdot f(S^u) + (1-p_*)f(S^d)]$$
$$= E_*\{(1+r)^{-1}f[S(1)]\}$$

证毕。

练习 5.17

如果标的股票卖出需要支付一定比例的交易成本（买入股票没有交易成本），计算复制看涨期权的资产组合的初始值，并与没有成本的情况进行比较。假设 $S(0) = X = 100$ 美元，$u = 0.1$，$d = -0.1$，$r = 0.05$，设定交易成本 $c = 2\%$（卖者得到股票价值的 98%）。

两期模型

我们从两期开始，股票价格 $S(2)$ 有三个可能值，

$$S^{uu} = S(0)(1+u)^2, S^{ud} = S(0)(1+u)(1+d), S^{dd} = S(0)(1+d)^2$$

而 $S(1)$ 有两个可能值：

$$S^u = S(0)(1+u), S^d = S(0)(1+d)$$

在图 5-7 的节点分别用字母 u 和 d 标注。

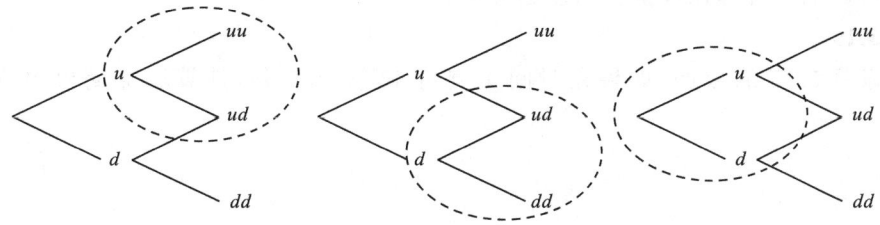

图 5-7 两期二叉树模型的分支

对图 5-7 中的每一个子树，我们可以利用我们描述的复制方法。在时间 2，衍生证券可以

被它的回报复制，即

$$D(2) = f[S(2)]$$

有三个可能值。衍生证券的价格 $D(1)$ 有两个值，即

$$\frac{1}{1+r}[p_*f(S^{uu}) + (1-p_*)f(S^{ud})]$$

$$\frac{1}{1+r}[p_*f(S^{du}) + (1-p_*)f(S^{dd})]$$

这是将单期的方法应用于节点为 u 和 d 的两个子树得出的，上述两个式子给出

$$D(1) = \frac{1}{1+r}\{p_*f[S(1)(1+u)] + (1-p_*)f[S(1)(1+d)]\}$$

$$= g[S(1)]$$

其中，

$$g(x) = \frac{1}{1+r}\{p_*f[x(1+u)] + (1-p_*)f[x(1+d)]\}$$

因此，可将 $D(1)$ 表示为在时间 1 施权的回报为 g 的衍生证券{尽管它可能不施权，衍生证券可以以 $D(1) = g[S(1)]$ 卖出}。这意味着可把单期方法再一次应用于根部的单个子树。因此，有

$$D(0) = \frac{1}{1+r}\{p_*g[S(0)(1+u)] + (1-p_*)g[S(0)(1+d)]\}$$

由此得出

$$D(0) = \frac{1}{1+r}[p_*g(S^u) + (1-p_*)g(S^d)]$$

$$= \frac{1}{(1+r)^2}[p_*^2 f(S^{uu}) + 2p_*(1-p_*)f(S^{ud})$$

$$+ (1-p_*)^2 f(S^{dd})]$$

最后在方括号中的表达式是 $f[S(2)]$ 的风险中性期望，这样就证明了如下结论。

定理 5.3

对风险中性概率计算的折现回报的期望值等于衍生证券的现值，即

$$D(0) = E_*\{(1+r)^{-2}f[S(2)]\}$$

练习 5.18

假设 $S(0) = 120$ 美元，$u = 0.2$，$d = -0.1$，$r = 0.1$。考虑施权价为 $X = 120$ 美元，施权时间 $T = 2$ 的看涨期权，计算期权价格和复制策略。

练习 5.19

利用练习 5.18 的数据，如果在时间 1 支付 15 美元红利，计算看涨期权的价格和复制策略。

5.3 连续时间极限和 Black-Scholes 模型

5.3.1 连续时间极限

离散时间和离散价格模型有显而易见的缺陷,明显地限制了资产价格的变动范围,而且会限制这些变动发生的时间的集合,在本节中,我们概括地论述一种不受这种限制的方法。这种方法可从二叉树模型开始,通过取连续时间极限得到。

我们考虑时段 $\tau = \dfrac{1}{N}$ 的二叉树模型序列。令 $N \to \infty$,对于所有逼近序列中的二叉树模型,假设每一时段股票价格向上变动和向下变动的概率都是 $\dfrac{1}{2}$。

在这种情况下,利用对数收益率比较方便:

$$k(n) = \ln[1 + K(n)] = \begin{cases} \ln(1+u) & \text{概率为 } \dfrac{1}{2} \\ \ln(1+d) & \text{概率为 } \dfrac{1}{2} \end{cases}$$

在单时段上的无风险收益率可以用等价的连续复合利率 r 代替,于是在长度为 τ 的时段的收益将是 $\mathrm{e}^{\tau r}$。

在从时间 0 到时间 1 的单位时间区间,包含 N 个长度为 τ 的时段。假设 m 为在单位时间区间上的对数收益率 $k(1) + k(2) + \cdots + k(N)$ 的期望;α 为标准差;对数收益 $k(1), k(2), \cdots, k(N)$ 是独立同分布的,并且 $K(1), K(2), \cdots, K(N)$ 也是独立同分布的,由此可以得出,对每一个 $n = 1, 2, \cdots, N$,

$$\begin{aligned} m &= E[k(1) + k(2) + \cdots + k(N)] \\ &= E[k(1)] + E[k(2)] + \cdots + E[k(N)] = NE[k(n)] \\ \sigma^2 &= \mathrm{Var}[k(1) + k(2) + \cdots + k(N)] \\ &= \mathrm{Var}[k(1)] + \mathrm{Var}[k(2)] + \cdots + \mathrm{Var}[k(N)] \\ &= N\mathrm{Var}[k(n)] \end{aligned}$$

这意味着 $k(n)$ 有期望 $\dfrac{m}{N} = m\tau$ 和标准差 $\sqrt{\dfrac{\sigma^2}{N}} = \sigma\sqrt{\tau}$,因此 $k(n)$ 的两个可能值必是

$$\begin{aligned} \ln(1+u) &= m\tau + \sigma\sqrt{\tau} \\ \ln(1+d) &= m\tau - \sigma\sqrt{\tau} \end{aligned} \tag{5-6}$$

练习 5.20

当 $u = 0.02, d = -0.01, \tau = \dfrac{1}{12}$ 时,计算 m 和 σ。

引入一个相互独立的随机变量序列 $\xi(n)$,每一个随机变量取两个值,即

$$\xi(n) = \begin{cases} +\sqrt{\tau} & \text{概率为} \dfrac{1}{2} \\ -\sqrt{\tau} & \text{概率为} \dfrac{1}{2} \end{cases}$$

我们可以证明对数收益率为

$$k(n) = m\tau + \sigma\xi(n)$$

练习 5.21

计算 $\xi(n)$ 和 $k(n)$ 的期望和方差。

练习 5.22

用 $m, \sigma, \tau, \xi(1)$ 和 $\xi(2)$ 表示 $S(1)$ 和 $S(2)$。

下面我们引入一个重要的随机变量序列 $w(n)$，称其为对称的随机漫步（symmetric random walk），满足

$$w(n) = \xi(1) + \xi(2) + \cdots + \xi(n)$$

并且 $w(0) = 0$。显然 $\xi(n) = w(n) - w(n-1)$，于是可以认为 $\xi(n)$ 是 $w(n)$ 的增量。

从现在开始，对 $t = \tau n$，我们常常用 $S(t)$ 和 $w(t)$ 代替 $S(n)$ 和 $w(n)$，其中 $n = 1, 2, \cdots$。

命题 5.5

股票在时间 $t = \tau n$ 的价格为

$$S(t) = S(0)\exp\left[mt + \sigma\omega(t)\right]$$

证明

利用式 $S(n) = S(n-1)e^{k(n)}$，有

$$\begin{aligned} S(t) = S(n\tau) &= S(n\tau - \tau)e^{k(n)} \\ &= S(n\tau - 2\tau)e^{k(n-1)+k(n)} \\ &= \cdots = S(0)e^{k(1)+\cdots+k(n)} \\ &= S(0)e^{mn\tau + \sigma[\xi(1)+\cdots+\xi(n)]} \\ &= S(0)e^{mt + \sigma w(t)} \end{aligned}$$

证毕。

为了取连续时间极限，对于很小的 x 值，我们利用近似表达式，即

$$e^x \approx 1 + x + \frac{1}{2}x^2$$

于是有

$$\frac{S(n\tau + \tau)}{S(n\tau)} = e^{k(n+1)} \approx 1 + k(n+1) + \frac{1}{2}k(n+1)^2$$

然后，我们计算

$$k(n+1)^2 = \left[m\tau + \sigma\xi(n+1)\right]^2 = \sigma^2\tau + \cdots$$

这里我们略去了所有的 τ 的幂次高于 1 的项，因为当 τ 很小时，这些项更小。接下来，

$$\frac{S(n\tau + \tau)}{S(n\tau)} \approx 1 + m\tau + \sigma\xi(n+1) + \frac{1}{2}\sigma^2\tau$$

$$= 1 + \left(m + \frac{1}{2}\sigma^2\right)\tau + \sigma\xi(n+1)$$

于是有

$$S(n\tau + \tau) - S(n\tau) \approx (m + \frac{1}{2}\sigma^2)S(n\tau)\tau + \sigma S(n\tau)\xi(n+1)$$

因为 $\xi(n+1) = w(n\tau + \tau) - w(n\tau)$，我们就可以得到描述股价动态变化的近似方程

$$S(t+\tau) - S(t) \approx (m + \frac{1}{2}\sigma^2)S(t)\tau + \sigma S(t)[w(t+\tau) - w(t)] \qquad (5\text{-}7)$$

其中，$t = n\tau$。这个近似方程的解 $S(t)$ 由命题 5.5 中的公式给出。

对于任意 $N = 1, 2, \cdots$，我们考虑具有时段长度为 $\tau = \frac{1}{N}$ 的二叉树模型。假设 $S_N(t)$ 为相应的股票价格；$w_N(t)$ 为相应的对称随机漫步，其增量为 $\xi_N(t) = w_N(t) - w_N(t - \frac{1}{N})$，其中 $t = \frac{n}{N}$ 为 n 时段以后的时间。

练习 5.23

计算 $w_N(t)$ 的数学期望和方差，其中 $t = \frac{n}{N}$。

我们将利用中心极限定理得到当 $n \to \infty$ 时，随机漫步 $w_N(t)$ 的极限。为此，我们令

$$x(n) = \frac{k(n) - m\tau}{\sigma \sqrt{\tau}}$$

对每一个 $n = 1, 2, \cdots$，它是独立同分布随机变量序列，序列中的每一个随机变量的期望为 0，方差为 1。中心极限定理暗含，当 $n \to \infty$ 时，按分布有

$$\frac{x(1) + x(2) + \cdots + x(n)}{\sqrt{n}} \to X$$

X 为标准正态分布随机变量（均值为 0，方差为 1）。

固定每个 $t > 0$，因为随机漫步 w_N 只是针对定义在时段 $\tau = \frac{1}{N}$ 的整数倍上的离散时间，于是我们考虑 $w_N(t_N)$，其中 t_N 是 $\frac{1}{N}$ 的整数倍，最接近于 t，很明显 Nt_N 是整数，对每一个 N 成立，我们可以记

$$w_N(t_N) = \sqrt{t_N} \frac{x(1) + x(2) + \cdots + x(Nt_N)}{\sqrt{Nt_N}}$$

当 $N \to \infty$ 时，我们有 $t_N \to t, Nt_N \to \infty$，于是按分布有

$$w_N(t_N) \to W(t)$$

其中，$W(t) = \sqrt{t}X$。最后的等式意味着 $W(t)$ 服从均值为零、方差为 t 的正态分布。

根据中心极限定理，仅对单个固定的时间 $t > 0$ 就可以得出这个结论。这个结论可以扩展到对所有的时间 $t \geqslant 0$ 同时成立的极限，但这超出了本书的范围。这个极限 $W(t)$ 称为维纳过程（wiener process）或者布朗运动（brownian motion），它继承了随机漫步的许多性质，例如：

(1) $W(0) = 0$，对应于 $w_N(0) = 0$。

(2) $E[W(t)] = 0$，对应于 $E[w_N(t)] = 0$（见练习 5.23 的解答）。

(3) $\mathrm{Var}[W(t)] = t$，其离散变型 $\mathrm{Var}[w_N(t)] = t$（见练习 5.23 的解答）。

（4）增量 $W(t_3)-W(t_2)$ 和增量 $W(t_2)-W(t_1)$ 是独立的,对 $0 \leqslant t_1 \leqslant t_2 \leqslant t_3$,增量 $w_N(t_3)-w_N(t_2)$ 和增量 $w_N(t_2)-w_N(t_1)$ 是独立的。

（5）$W(t)$ 服从均值为零、方差为 t 的正态分布,即密度函数为 $\dfrac{1}{\sqrt{2\pi t}}e^{-\frac{x^2}{2t}}$。这与 $w_N(t)$ 的分布有关。后者不是正态的,但根据中心极限定理,在极限的意义之下,接近于正态分布。

$W(t)$ 和 $w_N(t)$ 的一个重要差别是,适用于所有的 $t \geqslant 0$;而 $w_N(t)$ 中的时间是离散的($t = \dfrac{n}{N}, n = 0,1,2,\cdots$）。

当 $N \to \infty$ 时,由 $S_N(t)$ 取极限得到的价格过程我们用 $S(t)$ 表示,而 $S_N(t)$ 满足利用特定代换的近似方程（5-7）,即

$$S_N\left(t+\frac{1}{N}\right)-S_N(t)$$
$$\approx \left(m+\frac{1}{2}\sigma^2\right)S_N(t)\frac{1}{N}+\sigma S_N(t)\left[w_N\left(t+\frac{1}{N}\right)-w_N(t)\right]$$

连续时间的股票价格 $S(t)$ 满足的方程形式为

$$\mathrm{d}S(t)=\left(m+\frac{1}{2}\sigma^2\right)S(t)\mathrm{d}t+\sigma S(t)\mathrm{d}W(t) \tag{5-8}$$

式中,$\mathrm{d}S(t)=S(t+\mathrm{d}t)-S(t)$;$\mathrm{d}W(t)=W(t+\mathrm{d}t)-W(t)$ 是在无穷小的时间区间 $\mathrm{d}t$ 上的增量。解的显式公式在离散时间情况下类似于

$$S_N(t)=S_N(0)\exp\left[mt+\sigma w_N(t)\right]$$

以及在连续时间情况下,

$$S(t)=S(0)\exp\left[mt+\sigma W(t)\right]$$

因为 $W(t)$ 服从均值为 0、方差为 t 的正态分布,于是可以得出 $\ln S(t)$ 服从均值为 $\ln S(0)+mt$、方差为 $\sigma^2 t$ 的正态分布。因此,我们说连续时间股票价格 $S(t)$ 服从对数正态分布,称 σ 为价格 $S(t)$ 的波动率（volatility）。当 $t=10, S(0)=1, m=0, \sigma=0.1$ 时,$S(t)$ 分布的密度函数如图 5-8 所示。

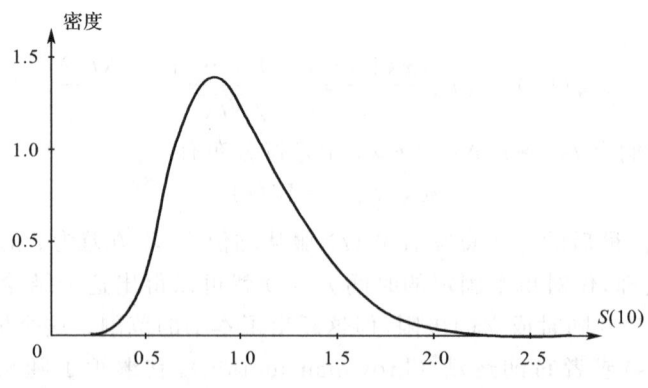

图 5-8　$S(10)$ 分布的密度函数

注 5.5

以上我们仅用与离散时间情况的类比,介绍了式（5-8）以及增量 $\mathrm{d}S(t), \mathrm{d}W(t)$ 和 $\mathrm{d}t$。在随机分析（stochastic calculus）中,会对它们进行精确的论述。随机分析在现代数理金融学中

有基本的应用。特别指出,式(5-8)是著名的随机微分方程的例子。

5.3.2　Black-Scholes 模型理论

我们将简要论述关于连续时间看涨期权和看跌期权的著名的布莱克-斯科尔斯公式。我们对连续时间论述不追求数字上的严谨,严格的数字证明需要系统地学习随机分析。随机分析将在更高级的教程中详细地研究。我们将利用与离散时间的类比替代严格的数字证明。

首先我们认为 5.3.1 节研究的连续时间模型可以度量二叉树模型当时间间隔趋向零时的极限。连续时间股票价格模型为

$$S(t) = S(0) e^{mt + \sigma W(t)} \tag{5-9}$$

其中,$W(t)$ 是标准的维纳过程(布朗运动),见 5.3.1 节。特别指出,这意味着,$S(t)$ 服从对数正态分布。

定理 5.4

在 N 期二叉树模型中,具有回报 $f[S(N)]$ 的欧式衍生证券价值是折现回报在风险中性概率之下的期望值,即

$$D(0) = E_*\{(1+r)^{-N} f[S(N)]\}$$

考虑回报为 $f[S(T)]$,在时间 T 到期的欧式股票期权在离散时间的情况(见定理 5.4)。期权在时间 0 的价格 $D(0)$ 应当等于折现回报 $e^{-rT} f[S(T)]$ 的期望,即

$$D(0) = E_*\{e^{-rT} f[S(T)]\} \tag{5-10}$$

在风险中性概率 p_* 下,折现价格过程 $e^{-rt}S(t)$ 是鞅。利用与离散时间的类比,我们不加证明地接受这个公式。(证明基于与随机分析相关的鞅论证,超出了本书的范围。)

那么,什么是风险中性概率 p_*?一个必要条件是,折现股票价格过程 $e^{-rt}S(t)$ 的期望应当是常数(与 t 无关),恰似离散时间的情况,见式(5-3)。

让我们利用市场的真实概率 p 计算在概率 p 下的这个期望。因为 $W(t)$ 服从均值为零、方差为 t 的正态分布,在概率 p 之下,密度函数为 $\dfrac{1}{\sqrt{2\pi t}} e^{-\frac{x^2}{2t}}$,因此

$$
\begin{aligned}
E[e^{-rt}S(t)] &= S(0) E[e^{\sigma W(t) + (m-r)t}] \\
&= S(0) \int_{-\infty}^{\infty} e^{\sigma x + (m-r)t} \frac{1}{\sqrt{2\pi t}} e^{-\frac{x^2}{2t}} \, dx \\
&= S(0) e^{(m-r+\frac{1}{2}\sigma^2)t} \int_{-\infty}^{\infty} \frac{1}{\sqrt{2\pi t}} e^{-\frac{(x-\sigma t)^2}{2t}} \, dx \\
&= S(0) e^{(m-r+\frac{1}{2}\sigma^2)t} \int_{-\infty}^{\infty} \frac{1}{\sqrt{2\pi t}} e^{-\frac{y^2}{2t}} \, dy \\
&= S(0) e^{(m-r+\frac{1}{2}\sigma^2)t}
\end{aligned}
$$

如果 $m + \dfrac{1}{2}\sigma^2 \neq r$,则期望 $E[e^{-rt}S(t)] = S(0) e^{(m-r+\frac{1}{2}\sigma^2)t}$ 显然依赖于 t,于是 $S(t)$ 在 p 之下不可能是鞅。

而上面的积分启示我们将 p 换为 p_*,消去期望的因子 $e^{(m-r+\frac{1}{2}\sigma^2)t}$,将会使相应的期望 $E_*[e^{-rt}S(t)]$ 与 t 无关。如果 p 可以被 p_* 代替,使得 $V(t) = W(t) + \dfrac{\left(m-r+\dfrac{1}{2}\sigma^2\right)t}{\sigma}$ [而不

是 $W(t)$ 本身]变成在概率 p_* 之下的维纳过程,则指数因子 $e^{\left(m-r+\frac{1}{2}\sigma^2\right)t}$ 将从最后的表达式中消去(这个概率的存在性可从随机分析的更高级结果得出,即吉尔萨诺夫定理(Girsanov theorem)。实际上,因为 $V(t)$ 在 p_* 之下的密度函数为 $\dfrac{1}{\sqrt{2\pi t}}e^{\frac{x^2}{2t}}$,即它服从均值为零、方差为 t 的正态分布,由此得出

$$\begin{aligned}
E_*\left[e^{-rt}S(t)\right] &= S(0)\,E_*\left[e^{\sigma W(t)+(m-r)t}\right]\\
&= S(0)\,E_*\left[e^{\sigma V(t)-\frac{1}{2}\sigma^2 t}\right]\\
&= S(0)\int_{-\infty}^{\infty}e^{\sigma x-\frac{1}{2}\sigma^2 t}\frac{1}{\sqrt{2\pi t}}e^{-\frac{x^2}{2t}}\,dx\\
&= S(0)\int_{-\infty}^{\infty}\frac{1}{\sqrt{2\pi t}}e^{-\frac{(x-\sigma t)^2}{2t}}\,dx\\
&= S(0)\int_{-\infty}^{\infty}\frac{1}{\sqrt{2\pi t}}e^{-\frac{y^2}{2t}}\,dy = S(0)
\end{aligned}$$

$E_*\left[e^{-rt}S(t)\right]=S(0)$ 与 t 无关的事实是折现价格 $e^{-rt}S(t)$ 在 p_* 之下是鞅的必要条件,为证明在 p_* 之下 $e^{-rt}S(t)$ 确实是鞅,实际上需要验证更强的条件

$$E_*\left[e^{-rt}S(t)\mid S(u)\right]=e^{-ru}S(u) \tag{5-11}$$

对任意的 $t\geqslant u\geqslant 0$ 成立,这个条件包含了给定 $S(u)$ 时, $e^{-rt}S(t)$ 的条件期望。我们用 $S(u)$ 表示本节中的条件,它是连续分布的随机变量。在这种情况下,式(5-11)精确的数学含义是对任意的 $a>0$,有

$$E_*\left[e^{-rt}S(t)\,1_{S(u)<a}\right]=E_*\left[e^{-ru}S(u)\,1_{S(u)<a}\right] \tag{5-12}$$

其中, $1_{S(u)<a}$ 是随机变量的示性随机变量。如果 $S(u)<a$,则 $1_{S(u)<a}=1$;如果 $S(u)\geqslant a$,则 $1_{S(u)<a}=0$。

练习 5.24

验证等式(5-12)。

练习 5.25

在风险中性概率 p_* 之下,计算 $W(t)$ 的密度函数。

我们已经识别了风险中性概率 p_*,下面我们将考虑到期日为 T、施权价为 X 的欧式看涨期权的价格。我们将期权价格的一般公式(5-10)变为

$$C^E(0)=E_*\left\{e^{-rT}\left[S(T)-X\right]^+\right\}$$

然后计算这个期望。因为 $V(t)=W(t)+\left(m-r+\dfrac{1}{2}\sigma^2\right)\dfrac{t}{\sigma}$,当 $t\geqslant 0$ 时,在 p_* 之下是维纳过程,随机变量 $V(T)=W(T)+\left(m-r+\dfrac{1}{2}\sigma^2\right)\dfrac{T}{\sigma}$ 服从均值为 0、方差为 T 的正态分布,即它的密度函数为 $\dfrac{1}{\sqrt{2\pi T}}e^{-\frac{x^2}{2T}}$,因此

$$\begin{aligned}
C^E(0) &= E_*\left\{e^{-rT}\left[S(T)-X\right]^+\right\}\\
&= E_*\left\{\left[S(0)e^{\sigma V(t)-\frac{1}{2}\sigma^2 T}-Xe^{-rT}\right]^+\right\}\\
&= \int_{-d_2\sqrt{T}}^{\infty}\left[S(0)e^{\sigma x-\frac{1}{2}\sigma^2 T}-Xe^{-rT}\right]\frac{1}{\sqrt{2\pi T}}e^{-\frac{x^2}{2T}}\,dx
\end{aligned}$$

$$= S(0) \int_{-d_1}^{\infty} \frac{1}{\sqrt{2\pi}} e^{-\frac{y^2}{2}} \, \mathrm{d}y - X e^{-rT} \int_{-d_2}^{\infty} \frac{1}{\sqrt{2\pi}} e^{-\frac{y^2}{2}} \, \mathrm{d}y$$

$$= S(0) N(d_1) - X e^{-rT} N(d_2)$$

其中,

$$d_1 = \frac{\ln \dfrac{S(0)}{X} + \left(r + \dfrac{1}{2}\sigma^2\right) T}{\sigma \sqrt{T}}, d_2 = \frac{\ln \dfrac{S(0)}{X} + \left(r - \dfrac{1}{2}\sigma^2\right) T}{\sigma \sqrt{T}} \tag{5-13}$$

$$N(x) = \int_{-\infty}^{x} \frac{1}{\sqrt{2\pi}} e^{-\frac{y^2}{2}} \mathrm{d}y = \int_{-x}^{\infty} \frac{1}{\sqrt{2\pi}} e^{-\frac{y^2}{2}} \mathrm{d}y \tag{5-14}$$

是正态分布函数。

对于欧式看涨期权,我们推导出了著名的布莱克-斯科尔斯公式。选择时间 0 计算期权价格是武断的做法。一般地,在任意的 $t < T$,都应能计算期权价格。在这种情况下,期权到期时间还剩下 $T-t$。将式 (5-13) 上面的公式中的 0 用 t 代替,T 用 $T-t$ 代替,我们就可以得到下面的结论。

定理 5.5 (布莱克-斯科尔斯公式)

到期时间为 T、施权价为 X 的欧式看涨期权在时间 $t < T$ 的价格是

$$C^E(t) = S(t) N(d_1) - X e^{-r(T-t)} N(d_2)$$

其中,

$$\begin{cases} d_1 = \dfrac{\ln \dfrac{S(t)}{X} + \left(r + \dfrac{1}{2}\sigma^2\right)(T-t)}{\sigma\sqrt{T-t}} \\[4mm] d_2 = \dfrac{\ln \dfrac{S(t)}{X} + \left(r - \dfrac{1}{2}\sigma^2\right)(T-t)}{\sigma\sqrt{T-t}} \end{cases} \tag{5-15}$$

练习 5.26

对于到期日为 T、施权价为 X 的欧式看跌期权,推导布莱克-斯科尔斯公式

$$p^E(t) = X e^{-r(T-t)} N(-d_2) - S(t) N(-d_1)$$

其中,d_1 和 d_2 由式(5-15)给出。

5.3.3　看跌期权-看涨期权平价

在本节中,我们将建立欧式看涨期权和看跌期权价格的重要关系。

考虑由具有相同施权价 X 和相同施权日 T 的卖出 1 份看跌期权、买入 1 份看涨期权构成的资产组合。将看涨期权多头头寸的回报和看跌期权空头头寸的回报相加,我们就得到一个远期价格为 X、交割日为 T 的远期合约多头头寸。实际上,如果 $S(T) \geqslant X$,那么看涨期权的回报为 $S(T) - X$,看跌期权没有价值。如果 $S(T) < X$,那么看涨期权没有任何价值,看跌期权的卖出者要支付 $X - S(T)$。在这两种情况下,资产组合的价值都为 $S(T) - X$,与远期合约多头头寸相同,如图 5-9 所示。因此,这个期权资产组合的当前价值应该就是远期合约的价值,即 $S(0) - X e^{-rT}$。这样就可以导出如下定理。虽然可以从上面直观地论证得出这个定理,但接下来我们将用尽可能一般化的观点给出另外的证明。

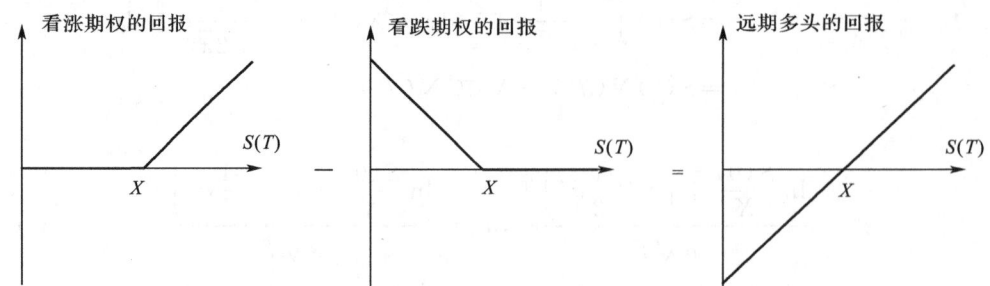

图 5-9　由看涨期权和看跌期权构成的远期多头的回报

定理 5.6 看跌期权-看涨期权平价

对于不支付红利的股票,如下的欧式看涨期权和看跌期权价格之间的关系式成立:

$$C^E - P^E = S(0) - X\mathrm{e}^{-rT} \tag{5-16}$$

假设这两个期权的施权价都是 X;施权日都是 T。

证明

假设

$$C^E - P^E > S(0) - X\mathrm{e}^{-rT} \tag{5-17}$$

在这种情况下,可以构造如下的套利策略,在时间 0:

(1)以价格 $S(0)$ 买入 1 股股票。

(2)以价格 P^E 买入 1 份看跌期权。

(3)以价格 C^E 卖出 1 份看涨期权。

(4)以利率 r 在货币市场投资 $C^E - p^E - S(0)$(如果是负的,为借入),这些交易的余额为零。然后,在时间 T:

①结清货币市场头寸,得到金额 $[C^E - P^E - S(0)]\mathrm{e}^{rT}$(如果是为负值,为支付)。

②以价格 X 卖出股票,当 $S(T) \leqslant X$ 时,行使看跌期权;当 $S(T) > X$ 时,结清看涨期权空头头寸。

根据式(5-17),余额 $[C^E - p^E - S(0)]\mathrm{e}^{rT} + X$ 为正值,与无套利原则矛盾。

现在假设

$$C^E - p^E < S(0) - X\mathrm{e}^{-rT} \tag{5-18}$$

那么如下的策略将产生套利,在时间 0:

(1)以价格 $S(0)$ 卖空 1 股股票。

(2)以价格 P^E 卖出 1 份看跌期权。

(3)以价格 C^E 买入 1 份看涨期权。

(4)以利率 r 在货币市场投资 $S(0) - C^E + p^E$(如果是负的,为借入),这些交易的余额是 0。在时间 T:

①结清货币市场头寸,得到 $[S(0) - C^E + p^E]\mathrm{e}^{rT}$(如果为负值,为支付);

②以价格 X 买入 1 股股票,当 $S(T) > X$ 时,行使看涨期权;当 $S(T) \leqslant X$ 时,结清看跌期权的空头头寸。

根据式(5-18),余额 $[S(0) - C^E + p^E]\mathrm{e}^{rT} - X$ 将是正的,也与无套利原则矛盾。

练习 5.27

假设股票不支付红利,以每股 15.60 美元交易;在 3 个月以后施权的施权价为 15 美元的看涨期权,以 2.83 美元交易。连续复合利率 $r=6.72\%$ 。计算具有相同的施权价和施权日的看跌期权的价格。

练习 5.28

施权价为 24 美元;6 个月以后施权的欧式看涨期权和看跌期权以 5.09 美元和 7.78 美元交易;标的股票的价格为 20.37 美元;利率为 7.48%,计算套利机会。

注 5.6

根据定理 5.6,我们可以得出一个简单但重要的结论:欧式看涨期权和看跌期权的价格以相同的方式依赖于不在看跌期权-看涨期权平价关系式(5-16)中的任意变量。换言之,价差不取决于这些变量。例如,考虑股票的期望收益,如果看涨期权的价格随着期望收益增长,这看起来与直觉一致,因为股票价格越高,意味着看涨期权的回报越高,则看跌期权的价格也应该增长,而后者与通常的理解矛盾,因为股票价格越高,看跌期权的回报越低。因此我们认为,看跌期权和看涨期权的价格与股票的期望收益无关。由看跌期权和看涨期权的布莱克-斯科尔斯公式(Black-Scholes formula)也可看到情况确实如此。

我们对于美式期权看跌期权-看涨期权平价仅给出一个估计,而不是包括看跌期权和看涨期权价格的严格等式。

定理 5.7(看跌期权-看涨期权平价估计)

具有相同的施权价 X 和相同的施权日 T 不支付红利的美式股票看跌期权和看涨期权的价格满足

$$S(0) - Xe^{-rT} \geqslant C^A - p^A \geqslant S(0) - X$$

证明

假设第一个不等式不成立,即

$$C^A - p^A - S(0) + Xe^{-rT} > 0$$

那么可以卖出 1 份看涨期权,买入 1 份看跌期权和 1 股股票,利用货币市场融资交易。如果美式看涨期权的持有者选择在时间 $t \leqslant T$ 施权,对于股票我们收到 X 和结清货币市场头寸,结束看跌期权并且得到正的金额,即

$$X + [C^A - p^A - S(0)]e^{rt} = [Xe^{-rt} + C^A - p^A - S(0)]e^{rt}$$
$$\geqslant [Xe^{-rT} + C^A - p^A - S(0)]e^{rt} > 0$$

如果看涨期权没有被执行,我们可以通过在时间 T 施权看跌期权,以价格 X 卖出股票,我们仍然可以得到正的金额,即

$$X + [C^A - p^A - S(0)]e^{rT} > 0$$

现在假设

$$C^A - p^A - S(0) + X < 0$$

在这种情况下,我们可以卖出 1 份看跌期权,买入 1 份看涨期权,并卖空 1 股股票,投资余额于货币市场。如果在时间 $t \leqslant T$ 行使美式看跌期权,那么我们可以从货币市场提取 X 并买入 1 股股票结清股票的空头头寸。最后我们将持有看涨期权和一个正的金额,即

$$[-C^A + p^A + S(0)]e^{rT} - X > Xe^{rT} - X \geqslant 0$$

如果看跌期权没有被执行,那么我们可以在时间 T 执行看涨期权,买入 1 股股票结清股

票的空头头寸。结清货币市场头寸,最后我们得到正的金额,即

$$[-C^A + p^A + S(0)]\mathrm{e}^{rT} - X > X\mathrm{e}^{rT} - X > 0$$

根据无套利原则,定理成立。

练习 5.29

修改定理 5.7 的证明,对于股票在时间 0 和时间 T 之间支付红利的情况,证明

$$S(0) - X\mathrm{e}^{-rT} \geqslant C^A - p^A \geqslant S(0) - \mathrm{div}_0 - X$$

其中,div_0 为红利在时间 0 的折现值。

练习 5.30

修改定理 5.7 的证明,对于以支付率 r_{div} 连续支付红利的情况,证明

$$S(0) - X\mathrm{e}^{-rT} \geqslant C^A - p^A \geqslant S(0)\mathrm{e}^{-r_{\mathrm{div}}T} - X$$

5.3.4 期权价格的边界

首先,我们注意到,对于具有相同施权价 X 和到期时间 T 的欧式期权和美式期权,显然

$$C^E \leqslant C^A, \quad p^E \leqslant p^A \tag{5-19}$$

这两个不等式成立,因为美式期权至少给出了与欧式期权同样的权利。

图 5-10 显示的是股票价格状况,在这个状况下,在时间 T 施权,欧式看涨期权的回报是零,而美式期权在股票价格高于 X 时的时间 $t < T$ 执行,回报是正的。然而,没有必要把不等式(5-19)用严格的不等式代替,可参见不支付红利的股票的欧式看涨期权和美式看涨期权介绍部分,在那里我们将对不支付红利资产的看涨期权证明 $C^E = C^A$ 。

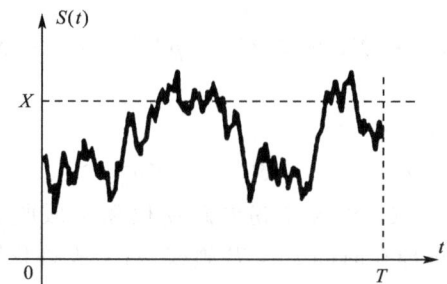

图 5-10 美式期权带来正的回报,而欧式期权没有回报的状况

练习 5.31

利用套利论证证明式(5-19)。

另外,显然看涨期权和看跌期权的价格是非负的,因为这种期权在将来有可能有正的收益,但没有义务。因此

$$C^E \geqslant 0, \quad p^E \geqslant 0$$

类似地,不等式对于具有更高价值的美式期权成立。实际上,期权的价格几乎总是正的,除非是在一个非常特殊的情况下。例如对于施权价 $X = 120$ 美元、施权期限为 1 天的看涨期权,当标的股票的交易价格为 100 美元,并且当天的价格变化限制在 $\pm 10\%$ 时,期权的价格 $C^E = 0$ 。

接下来,我们将讨论欧式期权和美式期权价格的更简单的边界。这样的边界的优点是通用的(universal),它们不依赖于股票价格的特殊模型,仅由无套利原则就可得出。

欧式期权

我们将建立欧式看涨和看跌期权价格的上界和下界。

一方面,显然

$$C^E < S(0)$$

如果相反的不等式成立,即如果 $C^E \geqslant S(0)$,那么我们将卖出期权并且购买股票,将余额投资于货币市场。在施权日 T,我们将以价格 $\min[S(T), X]$ 卖出股票结清看涨期权。我们的套利利润为 $[C^E - S(0)]e^{rT} + \min[S(T), X] > 0$。这即可证明 $C^E < S(0)$。

另一方面,我们有下界

$$S(0) - X e^{-rT} \leqslant C^E$$

因为 $p^E \geqslant 0$,所以不等式可由看跌期权-看涨期权平价公式直接得出。而且,因为 $C^E < S(0)$,由看跌期权-看涨期权平价公式可以得到

$$p^E < X e^{-rT}$$

因为 $C^E \geqslant 0$,由看跌期权-看涨期权平价公式可以得出

$$-S(0) + X e^{-rT} \leqslant p^E$$

我们将这些结论归纳为如下命题,并在图 5-11 中画出其边界和相应的期权价格区域。

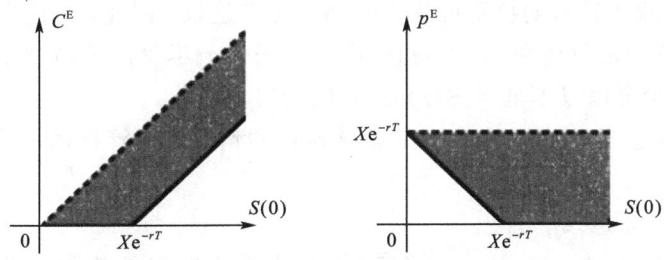

图 5-11 欧式看涨期权和看跌期权的价格边界

命题 5.6

不支付红利的股票的欧式看涨期权和看跌期权的价格满足不等式

$$\max\{0, S(0) - X e^{-rT}\} \leqslant C^E < S(0)$$
$$\max\{0, -S(0) + X e^{-rT}\} \leqslant p^E < X e^{-rT}$$

对于支付红利的股票,其边界为

$$\max\{0, S(0) - \mathrm{div}_0 - X e^{-rT}\} \leqslant C^E < S(0) - \mathrm{div}_0$$
$$\max\{0, -S(0) + \mathrm{div}_0 + X e^{-rT}\} \leqslant p^E < X e^{-rT}$$

练习 5.32

对于支付红利的股票,证明命题 5.6 的期权价格的边界。

练习 5.33

对于支付红利的股票,画出由边界确定的价格区域。

不支付红利的股票的欧式看涨期权和美式看涨期权

考虑具有相同施权价 X 和施权日 T 的欧式看涨期权和美式看涨期权,我们已知 $C^A \geqslant C^E$,因为与欧式期权相比,美式期权给出的权利更多。如果标的股票不支付红利,根据命题 5.6,有 $C^E \geqslant S(0) - X e^{-rT}$。由此得出,如果 $r > 0$,则 $C^A > S(0) - X$。因为在时间 0,美

式期权的价格高于回报,所以宁可卖出而不在时间 0 施权。

选择 0 作为发生套利的开始时间是武断的做法。通过用任意给定的 $t < T$ 代替 0,我们将证明美式期权不可能在时间 t 施权,这意味着在到期之前不会被施权,这样它应该等同于欧式期权。特别指出,它们的价格应该是相等的,这引出了如下定理。

定理 5.8

当两个期权的施权价 X 和到期时间 T 相同时,不支付红利的股票的欧式看涨期权和美式看涨期权的价格是相等的,即 $C^A = C^E$。

证明

我们已经知道 $C^A \geqslant C^E$,参见式 (5-19) 和练习 5.31。如果 $C^A > C^E$,则卖出美式看涨期权,买入欧式看涨期权,以利率 r 投资金额 $C^A - C^E$。如果美式看涨期权在时间 $t \leqslant T$ 施权,则借入 1 股股票并以价格 X 卖出,结清卖出看涨期权的义务,以利率 r 投资 X。那么在时间 T,可以利用欧式期权以价格 X 买入 1 股股票,结清股票空头头寸。套利利润将为 $(C^A - C^E)e^{rT} + Xe^{r(T-t)} - X > 0$。如果美式期权没有被执行,则结清欧式期权,套利利润为 $(C^A - C^E)e^{rT} > 0$。这证明了 $C^A = C^E$。

定理 5.8 看起来似乎与直觉矛盾。如果 $S(t) > X$,在时间 $t < T$ 施权,美式看涨期权可以获利 $S(t) - X$,欧式看涨期权不可能在时间 $t < T$ 施权,因此,可能会认为与欧式看涨期权相比,美式看涨期权的价值更高。不过,这并不矛盾。尽管欧式看涨期权不可能在时间 $t < T$ 施权,但它至少可以以不低于 $S(t) - X$ 的价格卖出。

另一方面,经常会发生美式看跌期权提前施权的情况,尽管标的股票不支付红利,见例 5.1。

例 5.3

假设股票的价格为 10 美元,1 年到期的美式看跌期权的施权价为 80 美元,利率为 16%。现在施权,持有者可以得到 70 美元。将 70 美元以 16% 利率投资 1 年以后,可以获得 81.20 美元。而看跌期权的价值不可能超过施权价,于是持有者会决定提前施权。

美式期权

首先我们考虑不支付红利的股票的期权。在这种情况下,美式看涨期权的价格等于欧式看涨期权的价格,即 $C^A = C^E$(见定理 5.8)。于是一定满足与命题 5.6 相同的边界条件。对美式看跌期权,有

$$-S(0) + X \leqslant p^A$$

p^A 不可能小于期权在时间 0 的回报。这就给出了一个比欧式期权更低的下界,而美式看跌期权的上界与欧式看跌期权相比更宽松,即

$$p^A < X$$

实际上,如果 $p^A \geqslant X$,则存在下面的套利策略:以价格 p^A 卖出美式看跌期权,将得到的金额以利率 r 投资。如果在时间 $t \leqslant T$ 施权,那么以价格 X 买入 1 股标的股票;然后以价格 $S(t)$ 卖出;最后的现金余额将是正的,即 $p^A e^{rt} - X + S(t) > 0$。如果期权一直没施权,最终的现金余额仍然是正的,即 $p^A e^{rT} > 0$。我们将这些结论概括如下。

命题 5.7

不支付红利的股票的美式看涨期权和看跌期权的价格满足如下不等式:

$$\max\{0, S(0) - Xe^{-rT}\} \leqslant C^A < S(0)$$
$$\max\{0, -S(0) + X\} \leqslant p^A < X$$

下面我们考虑支付红利的股票的情形。欧式期权的下界暗含 $S(0) - \text{div}_0 - Xe^{-rT} \leqslant C^E \leqslant C^A$ 和 $-S(0) + \text{div}_0 + Xe^{-rT} \leqslant p^E \leqslant p^A$。但是因为美式期权的价格在任何时间都不能小于它的回报，我们还有 $S(0) - X \leqslant C^A$ 和 $X - S(0) \leqslant p^A$。而且，对于不支付红利的股票，用同样的方法可以得到上界 $C^A < S(0), p^A < X$。我们将所有这些不等式总结如下：对于支付红利的股票，

$$\max\{0, S(0) - \text{div}_0 - Xe^{-rT}, S(0) - X\} \leqslant C^A < S(0)$$
$$\max\{0, -S(0) + \text{div}_0 + Xe^{-rT}, -S(0) + X\} \leqslant p^A < X$$

练习 5.34

对于支付红利的股票，用套利论证证明 $C^A < S(0)$。

5.3.5 期权头寸套期保值

欧式看涨期权的卖出者在期权用货币结算时将面临风险。看涨期权卖出者的风险利润为 $C^E e^{rT} - [S(T) - X]^+$，其中 $C^E e^{rT}$ 为收到的期权费进行无风险投资在施权时间 T 的价值。理论上，卖出者的损失可以是无限的。看跌期权风险利润为 $p^E e^{rT} - [X - S(T)]^+$，卖出者的损失是有限的，尽管与收到的期权费 p^E 相比可能非常大。我们将论述如何利用构建合适的资产组合在短时期内清除或至少减小这种风险。如果有必要，这个资产组合可以由标的资产和卖出相同资产的衍生证券构成。

实际上，不可能在直到施权时间 T 的全部时期内，利用完善的方法构建单一的资产组合套期保值。套期保值资产组合需要随着影响期权的各种变量的变化随时调整。根据存在交易成本的实际情况，不可能太频繁地调整，我们需要某些折中的策略。尽管如此，我们在本小节中以德尔塔套期保值为例，仅论述在一个单一的短时间段内，不考虑交易成本的套期保值。

由布莱克-斯科尔斯公式给出的看涨期权和看跌期权的价值显然依赖于标的资产的价格。我们可以对其稍加扩展。

考虑一个资产组合，它的价值取决于当前的股票价格 $S = S(0)$，用 $V(S)$ 表示资产组合的价值。资产组合的价值对于 S 的依赖性可用导数 $\dfrac{\mathrm{d}}{\mathrm{d}S} V(S)$ 测量，称为资产组合的德尔塔（在 5.4.2 节中还会详细介绍）。对于从 S 到 $S + \Delta S$ 的很小价格的变化，资产组合的价值改变量为

$$\Delta V(S) \approx \frac{\mathrm{d}}{\mathrm{d}S} V(S) \times \Delta S$$

德尔塔套期保值（delta hedging）的原理是，基于在资产组合中包含衍生证券，当 S 发生变化时其价值的改变不是很大。这可以通过资产组合的德尔塔等于零达到。这样的资产组合称为德尔塔风险中性资产组合。

我们构造一个由股票、债券和套期保值的衍生证券构造的资产组合，其价值为

$$V(S) = xS + y + zD(S)$$

其中，$D(S)$ 为衍生证券的价格；债券当前的价格为 1。特别指出，假设卖出单一的衍生证券，即 $z = -1$，那么

$$\frac{\mathrm{d}}{\mathrm{d}S}V(S)=x-\frac{\mathrm{d}}{\mathrm{d}S}D(S)$$

$\frac{\mathrm{d}}{\mathrm{d}S}D(S)$ 为衍生证券的德尔塔,如果指定股票价格的模型就可以将其计算出来,这样就可以得出 $D(S)$ 的显式公式。

命题 5.8

假设 $C^E(S)$ 为欧式看涨期权的价格,在布莱克-斯科尔斯模型中,这个期权的德尔塔为

$$\frac{\mathrm{d}}{\mathrm{d}S}C^E(S)=N(d_1)$$

其中,$N(x)$ 为由式(5-10)给出的正态分布函数;d_1 由式(5-13)定义。

证明

价格 $S=S(0)$ 出现在布莱克-斯科尔斯公式中的三个地方(见定理 5.5),于是推导过程需要的工作量较小,在适当的时候,好多项可以消去,留给读者证明。记住导数 $\frac{\mathrm{d}}{\mathrm{d}S}C^E(S)$ 是在时间 $t=0$ 时计算的。

练习 5.35

在布莱克-斯科尔斯模型中,计算欧式看跌期权的德尔塔 $\frac{\mathrm{d}}{\mathrm{d}S}p^E(S)$ 类似的表达式。

在本节余下的部分我们将考虑布莱克-斯科尔斯模型中的看涨期权。根据命题 5.8,资产组合 $(x,y,z)=[N(d_1),y,-1]$,其中股票头寸 $N(d_1)$ 是按照股票的初始价格 $S=S(0)$ 计算的。对于任意的货币市场头寸 y,德尔塔等于零。因此资产组合的价值

$$V(S)=N(d_1)S+y-C^E(S)$$

在股票价格 S 对初始价格产生微小变化的情况下,$V(S)$ 的变化不是很大。选择 y 使得资产组合的值等于零是方便的。根据布莱克-斯科尔斯 $C^E(S)$ 公式,有

$$y=-Xe^{-Tr}N(d_2)$$

其中,d_2 由式(5-13)给出。

让我们分析如下例子,在其中陆续加以扩展和调整。假设无风险利率为 8%,考虑 90 天的看涨期权,其施权价 $X=60$ 美元,股票当前的价格 $S=60$ 美元,股票的波动率 $\sigma=30\%$。根据布莱克-斯科尔斯公式,$C^E=4.144\ 52$ 美元,期权的德尔塔等于 0.581 957。

假设我们卖出 1 000 份看涨期权,得到期权费 4 144.52 美元。为了完成套期保值,我们购买 581.96 股股票,金额为 34 917.39 美元,借入 30 772.88 美元。构造的资产组合为 (x,y,z),其中 $x=581.96,y=-30\ 772.88,z=-1\ 000$,其总价值为零。(在数学上,我们更自然地会考虑一个 $z=-1$ 的单个期权。但在实际中,期权是成批交易的。)

根据一些可能的状况,我们将分析 1 天以后资产组合的价值。到期时间为 89 天。假设股票波动率、无风险利率不变,考虑股票价格的以下三个状况:

1.股票价格保持不变,$S\left(\frac{1}{365}\right)=60$ 美元。1 份期权现在的价值为 4.118 33 美元,于是来自期权的空头头寸的负债减小了。由于利息支付,金融市场的债务增加。股票头寸的价值与开始时相同。这天的总余额为

股票	34 917.39
货币	−30 779.62
期权	−4 118.33
累计	19.44

不采用套期保值($x=0, y=4\,118.33, z=-1\,000$)，我们的财富为27.10美元，即从期权减少的价值和将期权费进行无风险投资得到的利息中我们将获利。

2.股票价格上涨到$S\left(\dfrac{1}{365}\right)=61$美元。1份期权现在的价值为4.721 50美元，比原来的价值多。不套期保值［无抵补(naked)］将损失576.07美元。另一方面，德尔塔风险中性资产组合的持有者的头寸的损失几乎可以被增加的股票价值抵消，即

股票	35 499.35
货币	−30 779.62
期权	−4 721.50
累计	−1.77

3.股票价格降低到$S\left(\dfrac{1}{365}\right)=59$美元。卖出的期权的价值减小，1份期权现在的价值为3.559 08美元。持有的股票的价值也在减小。这个资产组合将产生损失，即

股票	34 335.44
货币	−30 779.62
期权	−3 559.08
累计	−3.26

在这种状况下，不进行套期保值似乎更好些，因为如果不进行套期保值，我们将得到586.35美元。在股票价格保持不变的情况下，套期保值资产组合将产生利润，这或许会令人感到吃惊。

练习 5.36
计算使得1天的套期保值资产组合达到最大值的股票价格。

练习 5.37
假设卖出50 000份看跌期权，其施权日为90天，施权价$X=1.80$美元，股票当前的价格$S(0)=1.82$美元，波动率$\sigma=14\%$，无风险利率$r=5\%$。构造一个德尔塔风险中性资产组合，假设1天以后股票价格下降到$S(\dfrac{1}{365})=1.81$美元，计算资产组合的价值。

回到上面的例子，让我们汇总1天以后各种股票价格的德尔塔风险中性套期保值资产组合的价值V，并与不利用套期保值头寸的价值U进行比较：

S	V	U
58.00	−71.35	1 100.22
58.50	−31.56	849.03
59.00	−3.26	586.35

（续表）

S	V	U
59.50	13.69	312.32
60.00	19.45	27.10
60.50	14.22	−269.11
61.00	−1.77	−576.07
61.50	−28.24	−893.53
62.00	−64.93	−1 221.19

如果股票价格发生较大的改变，我们会看到：

S	V	U
50	−2 233.19	3 594.03
55	−554.65	2 362.79
60	19.45	27.10
65	−481.60	−3 383.73
70	−1 765.15	−7 577.06

如果我们担心这样大的价格改变会发生，则上面的套期保值就不是一个令人满意的做法。如果我们不套期保值，至少在股票价格下跌时有结果为正的机会。同时，无论股票是上涨还是下跌，德尔塔风险中性资产组合都可能引发损失，尽管与无抵补头寸相比非常小。

让我们看一看如果 1 天以后，除了股票价格以外其他变量也发生变化将会怎样。

1.假设利率增加到 9%，波动率如前。某些损失是期权价值增加的结果。对 1 天的现金贷款利息没有影响，因为新的利率仅影响 2 天及 2 天以后的利息支付。套期保值资产组合的价值如下表第 2 列所示。

2.假设 σ 增加到 32%，利率保持在原来的 8% 水平，期权的价值将有相当多的增长，这不可能由股票头寸补偿，甚至在股票价格上涨时。结果如下表第 3 列所示。

S	V	
	$r = 9\%, \sigma = 30\%$	$r = 8\%, \sigma = 32\%$
58.00	−133.72	−299.83
58.50	−97.22	−261.87
59.00	−72.19	−234.69
59.50	−58.50	−218.14
60.00	−55.96	−212.08
	−64.38	−216.33
61.00	−83.51	−230.68
61.50	−113.07	−254.90
62.00	−152.78	−288.74

正如我们看到的，在某些情况下，德尔塔套期保值不能令人满意。我们需要增强当期的资产价格变动或者其他变量同时变动的套期保值的稳定性。因此，可以引入一些理论工具研究

这个例子,这一内容留给读者探索,本书不再赘述。

练习 5.38

如果无风险利率降到 3%,计算 1 天德尔塔风险中性资产组合的价值。

5.4 金融风险和对冲风险管理

5.4.1 金融风险概述

金融风险是经济主体未来收益的不确定性或波动性,它直接与金融市场的波动性相关。一般而言,收益的不确定性包括赢利的不确定性(upside risk)和损失的不确定性(downside risk)两种情况,而现实中人们更关注的是损失的不确定性。

一、金融风险的含义及分类

金融风险是指由于市场或非市场因素发生变化而对金融资产现金流产生负面影响,导致金融资产价值或收益发生损失的可能性。例如,利率、汇率或者商品价格的波动,以及由于债务人财务状况恶化而导致违约的可能性等,都会给金融资产价值或收益带来风险。

金融风险一般分为以下几类。

(一)市场风险

市场风险又称为价格风险,是指由于市场价格变化或波动而引起的金融资产价值或收益未来损失的可能性。按引发市场风险的市场因子不同划分,市场风险可分为利率风险、汇率风险、股市风险、商品价格风险;按是否可以进行线性度量标准划分,市场风险可分为方向性风险与非方向性风险。方向性风险是指资产价值因基本市场因子的运动而直接产生的风险,可用先行度量工具刻画这种风险的大小,如衡量利率风险大小的久期(D)、衡量股市风险的贝塔(β)。非方向性风险是指其他金融市场风险,包括非线性风险、对冲头寸风险以及波动性风险。

(二)信用风险

信用风险是指由于借款人或市场交易对手违约而导致损失的可能性。一般地,信用风险包括由于债务人信用评级的降低,其债务的市场价格下降而造成损失的可能性。信用风险主要有两方面的内容:一是违约可能性的大小;二是违约造成损失的大小。前者由交易对手的资信决定,后者则由金融产品价值的高低变动所决定。发生于金融衍生品市场的信用风险,往往会由于交易商之间的联系环环相扣,而引起滚雪球似的连锁反应,给金融市场带来较大的震荡。金融机构作为信用创造的机构,面临的最频繁的风险就是信用风险。

(三)流动性风险

流动性风险是指由于金融市场流动性不足或金融交易的资金流动性不足而引起的风险。

近年来,资产证券化的浪潮看似增加了融资者的流动性,实质上也增加了其流动性风险。当金融市场剧烈波动时,人们都会不约而同地通过抛售金融产品来远离风险,从而加大了流动性风险,此时金融体系变得格外脆弱。同时,许多资产证券化产品由于定价复杂,资产不仅难以在市场上标价,而且难以转售。

(四)操作风险

操作风险是指由不完善或有问题的内部程序、员工、信息科技系统以及外部事件引起的风险。其具体包括:(1)操作结算风险,是指由于定价、交易指令、结算和交易能力等方面的问题所造成的风险;(2)技术风险,是指由于技术局限或硬件方面的问题,使公司不能有效准确地收集、处理和传输信息所造成的风险;(3)内部失控风险,是指由于超过风险限额而未被觉察、越权交易、交易或后台部门的欺诈(如账簿和交易记录不完整、缺乏基本的内部会计控制)等问题所造成的风险。

(五)法律风险

法律风险是指金融机构或其他金融主体在金融活动中,由于交易一方无合法的或按管理规定的权利进行交易而引起的风险。这种风险表现为股东对遭受巨大损失的公司进行诉讼这一形式。同时,法律风险还包括遵循与监管的风险,这种风险与可以破坏政府监管的活动有关,例如市场操纵、内部交易等。

5.4.2 金融风险测度的基本方法

随着金融市场和金融交易的规模、动态性和复杂性的增加,以及金融理论和金融工程的发展,金融市场风险测量技术也变得更为综合复杂。目前,金融市场风险度量的主要方法包括灵敏度分析、波动性方法、VaR、压力测试(stress testing)和极值理论(Extreme Value Theory,EVT)。

(一)灵敏度分析

通过测量证券组合价值对其市场因素的敏感性而评估金融风险的方法称为灵敏度分析方法。灵敏度分析方法以其简单、直观的特性在实际中获得广泛应用。针对不同类型的金融资产,有不同形式的灵敏度指标,主要的灵敏度指标有 Delta、Gamma、Vega、久期和凸性等。

1.Delta(δ)

Delta(δ)表示单位资产价格变化所带来的资产组合价值的变化,即资产组合价值对价格变量的偏导数。

$$\text{Delta}(\delta) = \frac{\partial V}{\partial P}$$

Delta(δ)值越大,表明资产组合价值对价格变动越敏感,为防范风险,投资者经常通过买入相反 Delta 值的资产进行 Delta 对冲(Delta hedging)。当资产组合的 Delta 值为零时,称之为 Delta 中性,资产价格在一定范围内的变化导致的资产组合价值变化风险得以消除。

2.Gamma(γ)

在非线性资产组合产品中,在市场出现较大波动的条件下,一阶泰勒展开近似误差上升,需要考虑二阶情况。Gamma(γ)反映资产标的价格变化导致的 Delta 变化,即资产价值函数对价格的二阶导数。

$$\text{Gamma}(\gamma) = \frac{\partial \delta}{\partial P} = \frac{\partial^2 V}{\partial P^2}$$

Gamma 值度量曲线的曲率,线性资产组合的 Gamma 值为零。以债券价格为例,利率下跌时,非线性债券价格上涨幅度高于线性模型;相反,利率上升时,债券价格下降幅度低于线性模型,因此对固定收益资产而言,投资者偏好 Gamma 值大的投资产品。

3.Vega(ν)

资产组合的 Vega 表示标的资产价格波动率变化对标的资产价值的影响。定义为

$$\text{Vega}(\nu) = \frac{\partial V}{\partial \sigma}$$

其中,σ 为标的资产价格波动率。Vega(ν)为正,表示资产价格波动增加,资产价值上升;Vega(ν)为负,表示资产价格波动减少,资产价值下降。期权多头 Vega 为正,对于 Gamma 中性的投资组合,Vega 不一定为中性,投资者需要更多的衍生品种进行资产组合。

4.久期

久期测度投资品价值对收益率的敏感程度,是债券价值对收益率的导数。债券价格等于未来现金流的折现,则离散条件下的债券价格为

$$P = \sum_{i=1}^{n} \frac{C_t}{(1+i)^t} + \frac{A_n}{(1+i)^n}$$

其中,C_n 为每期收益;A_n 为票面价值。

则久期 D 满足:

$$D = -\frac{1}{P}\frac{\mathrm{d}P}{\mathrm{d}i} = \frac{1}{P}\frac{1}{(1+i)}\left[\sum_{i=1}^{n} t\frac{C_t}{(1+i)^t} + n\frac{A_n}{(1+i)^n}\right]$$

5.凸性

与 Gamma 度量类似,当投资品为非线性模式时,同样需要二阶凸性衡量。凸性是对债券价格利率敏感性的二阶估计,或是对债券久期利率敏感性的测量。它可以对久期估计的误差进行有效的校正。凸性可以通过计算久期对利率的导数或债券价格对利率的二阶导数再除以债券的价格得到,即

$$C = -\frac{\mathrm{d}D^*}{\mathrm{d}i} = \frac{1}{P}\frac{\mathrm{d}^2 P}{\mathrm{d}i^2} = \frac{1}{P}\frac{1}{(1+i)^2}\left[\sum_{i=1}^{r} \frac{t(1+t)C_t}{(1+i)^t} + n(n+1)\frac{A_n}{(1+i)^n}\right]$$

为了显示凸性的重要性,可以对债券价格的相关变化进行泰勒二阶展开:

$$\mathrm{d}P/P \approx (1/P)\frac{\mathrm{d}P}{\mathrm{d}i}\mathrm{d}i + (1/2P)\frac{\mathrm{d}^2 P}{\mathrm{d}i^2}(\mathrm{d}i)^2 = -D^*\mathrm{d}i + \frac{C}{2}(\mathrm{d}i)^2$$

当收益率变化较小时,凸性的意义并不明显,可以忽略不计。而当收益率波动较大时,凸性的作用就变得很重要。

上式可变为

$$\mathrm{d}P/P = -\left(D^* - \frac{C}{2}\mathrm{d}i\right)\mathrm{d}i$$

该式表明当利率上升或下降时,凸性(考虑价格变化的二阶项)会引起债券的久期出现下

降或上升。不含期权的债券久期为正,因此债券实际的价格-收益关系曲线在久期之上。这意味着利率变化引起的债券价格实际上升幅度比久期的线性估计要高,而下降的幅度却相对较小,如图 5-12 所示。

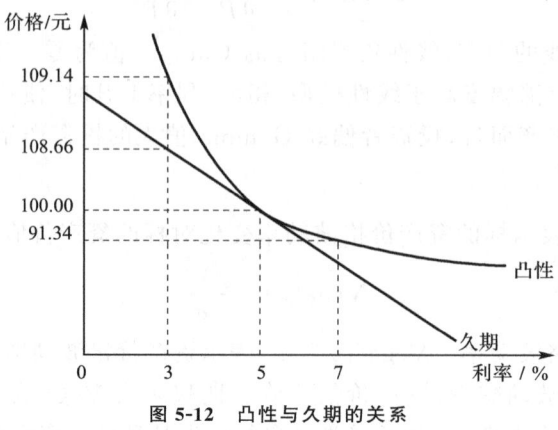

图 5-12 凸性与久期的关系

(二)波动性方法

风险是指未来收益的不确定性,即实际结果偏离期望结果的程度。收益的波动性通常用方差或标准差量化,它估计实际收益与预期收益之间可能的偏离。首先考虑单个资产收益分布的方差,设已知该资产收益分布的一个历史样本数据序列 $r_1, r_2, \cdots, r_m$,则该资产收益分布的方差定义为

$$\sigma^2 = \mathrm{Var}(r) = \frac{1}{m-1} \sum_{i=1}^{m} \left[r_i - E(r) \right]^2$$

其中,$E(r) = \frac{1}{m} \sum_{i=1}^{m} r_i$ 是收益分布的均值,通常称为预期收益。

随机波动性测度金融产品风险的方法众多,主要包括 GARCH 模型、SV 模型和 VG 模型。

1.GARCH 模型

GARCH 模型是最常用的风险测度方法,源自 ARCH 模型,此类模型主要由两个模型组成:均值模型和方差模型。

$$x_t = \beta_0 + \sum_{j=1}^{n} \beta_t x_{t-j} + \mu_t$$

$$\mu_t = \alpha_0 + \sum_{i=1}^{n} \alpha_t \mu_{t-q}$$

然而,ARCH 模型面临滞后项较多、待估参数较多的情形,因此对 ARCH 模型的波动方程进行扩展,产生了 GARCH 模型。GARCH 模型表示为

$$x_t = \beta_0 + \sum_{j=1}^{n} \beta_t x_{t-j} + \mu_t$$

$$\mu_t = \alpha_0 + \sum_{p=1}^{n} \alpha_t \mu_{t-p} + \sum_{q=1}^{n} \alpha_t \mu_{t-q}$$

ARCH 模型和 GARCH 模型是最基本的波动测度模型,在其基础上可以扩展出指数 GARCH 模型、非对称 GARCH 模型、门限 GARCH 模型等。

2.SV 模型

GARCH 模型视波动率为过去信息集的确定函数,SV 模型则认为波动率是随机过程。假定均值模型是

$$x_t = \beta_0 + \sum_{j=1}^{n} \beta_t x_{t-j} + \sigma_t \xi_t$$

其中,干扰项 ξ_t 服从独立状态分布。

波动方差以对数形式表示:

$$\sigma_t^2 = \sigma^2 \exp(h_t)$$

且 h_t 服从一阶自回归过程:

$$h_t = \gamma h_{t-1} + \eta_t$$

3.VG 模型

为了描述金融资产的特殊性质,如尖峰厚尾,模型对金融资产分布进行了新的假定,在金融资产收益方差中引入 Gamma 分布,即所谓的 VG(Variance Gamma)模型。

假设 $W(t)$ 是标准布朗运动,$g(t)$ 是服从独立增量的 Gamma 过程,则 VG 过程可表示为

$$x_t = \beta_0 + \sum_{j=1}^{n} \beta_t x_{t-j} + \mu_t$$

$$u_t = \alpha + \nu_t + \sigma g(t)$$

假如 $\nu_t = 0$,则称其为对称性 VG 模型。其中 Gamma 分布的密度函数为

$$f(g) = \begin{cases} \dfrac{1}{\Gamma(\alpha)} \beta^{-\alpha} g^{\alpha-1} \exp(-g/\beta), g > 0 \\ 0, g \leqslant 0 \end{cases}$$

其中,$\Gamma(\alpha)$ 是 Gamma 函数。

$$\Gamma(\alpha) = \int_0^{\infty} x^{\alpha-1} \exp(-x) \mathrm{d}x$$

可以计算 Gamma 分布的均值为 $\alpha\beta$,方差为 $\alpha\beta^2$。

Gamma 函数的主要作用在于控制分布函数的尾部特征,通过降低其衰变率而提高尾部概率,以此拟合金融数据的"尖峰厚尾"特征。

(三)VaR(风险价值)法

VaR(Value at Risk)是指在一定概率水平(置信度)下,证券投资组合在未来特定时间内

的最大可能损失。VaR 模型是一种综合性的风险测度方法,将不同市场因素、不同市场风险集合为一个数,较准确地测量由不同风险来源及其相互作用产生的潜在损失,较好地适应了金融市场发展的动态性、复杂性和全球整合性趋势。因此,VaR 方法成为金融市场风险测量的主流方法,在风险测量、监管等领域获得广泛应用。

VaR 描述的是市场正常波动下的最大可能损失,在现实中,金融市场出现剧烈波动的极端情形大量存在,会对金融机构的经营构成严重威胁,因而压力测试和极值方法是 VaR 方法的重要补充。

1.增量 VaR(IVaR)

增量 VaR 考察的是资产组合中资产数量增加对组合 VaR 的影响,即

$$IVaR = VaR_N - VaR_o$$

其中,VaR_N 是新的资产组合的风险价值,而 VaR_o 是剔除资产 i 的原来资产组合的风险价值。

增量 VaR 依然沿用基本 VaR 的分析方法,目的是研究资产增减导致的资产组合 VaR 的变化,以此为资产配置提供依据。增量 VaR 的基本框架如图 5-13 所示。

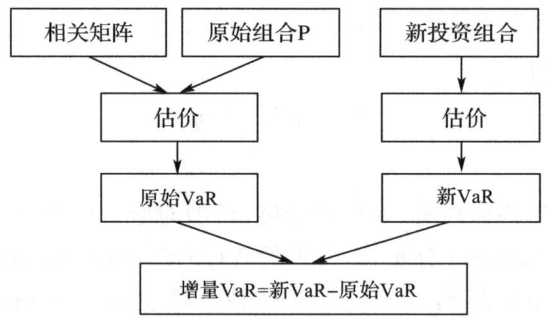

图 5-13 增量 VaR 的基本框架

如果增量 VaR 为正,则资产增加导致资产组合 VaR 增加;相反,如果增量 VaR 为负,则资产增加导致资产组合 VaR 减少;另外,如果增量 VaR 等于零,则 VaR 不变。

2.条件 VaR (CVaR)

条件 VaR (Conditional Value at Risk)进一步利用损失分布的尾部信息,设 x 为资产组合的权重,ε 代表不确定因素的随机向量,$f(x,y)$ 为对应的资产组合 x 和不确定性冲击 ε 的损失函数,那么损失不超过阈值的概率为

$$\Psi(x,\alpha) = \int_{f(x,\varepsilon)\leq \alpha} p(\varepsilon)\mathrm{d}\varepsilon$$

条件 VaR 表示超过 VaR 的损失的期望值,反映超额损失的均值。相对于 VaR 风险测度方式,条件 VaR 是一种更为保守的风险测度,是更能体现投资组合的潜在风险的一致性估计。则条件置信度为 β 的条件 VaR 可表示为

$$\Phi_\beta(x) = \frac{1}{1-\alpha}\int_{f(x,\varepsilon)\geq \alpha} f(x,\varepsilon)p(\varepsilon)\mathrm{d}\varepsilon$$

显然,VaR 与条件 VaR 的主要区别是前者是分位点;后者为条件分位点,反映条件风险的暴露程度。

3.动态 VaR

资产收益异常方差性和独立性也是 VaR 模型估计面临的重要障碍。金融资产具有波动集聚的特征,从而降低了 VaR 模型估计的有效性。假定采取最简单的动态模型首先对收益率进行估计:

$$X_t = \mu + \nu_t, \nu_t = \sigma_t Z_t$$

其中, X_t 是资产收益率; μ 是均值; Z_t 是白噪声过程。

将求解资产回报 X_t 的 VaR 值转化为求解符合 VaR 测度假设的白噪声过程 Z_t 的 VaR 值,即所谓的动态 VaR 模型。

$$Z_t = \frac{X_t - \mu}{\sigma_t}$$

置信度为 β 的动态 VaR 可表示为

$$\mathrm{VaR}_{\beta,t} = \mu + \sigma_{t+1} \mathrm{VaR}(Z)_\beta$$

动态 VaR 的关键优势是解决波动的非白噪声性质,如异方差、长记忆性等。由于 Z 是标准白噪声过程,其 VaR 与时间无关,因此资产回报的动态 VaR 主要取决于其方差 σ_{t+1}。

(四)压力测试

压力测试主要是在极端风险等经济情形下,模拟公司金融资产价值变动对公司造成的影响。金融风险管理除了关注常态下的金融风险之外,重点更应该关注极端情形下的风险状况。因为在极端风险条件,如金融危机条件下,资产收益大幅减少可能给公司带来破产等灾难性后果。

压力测试分为微观压力测试和宏观压力测试。微观压力测试是单家机构选取某些影响因子进行检验;宏观压力测试是微观压力测试的重要发展和补充,是通过对微观影响因子按照一定的规则进行整合而形成新的宏观影响因子,根据新的宏观影响因子进行风险的检验。压力测试的主要流程见图 5-14。

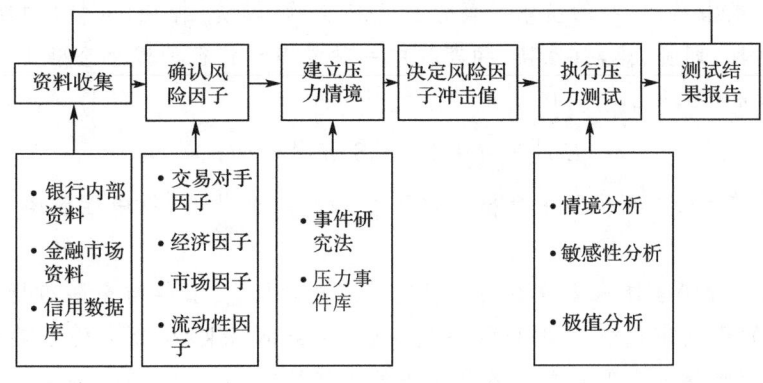

图 5-14 压力测试的主要流程

(五)极值理论

极值理论主要是处理与概率分布的中值相距极远的情况的理论,常用来分析概率罕见的情况,特别是极端损失情形,如金融危机、极端气候等。假设 X_t 为特定时间段内金融资产的损失度,对 x_t 进行大小排序,极端值是指距离中值最远的极大值和极小值,取每一时间段内的极值之后组成新的时间序列 y_t,对此时间序列进行分析,就是极值分析。

目前,理论界主要使用两类极值分布。第一类是广义极值分布(Generalized Extreme Value Distribution,GEVD),假设随机变量 y_t 满足

$$Z = (Y - \mu)/\varphi t, z = (y - u)/\varphi$$

其中,μ 和 φ 分别表示位置和范围的参数。

$$P(Y \leqslant y) = F_{\mu,\varepsilon,\varphi}(y) = F_{0,\varepsilon,\varphi}(z) = \exp\left[-(1 + \varepsilon z^{\frac{-1}{\varepsilon}})\right], 1 + \varepsilon z \geqslant 0$$

其中,ε 是形状参数。如果 $\varepsilon \to 0$,则分布是 Gumbel 分布;如果 $\varepsilon > 0$,则分布是 Frechet 分布;如果 $\varepsilon < 0$,则分布是 Webull 分布。

第二类极值分布是 Pareto 分布,可表示为

$$G_{\mu,\varepsilon,\varphi}(y) = \begin{cases} 1 - e^{-z}, & \text{当 } \varepsilon = 0 \text{ 时} \\ 1 - (1 + \varepsilon z)^{\frac{-1}{\varepsilon}}, & \text{当 } \varepsilon \neq 0 \text{ 时} \end{cases}$$

其中,

$$z \geqslant 0, \text{当 } \varepsilon > 0 \text{ 时}$$

$$0 \leqslant z \leqslant \frac{-1}{\varepsilon}, \text{当 } \varepsilon < 0 \text{ 时}$$

以上分布被广泛应用于极值理论预测金融风险,评估风险的大小,以确定必要的风险资本金,使金融机构避免破产等灾难性后果。

本章小结 >>>

1.金融衍生品(derivatives),是指一种基于基础金融工具的金融合约,其价值取决于一种或多种基础资产或指数,合约的基本种类包括远期合约、期货、掉期(互换)和期权。金融衍生品还包括具有远期、期货、掉期(互换)和期权中一种或多种特征的混合金融工具。

2.对任意的 $n = 0, 1, 2, \cdots$,有

$$E_*[\tilde{S}(n+1) \mid S(n)] = \tilde{S}(n)$$

则股票的折现价格 $\tilde{S}(n)$ 在风险中性概率之下会形成一个鞅,风险中性概率 p_* 被认为是鞅概率。

3.金融风险是经济主体未来收益的不确定性或波动性,它直接与金融市场的波动性相关。一般而言,收益的不确定性包括赢利的不确定性(upside risk)和损失的不确定性(downside risk)两种情况,而现实中人们更关注的是损失的可能性。

4.通过测量证券组合价值对其市场因素的敏感性而评估金融风险的方法称为灵敏度分析方法。灵敏度分析方法以其简单、直观的特性在实际中获得广泛应用。针对不同类型的金融资产,有不同形式的灵敏度指标,主要的灵敏度指标有 Delta、Gamma、Vega、久期和凸性等。

复习思考题

1.常见的金融衍生品有哪些？请简要阐述。

2.简述二叉树模型的基本思想。

3.Black-Scholes 模型的具体形式是什么？其中 d_1,d_2 代表什么，如何计算？

4.金融风险的分类包括哪些？请简要阐述。

5.简要概述金融风险测度基本方法中的灵敏度分析方法。

第6章

金融风险分析与测度

6.1　VaR 模型

6.1.1　VaR 计算的基本思想

（一）VaR 的含义

VaR（Value at Risk，风险价值）是指在正常的市场条件和给定的置信度（通常是 95% 或 99%）下，在给定的持有期间内，某一投资组合预期可能发生的最大损失。或者说，在正常的市场条件下和给定的时间段内，该投资组合发生的 VaR 值损失的概率仅为给定的概率水平。

VaR 计算的核心在于估计证券组合未来损益的统计分布或概率密度函数。在大多数情况下，直接估算证券组合的未来损益分布较为困难，通常将证券组合用其市场因子来表示（证券组合价值是其所有市场因子的函数），通过市场因子的变化来估计证券组合的未来损益分布或概率密度函数，这叫作映射。计算 VaR 值时，首先使用市场因子当前的价格水平，利用金融定价公式对证券组合进行估值（盯市）；然后预测市场因子未来的一系列可能价格水平（是一个概率分布），并对证券组合进行重新估值；在此基础上计算证券组合的价值变化——证券组合损益，由此得到证券组合的损益分布。根据这一分布就可以求出给定置信水平下的证券组合的 VaR 值。

（二）VaR 计算的基本模块

VaR 计算的关键在于确定证券组合未来损益的统计分布或概率密度函数。这一过程由三个基本模块构成：第一个是映射过程——把组合中每一种头寸的回报表示为其市场因子的函数；第二个是市场因子的波动性模型——预测市场因子的波动性；第三个是估值模型——根据市场因子的波动性估计组合的价值变化和分布。

三个模块中，波动性模型和估值模型是核心和难点。不同的波动性模型和估值模型构成了 VaR 计算的不同方法。

(三)市场因子的波动性模型

1.历史模拟法

历史模拟法假定回报分布为独立同分布,市场因子的未来波动与历史波动完全一样。其核心在于用给定历史时期内所观测到的市场因子的波动性,来表示市场因子未来变化的波动性。它不需要假定资产服从的统计分布形式。

2.蒙特卡罗模拟法

蒙特卡罗模拟法(Monte Carlo simulation,简称 MC 法)是一种随机模拟方法,它用市场因子的特定历史路径产生有限的未来波动情景。虽然正态分布是其最常用的分布假定,但 MC 法无须假定市场因子服从正态分布。

3.情景分析法

情景分析法采用市场因子波动的特定假定(如极端市场事件)定义和构造市场因子的未来变化情景。压力测试是最为常用的情景分析法。

4.风险矩阵法

风险矩阵法(risk metrics)采用移动平均方法中的指数移动平均模型预测波动性。它假定可用过去的回报分布合理地预测未来情况,可用历史数据的时间序列分析估计市场因子的波动性和相关性。风险矩阵法假定市场因子服从正态分布。

5.GARCH 模型

GARCH 模型是对市场因子波动的条件异方差建模,它可以更好地预测市场因子的真实波动性,如波动性集聚效应。虽然 GARCH 模型最常采用的是正态分布假定,但也可以采用其他分布假定。

6.隐含波动性模型

隐含波动性是指期权价格中隐含的波动性,它是对未来波动性的预测,而不是对当前波动性的估计。隐含波动性模型认为当前的市场数据蕴含了市场对未来波动性的预期,而不采用前述各种方法所依据的历史信息。

7.随机波动模型

随机波动模型是描述时变波动性的有效模型,近年来由于计量经济学的发展而得到广泛的应用。

(四)证券组合的估值模型

根据市场因子的波动性估计证券组合价值变化和分布的方法主要有两类,即分析方法(局部估值模型)和模拟方法(全值模型)。

1.分析方法(局部估值模型)

分析方法主要是依据金融工具的价值和其市场因子间的关系,即根据灵敏度确定组合价值的变化:

$$\Delta V = f(s, \Delta r)$$

其中：ΔV 是证券组合的价值变化；s 是灵敏度；Δr 是市场因子的变化。

利用灵敏度来近似估计证券组合价值变化的分析方法，简化了计算。但只有当市场变化范围较小时，灵敏度才能较好地近似于实际变化，因此该分析方法是一种局部模型。

2.模拟方法（全值模型）

模拟方法是在模拟市场因子未来变化的不同情景的基础上，给出市场因子价格的不同情景，并在不同情景下分别对证券组合中的金融工具重新定价，在此基础上计算证券组合的价值变化。由于模拟方法采用的是金融定价公式而非灵敏度，因此它可以处理市场因子的大范围变动（当然必须保证定价公式的适用性），反映了市场因子变化而导致的证券组合价值的完全变化，是一种全值模型。

（五）VaR 计算的假设条件

在 VaR 计算中，选择上述方法时必须考虑两个关键因素。一是市场因子的变化与证券组合价值的变化之间是否呈线性关系？线性类证券价值的变化可以通过灵敏度近似。对于期权类显著非线性金融工具，可通过模拟方法描述其价值与市场因子间的非线性关系，也可在一定情形下采用近似的方法处理：如在期权定价公式成立的条件下，取其一阶或二阶近似。二是市场因子的未来变化是否服从正态分布？如果市场因子的变化服从多元正态分布，则可用方差和协方差描述市场因子的变化。同时，如果证券组合的价值变化也服从正态分布，VaR 的估计可大为简化；如果不服从正态分布，则只能采用较为复杂的其他分布形式。在上述两种因素的各种组合中，线性、正态情况是最简单也是最常用的 VaR 模型，如图 6-1 所示。

在图 6-1(a)中，斜线代表随着市场因子的变化，组合的盯市价值的积累变化。其中，纵轴表示组合价值的变化，横轴表示市场因子的变化。在图 6-1(b)中，曲线代表市场因子变化的概率密度函数。其中，纵轴表示概率，横轴表示市场因子的变化。图 6-1(c)所示为组合的损益分布。在这种正态、线性情况下，VaR 计算的解析公式为

$$\text{VaR} = z_a \sqrt{\omega' \sum \omega} \cdot \sqrt{\Delta t}$$

其中：z_a 是与置信度相对应的分位数，如标准正态分布，$z_{99\%} = 2.33$；ω 为组合头寸权重的 $N \times 1$ 向量；$\sum$ 为头寸每年回报的 $N \times N$ 协方差矩阵；Δt 为持有期。

6.1.2　VaR 的分布

（一）一般分布中的 VaR

考虑一个证券组合，假定 P_0 为证券组合的初始价值，R 是持有期内的投资回报率，在持有期末，证券组合的价值可以表示为 $P = P_0(1 + R)$。假定回报率 R 的期望回报和波动性分别为 μ 和 σ。如果在某一置信水平 c 下，证券组合的最低价值为 $P^* = P_0(1 + R^*)$，则根据 VaR 的定义，可定义相对于证券组合的价值均值（期望回报）的 VaR，即相对 VaR 为

$$\text{VaR}_R = E(P) - P^* = -P(R^* - \mu)$$

如果不以期望回报为基准，可以定义绝对 VaR 为

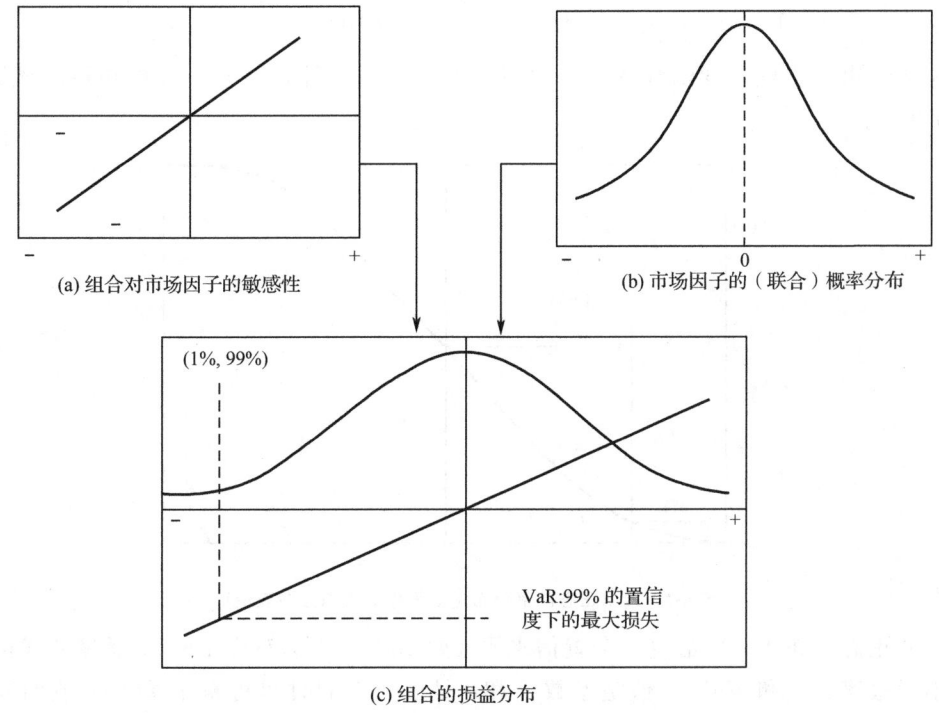

图 6-1　正态分布条件下的 VaR 计算原理

$$\mathrm{VaR_A} = P_0 - P^* = -P_0 R^*$$

根据以上定义,计算 VaR 就相当于计算最小值 P^* 或最低回报率 R^*。考虑证券组合未来回报行为的随机过程,假定其未来回报的概率密度函数为 $f(p)$,对于某一置信水平 c 下的证券组合最低值 P^*,有

$$c = \int_{P^*}^{\infty} f(p)\mathrm{d}p \quad 或 \quad 1-c = \int_{-\infty}^{P^*} f(p)\mathrm{d}p$$

无论分布是离散的还是连续的,是厚尾还是瘦尾,这种表示方式对于任何分布都是有效的。

(二)正态分布中的 VaR

假定分布是正态分布形式,则可以简化 VaR 的计算。在正态分布条件下,可以根据置信水平选择一个对应的乘子,用组合的标准差与该乘子相乘,可求得 VaR。这种方法是基于对参数标准差的估计,称为参数方法。

首先,把一般分布 $f(p)$ 变换为标准正态分布 $\Phi(\varepsilon)$,其中,ε 的均值为 0,标准差为 1。用最低回报率 R^* 表示的组合价值的最小值为 $P^* = P_0(1+R^*)$。R^* 通常为负值,可表示为 $-|R^*|$。将 R^* 与标准正态分布的偏离 $\alpha > 0$ 相联系:

$$-\alpha = \frac{-|R^*| - \mu}{\sigma} \quad (\alpha > 0)$$

$$R^* = -\alpha\sigma + \mu \quad (\alpha > 0)$$

等价于

$$1 - c = \int_{-\infty}^{P^*} f(p) \mathrm{d}p = \int_{-\infty}^{-|R^*|} f(r) \mathrm{d}r = \int_{-\infty}^{-a} \Phi(\varepsilon) \mathrm{d}\varepsilon$$

图 6-2 给出了累积密度函数 $N(d)$，是从 $0(d = -\infty)$ 到 $1(d = +\infty)$ 的单调增函数，当 $d = 0$ 时为 0.5 。

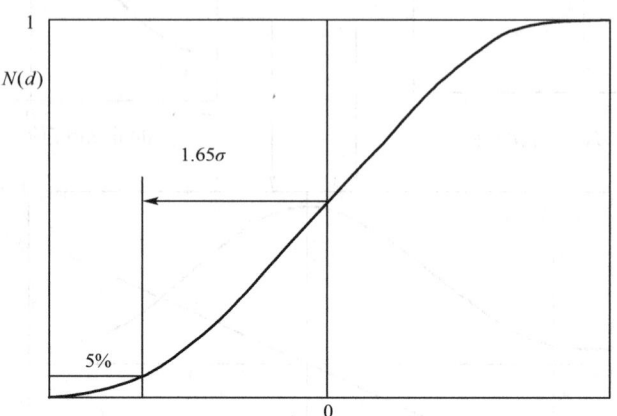

图 6-2 累积正态概率分布（d 为标准正态分布变量）

在标准正态分布下，当给定一个置信水平（如 95%）时，对应 1.65σ，通过公式可计算相应的最小回报率 R^* 和 VaR 。假定参数 μ 和 σ 是以一天的时间间隔计算出的，则时间间隔为 Δt 的相对 VaR 为

$$\mathrm{VaR}_R = E(P) - P^* = -P_0(R^* - \mu) = P_0 \alpha \sigma \sqrt{\Delta t}$$

因此，VaR 是分布的标准差与由置信水平决定的乘子的乘积。

同理，对于绝对 VaR，公式可表示如下：

$$\mathrm{VaR}_A = P_0 - P^* = -P_0 R^* = P_0(\alpha \sigma \sqrt{\Delta t} - \mu \Delta t)$$

这种方法适用于正态分布和其他累积概率函数，只要 σ 中包含了所有的不确定因素。其他分布限定了不同的 α 值，正态分布代表许多经验分布而最易于处理。这一方法尤其适用于样本容量大、多样化程度高的投资组合。

例 6.1

一个投资组合的现值 P_0 是 5 亿美元。以一天为时间间隔的 μ 和 σ 分别为 0 和 0.032 1，置信水平为 95%，收益分布直方图如图 6-3 所示。计算该组合的 VaR。

$$P^* = P_0(1 + R^*) = P_0(1 - \alpha\sigma) = 5 \times (1 - 1.65 \times 0.032\ 1) = 4.74(\text{亿元})$$

$$\mathrm{VaR} = P_0 - P^* = 5 - 4.74 = 0.26(\text{亿元})$$

6.1.3 利用 Delta-正态模型计算 VaR

Delta-正态模型假定所有资产服从正态分布，由于有价证券组合是正态分布变量的线性组合，因此，它也服从正态分布。当资产组合发生变动时，可采用泰勒展开式来估计其变动。

用 $P(X_{n \times 1})$ 表示资产组合的线性价值函数，$X_{n \times 1}$ 表示 $n \times 1$ 为向量因子。

$P(X_{n \times 1})$ 对每一个向量因子取一阶导数：

$$\delta'_{n \times 1} = \left[\frac{\partial P(X_{n \times 1})}{\partial X_1}, \frac{\partial P(X_{n \times 1})}{\partial X_2}, \cdots, \frac{\partial P(X_{n \times 1})}{\partial X_n} \right]$$

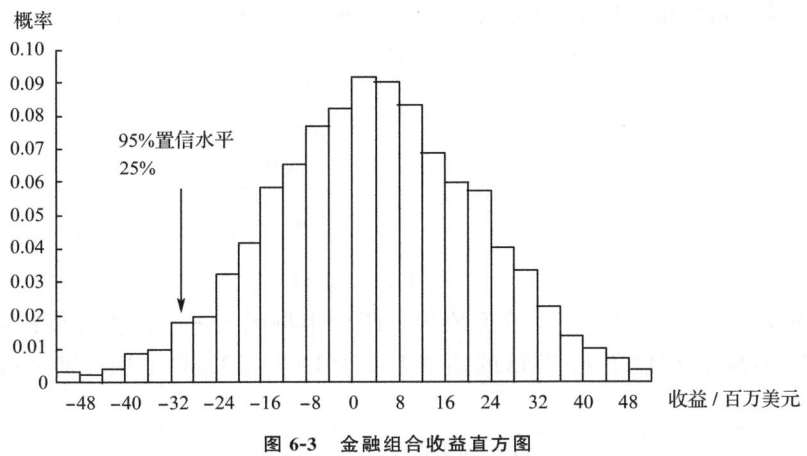

图 6-3　金融组合收益直方图

设 $P(X_{n\times1}^{'})$ 表示资产组合的变化,则泰勒展开式为

$$P(X_{n\times1}^{'})=P(X_{n\times1})+\delta^{'}(X_{n\times1}^{'}-X_{n\times1})+o(2)$$

其中:$o(2)$ 为包含二阶导数和高阶导数在内的误差项,因为 $P(X_{n\times1})$ 是线性的,所以该项为 0,泰勒展开式变为

$$\Delta P(X_{n\times1})=\delta^{'}\Delta X_{n\times1}$$

由 $P(X_{n\times1})$,$X_{n\times1}$ 均服从正态分布,有 $\Delta P(X_{n\times1})\sim N(0,\delta^{'}\sum\delta)$

$$\mathrm{VaR}=z_{a}\sigma_{p}\sqrt{\Delta t},\sigma_{p}=\sqrt{\delta^{'}\sum\delta}$$

利用 Delta-正态模型计算 VaR 包括以下主要步骤:

(1)风险映射。识别基础市场因子,将证券组合中的金融工具映射为一系列只受单一市场因子影响的标准头寸。

(2)市场因子的方差-协方差矩阵估计。假设市场因子的变化服从正态分布,估计分布的参数(方差和相关系数),得到方差-协方差矩阵。

(3)估计标准头寸的 Delta。

(4)估计标准头寸的方差-协方差矩阵。根据估计出的 Delta 和市场因子的方差-协方差矩阵,计算相应的标准头寸的方差-协方差矩阵。标准头寸的方差由市场因子的方差和标准头寸对市场因子的 Delta 决定,相关系数与市场因子之间的相关系数数值相等,但有时符号不同。

(5)组合价值变化与 VaR 估计。根据标准头寸的方差、协方差求取组合价值的变化,得到 VaR 的估计结果。

例 6.2

假定一家美国公司持有一个 3 个月的外汇远期合约,该合约在 91 天后交割,支出 1 500 万美元,收到 1 000 万英镑。其以美元计值的 VaR 计算可分为四步。

(1)风险映射

识别风险工具中包含的基本市场因子,将远期合约映射为只包含一个市场因子的标准头寸。该合约包含的市场因子为英镑利息、美元利息和即期汇率。将远期合约分解为多头和空头,即面值为 1 000 万英镑的 3 个月英镑零息债券和面值为 1 500 万美元的 3 个月美元零息债券。

美元空头的盯市价值（X_1）：使用美元利率折现（负号表示空头），有

$$X_1 = -\frac{15\,000\,000}{1 + r_{USD}\left(\frac{91}{360}\right)}$$

$$= -\frac{15\,000\,000}{1 + 0.054\,69 \times \frac{91}{360}}$$

$$= -14\,795\,461(\text{美元})$$

英镑多头的盯市价值（X_2）：其价值依赖于两个市场因子——3 个月英镑的利率和美元/英镑的即期汇率（S）。假设美元/英镑的即期汇率为 1.533 5 USD/GBP，则英镑多头的美元盯市价值为

$$X_2 = S \times \frac{10\,000\,000}{1 + r_{GBP}\left(\frac{91}{360}\right)}$$

$$= (1.533\,5\text{USD/GBP}) \times \frac{10\,000\,000}{1 + 0.060\,63 \times \frac{91}{360}}$$

$$= 15\,103\,524(\text{美元})$$

假定即期汇率 S 不变，则投资于 3 个月的英镑债券（$X_2 = 15\,103\,524$ 美元）存在利率风险；假定英镑利率不变，则面值 1 000 万的英镑的债权（现金头寸为 15 103 524 美元）存在汇率风险。现金英镑头寸的美元价值为 $X_3 = 15\,103\,524$ 美元，因为 X_2、X_3 都代表远期合约英镑的美元价值，所以它们是等值的。从美国公司的角度看，以英镑支付债券的头寸暴露于两个市场因子的变化，所以合约中英镑的美元价值在映射后的头寸中出现两次。

所以，远期合约被描述为三种标准头寸（X_1, X_2, X_3）的数量。

（2）市场因子的方差-协方差矩阵估计

假定基本市场因子的变化服从均值为零的正态分布，表 6-1 给出了标准差和相关系数的估计。

表 6-1　市场因子变化的标准差和相关系数

市场因子	市场因子变化的标准差	市场因子变化的相关系数			
		市场因子	3 个月的美元利率	3 个月的英镑利率	美元/英镑汇率
3 个月的美元利率	0.61	3 个月的美元利率	1.00	0.11	0.19
3 个月的英镑利率	0.58	3 个月的英镑利率	0.11	1.00	0.10
美元/英镑汇率	0.35	美元/英镑汇率	0.19	0.10	1.00

（3）标准头寸的方差-协方差矩阵估计

标准头寸价值变化的标准差由市场因子的标准差和标准头寸对市场因子变化的 Delta 决定。假定 Delta 为 x，市场因子变化 1% 时，标准头寸的价值变化 x%。标准头寸变化的标准差是市场因子变化的标准差的 x 倍。

$$\Delta X_1(\%)=\frac{\Delta X_1}{X_1}\times 100\%,\Delta r(\%)=\frac{\Delta r}{r}\times 100\%$$

$$\Delta x_1=\frac{\partial X_1}{\partial r_{USD}}\times \Delta r_{USD}\Rightarrow \Delta X_1(\%)=\frac{\partial X_1}{\partial r_{USD}}\times \frac{r_{USD}}{x_1}\Delta r_{USD}(\%)$$

用 σ_1 代表 $\Delta X_1(\%)$ 的标准差,用 σ_{USD} 代表 $\Delta r_{USD}(\%)$ 的标准差,则上式变为

$$\sigma_1=\frac{\partial X_1}{\partial r_{USD}}\times \frac{r_{USD}}{X_1}\sigma_{USD}$$

同理,对于其他两个头寸有

$$\sigma_2=-\frac{\partial X_2}{\partial r_{GBP}}\times \frac{r_{CBP}}{X_2}\sigma_{GBP}\ \text{和}\ \sigma_3=\frac{\partial X_3}{\partial S}\times \frac{S}{X_3}\sigma_S$$

由于 $\frac{\partial X_2}{\partial r_{USD}}$ 是负值,所以公式中出现负号。

所以

$$\sigma_1=\frac{15\,000\,000}{(1+91/360 r_{USD})^2}\times \frac{91}{360}\times \frac{r_{USD}}{X_1}\sigma_{USD}=0.008\,3\%$$

同理可得: $\sigma_2=0.009\%$, $\sigma_3=0.35\%$ 。

标准头寸价值变化之间的相关性等于市场因子之间的相关性,但如果标准头寸的价值变化与市场因子的变化相反,则相关系数异号,即

$$\rho_{12}=\rho_{USD,GBP},\rho_{13}=-\rho_{USD,S},\rho_{23}=-\rho_{GBP,S}$$

标准头寸的方差协方差矩阵为

$$A=\begin{pmatrix}\sigma_1 & 0 & 0\\ 0 & \sigma_2 & 0\\ 0 & 0 & \sigma_3\end{pmatrix}\begin{pmatrix}\rho_{11} & \rho_{12} & \rho_{13}\\ \rho_{21} & \rho_{22} & \rho_{23}\\ \rho_{31} & \rho_{32} & \rho_{33}\end{pmatrix}\begin{pmatrix}\sigma_1 & 0 & 0\\ 0 & \sigma_2 & 0\\ 0 & 0 & \sigma_3\end{pmatrix}$$

$$=$$

$$\begin{pmatrix}0.008\,3\% & 0 & 0\\ 0 & 0.009\% & 0\\ 0 & 0 & 0.35\%\end{pmatrix}\begin{pmatrix}1 & 0.11 & -0.19\\ 0.11 & 1 & -0.1\\ -0.19 & -0.1 & 1\end{pmatrix}\begin{pmatrix}0.008\,3\% & 0 & 0\\ 0 & 0.009\% & 0\\ 0 & 0 & 0.35\%\end{pmatrix}$$

$$=\begin{pmatrix}6.9\times 10^{-9} & 8.2\times 10^{-10} & -5.5\times 10^{-8}\\ 8.2\times 10^{-10} & 8.1\times 10^{-9} & -3.15\times 10^{-8}\\ -5.5\times 10^{-8} & -3.15\times 10^{-8} & 1.2\times 10^{-4}\end{pmatrix}$$

（4）组合价值变化与 VaR 估计

使用标准头寸的价值矩阵、标准头寸的方差-协方差矩阵估计组合价值的变化。

$$\sigma_P^2=X'AX$$

$$=(X_1\quad X_2\quad X_3)\begin{pmatrix}\sigma_1 & 0 & 0\\ 0 & \sigma_2 & 0\\ 0 & 0 & \sigma_3\end{pmatrix}\begin{pmatrix}\rho_{11} & \rho_{12} & \rho_{13}\\ \rho_{21} & \rho_{22} & \rho_{23}\\ \rho_{31} & \rho_{32} & \rho_{33}\end{pmatrix}\begin{pmatrix}\sigma_1 & 0 & 0\\ 0 & \sigma_2 & 0\\ 0 & 0 & \sigma_3\end{pmatrix}\begin{pmatrix}X_1\\ X_2\\ X_3\end{pmatrix}$$

$$=2\,807\,711\,711$$

组合的标准差为 $\sigma_P=52\,987$ 美元,使用 95% 的置信区间计算风险价值,则

$$VaR=1.65\times \sigma_p=87\,430\text{(美元)}$$

6.1.4 固定收益证券的 VaR 计算

(一)现金流映射的概念

在 VaR 模型中,资产组合在每一天的变动率是无法提供的,风险矩阵提供固定时点的变动率,当计算单一资产或资产组合现金流时,应将其映射到这些固定时点上,以便计算其风险。

风险矩阵提供固定时点如下:1 月、3 月、6 月、1 年、2 年、3 年、4 年、5 年、7 年、9 年、10 年、15 年、20 年、30 年。

这些端点有两个重要特征:

(1)无论是现在起算还是在未来某个时刻起算,无论是线性工具还是非线性工具,它们都是固定不变的。

(2)J. P. 摩根的风险矩阵数据库提供了这些端点的波幅和相关系数。

一个实际的现金流映射是将其分解到最近的两个端点上。例如第 6 年的现金流可分解为第 5 年和第 7 年,如图 6-4 所示。

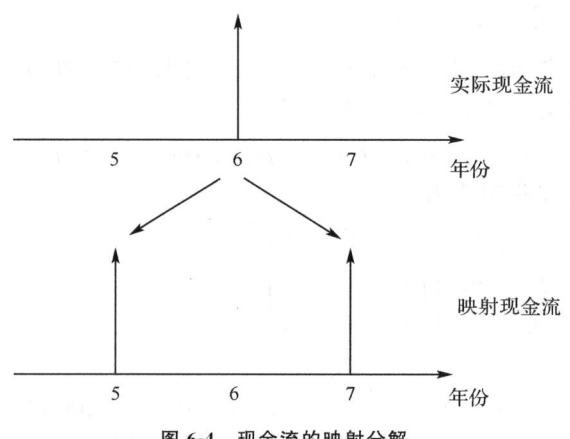

图 6-4 现金流的映射分解

现金流的映射分解应采取以下三原则:

(1)现值不变,两端点现金流市值之和与初始现金流的现价相等;

(2)风险不变,端点现金流组合的市场风险必须与初始现金流的市场风险相同;

(3)现金流符号不变,分解后现金流的符号必须与初始现金流的符号相同。

(二)分解的现金流的计算

1.用插入法计算实际现金流的收益率

用风险矩阵提供的 5 年期和 7 年期的收益率,使用线性插值法可得到 6 年期收益率:

$$r_6 = \alpha r_5 + (1-\alpha)r_7, 0 \leqslant \alpha \leqslant 1$$

其中:r_6 是用插入法得到的 6 年期零息债券收益率;α 是线性权重系数;r_5 是 5 年期零息债券收益率;r_7 是 7 年期零息债券收益率。

2.计算实际现金流的现值

已知 6 年期的零息收益率 r_6,可求得其现金流现值。

(三)计算实际现金流现值分布的标准差

已知 5 年期和 7 年期现金流的标准差,可以用线性插值法求得 6 年期零息债券收益率的标准差,风险矩阵提供的 σ_5 和 σ_7 分别表示风险统计中的 $1.65\sigma_5$ 和 $1.65\sigma_7$。

$$\sigma_6 = \alpha\sigma_5 + (1-\alpha)\sigma_7, 0 \leqslant \alpha \leqslant 1$$

(四)计算相同波幅时的映射权重

用上面线性方法求出的分配权重,会导致投资组合的风险与原来的不同,如果想得到有相同风险的分配权重,需采用下述公式:

$$\sigma_6^2 = \bar{\alpha}^2\sigma_5^2 + 2\bar{\alpha}(1-\bar{\alpha})\rho_{5,7}\sigma_5\sigma_7 + (1-\bar{\alpha})^2\sigma_7^2$$

其中,$\rho_{5,7}$ 是 5 年期和 7 年期收益率的相关系数,由风险矩阵提供。上式可被写成如下形式:

$$a\bar{\alpha}^2 + b\bar{\alpha} + c = 0$$

其中,$a = \sigma_5^2 + \sigma_7^2 - 2\rho_{5,7}\sigma_5\sigma_7$;$b = 2\rho_{5,7}\sigma_5\sigma_7 - 2\sigma_7^2$;$c = \sigma_7^2 - \sigma_6^2$。则有

$$\bar{\alpha} = \frac{-b \pm \sqrt{b^2 - 4ac}}{2a}$$

求出的 $\bar{\alpha}$ 应满足现金流的映射分解的三原则。

例 6.3

某一银行在第 4.6 年将收到 1 000 万美元,现在该银行希望计算这一资产的 VaR,由风险矩阵提供的数据见表 6-2。

表 6-2　风险矩阵的相关数据

4 年期收益率	5 年期收益率	4 年期收益率的变动率	5 年期收益率的变动率	相关系数
9%	11%	0.533%	0.696%	0.963

(1)计算现金流的收益率:

$$\alpha = \frac{5-4.6}{5-4} = 0.4, r_{4.6} = \alpha r_4 + (1-\alpha)r_5 = 0.4 \times 9\% + 0.6 \times 11\% = 10.2\%$$

(2)计算实际现金流的现值:

$$PV = \frac{10\,000\,000}{(1+10.2\%)^{4.6}} = 6\,396\,828(美元)$$

(3)计算实际现金流现值分布的标准差:

$$\sigma_{4.6} = \alpha\sigma_4 + (1-\alpha)\sigma_5 = 0.4 \times 0.533\% + 0.6 \times 0.696\% = 0.630\,8\%$$

(4)计算相同波幅时的映射权重:

$$a\bar{\alpha}^2 + b\bar{\alpha} + c = 0$$
$$a = \sigma_4^2 + \sigma_5^2 - 2\rho_{4,5}\sigma_4\sigma_5$$
$$b = 2\rho_{4,5}\sigma_4\sigma_5 - 2\sigma_5^2$$
$$c = \sigma_5^2 - \sigma_{4.6}^2$$

$$\bar{\alpha} = \frac{-b \pm \sqrt{b^2 - 4ac}}{2a} \Rightarrow \bar{\alpha}_1 = 0.369, \bar{\alpha}_2 = 4.34$$

因为当 $\bar{\alpha}_2 = 4.34$ 时,违反了三条原则中的现金符号不变原则$(1-\bar{\alpha}_2 < 0)$,故舍去。

(5)计算现金流现值的分配:

$$W_4 = \overline{\alpha}_1 PV = 0.369 \times 6\ 396\ 828 = 2\ 360\ 686$$

$$W_5 = PV - W_4 = 6\ 396\ 828 - 2\ 360\ 686 = 4\ 036\ 142$$

（6）计算 VaR：

$$VaR = P_0 z_\alpha \sigma_P$$

$$= 10\ 000\ 000 \times (W_4 \quad W_5) \begin{pmatrix} 0.533\% & 0 \\ 0 & 0.696\% \end{pmatrix} \begin{pmatrix} 1 & 0.963 \\ 0.963 & 1 \end{pmatrix} \begin{pmatrix} 0.533\% & 0 \\ 0 & 0.696\% \end{pmatrix} \begin{pmatrix} \dfrac{W_4}{W_5} \end{pmatrix}$$

$$= 10\ 000\ 000 \times 0.630\ 8\% = 63\ 080\ (\text{美元})$$

6.2　贝叶斯 MCMC 模拟方法与操作风险

多数操作风险具有低频高损的典型特征，在操作风险的量化过程中，由于样本数据匮乏或不完整，操作风险估计相对较难。本节主要介绍先验概率与后验概率结合进行模拟估计的贝叶斯-马尔科夫链蒙特卡罗（Markov Chain Monte Carlo，MCMC）模拟方法，简称贝叶斯MCMC 方法。

6.2.1　贝叶斯估计

传统计量方法在对数据进行估计分析过程中，主要依靠两类信息：总体信息和样本信息。总体信息是传统计量方法推断的基础，反映总体的分布状态，样本信息源自观测值。而贝叶斯估计在充分利用以上两类信息的同时，还使用先验信息，即实验之前有关估计的信息，属于主观信息。例如在推断产品次品率时，除了使用总体信息和样本信息之外，有经验的工程师的主观判断对统计推断具有显著作用。因此，贝叶斯估计的基本模式是：

$$\text{先验信息} \oplus \text{样本信息} \rightarrow \text{后验信息}$$

其中 $\oplus$ 表示贝叶斯定理，

$$P(B_i \mid A) = \frac{P(AB_i)}{P(A)} = \frac{P(B_i)P(A \mid B_i)}{\sum_{j=1}^{n} P(B_i)P(A \mid B_i)}$$

在贝叶斯学派看来，随机变量 X 的概率密度函数属于条件概率 $p(x \mid \theta)$，总体中抽取的样本信息含有 θ 的信息。而未知参数 θ 为随机变量，服从一定的概率分布 $\pi(\theta)$，此即 θ 的先验分布。

贝叶斯估计的基本步骤如下：

第一，首先获得参数 θ 的先验分布；

第二，已知 x 的概率密度分布 $p(x \mid \theta)$，得到样本的联合分布；

第三，由贝叶斯公式得到 θ 的后验分布；

第四，求得 θ 的最优估计。

（一）模拟抽样技术

仿真分析是贝叶斯计量估计理论领域中经常用到的内容，多数概率分布随机数的产生均基于均匀分布，目前较常用的是蒙特卡罗（Monte Carlo，MC）模拟。MC 模拟是一种基于随机数的计算方法，MC 积分在本质上是大数定律。下面我们以函数 $f(x)$ 在有界定区间 (a,b) 上的积分为例，介绍主要的模拟方法。

1.随机投点法

设二维随机向量 (X,Y) 在空间 H 上服从均匀分布，空间

$$H = \{(x,y): a \leqslant x \leqslant b, 0 \leqslant y \leqslant M\}$$

则联合概率分布密度函数为

$$f(x,y) = \frac{1}{M(b-a)} I \quad (a \leqslant x \leqslant b, 0 \leqslant y \leqslant M)$$

在 n 次模拟试验过程中，随机投点位于 $y = f(x)$ 下方的次数为 n_0，则 θ 的估计值为

$$\hat{\theta} = M(b-a)\frac{n_0}{n}$$

2.样本平均值法

假设 $P(x)$ 是变量 x 的概率分布密度函数，则随机变量 $Y = f(x)$ 在区间 $[a,b]$ 上的期望为

$$E(Y) = \int_a^b f(x)P(x)\mathrm{d}x$$

则 θ 的估计值可表示为

$$\hat{\theta} = \int_a^b f(x)\mathrm{d}x = \int_a^b \frac{f(x)}{P(x)}P(x)\mathrm{d}x = E\left(\frac{f(x)}{P(x)}\right)$$

特别指出，如果 x 服从区间 $[a,b]$ 上的均匀分布，则 θ 的估计值可表示为

$$\hat{\theta} = \int_a^b f(x)\mathrm{d}x = (b-a)E[f(x)]$$

3.重要抽样法

重要抽样法的基本原理是在原有样本期望不变的情况下，改变抽样重心，提高抽样效率。在理论上，选择适当的分布 $g(x)$，能够令抽样的方差为 0，虽然由于 θ 的不确定性，这仅仅是理想状态，但通过趋近等方法可以降低方差。以泰勒展开为例，构建降低方差的新的分布。若 $f(x) = \mathrm{e}^x$，样本在 $[0,1]$ 上按照均匀分布抽样，则 θ 的估计值可表示为

$$\theta = (b-a)E(\mathrm{e}^x) = \frac{1}{n}\sum_{i=1}^n \mathrm{e}^{x_i}$$

其方差为

$$\mathrm{Var}(\theta) = \frac{1}{n}\left[\int_0^1 \mathrm{e}^{2x}\mathrm{d}x - (\mathrm{e}-1)^2\right] = \frac{0.242}{n}$$

构建与 $f(x)$ 相似的分布，对 e^x 在 $x=0$ 附近进行泰勒展开，得

$$\mathrm{e}^x = \mathrm{e}^{x_0} + \mathrm{e}^{x_0}(x - x_0) + \frac{\mathrm{e}^{x_0}}{2}(x - x_0)^2 + \cdots$$

$$= 1 + x + x^2 + \cdots$$

取其一阶展开，并令函数期望不变，则可设定

$$g(x) = \frac{2}{3}(1+x)$$

新的 θ 估计值可表示为

$$\theta = \frac{1}{n}\sum_{i=1}^{n}\frac{f(x)}{g(x)} = \frac{2}{3n}\sum_{i=1}^{n}\frac{e^{x_i}}{1+x}$$

新的 θ 的方差为

$$\mathrm{Var}(\hat{\theta}) = \frac{1}{n}\left[\int_{0}^{1}\frac{f(x)^2}{g(x)}\mathrm{d}x - (e-1)^2\right] = \frac{0.026\ 9}{n}$$

显然,新的抽样导致方差明显下降,估计精度提高。

4. 分层抽样法

根据黎曼积分函数,区间 H 任意分割为子区间 H_i,子区间之间不相交,即 $H_i \bigcap H_i = \varnothing$,且所有子区间的并集是全集,$\bigcup H_i = H$。分层抽样的基本步骤是:

第一步,将积分区间(或空间)划分为不相交的子区间(或子空间),然后在第 i 个子区间(或子空间)内抽取 n_i 个随机点。

第二步,如果将子区间长度(或子空间体积)记为 $\{l_i\}$,则子区间(或子空间)内的权重因子就是 l_i/n_i,将所有的随机点迭加起来并与权重因子相乘,就得到该积分在这个子区间的积分估计值。

第三步,将所有子区间的积分值迭加起来,就得到在整个区间的积分估计值。

于是,θ 估计值可表示为

$$\theta = \int_{a}^{b}f(x)\mathrm{d}x = \sum_{i=1}^{n}\int_{H_i}f(x)\mathrm{d}x = \sum_{i=1}^{n}y_i$$

其中,$y_i = \dfrac{l_i}{n_i}\sum\limits_{i=1}^{n}f(x_i)$。因为子空间不相交,所以其方差为子空间方差的加总,即

$$\mathrm{Var}(\hat{\theta}) = \sum_{i=1}^{m}\frac{l_i^2}{n_i}\sigma_i^2$$

显然,适当的分层抽样能够降低估计的方差。

(二)MCMC 模拟方法

MCMC 模拟方法是马尔科夫链蒙特卡罗模拟方法的简称。若 $\{X(n), n \in (1, 2, 3, \cdots, n)\}$ 的状态离散的随机空间为 E,对任意 m 个非负整数 $n_1, n_2, \cdots, n_m, n_1 \leqslant n_2 \leqslant n_3 \leqslant \cdots \leqslant n_m$,且任意自然数 k,以及 $i_1, i_2, \cdots, i_k, j \in E$ 满足

$$P\{X(n_m + k) = j \mid X(n_1) = i_1, \cdots, X(n_m) = i_m\}$$
$$= P\{X(n_m + k) = j \mid X(n_m) = i_m\}$$

则称 $\{X(n), n \in (1, 2, 3, \cdots, n)\}$ 是马尔科夫链。

MCMC 方法的基本思想是通过建立一个平稳分布为 $\pi(\theta)$ 的马尔科夫链来得到 $\pi(\theta)$ 的样本。所谓的平稳分布是指如果 $\pi(\theta)$ 满足

$$\int p(\theta, \theta')\pi(\theta)\mathrm{d}\theta = \pi(\theta'), \forall\ \theta' \in \Theta$$

则称 $\pi(\theta)$ 为转移核 $p(\theta, \theta')$ 的平稳分布。

根据抽样方式的不同,MCMC 方法的主要步骤如下:

第一,在观测样本上选一个平稳分布为 $\pi(\theta)$ 的马尔科夫链,令其转移核为 $p(x|\theta)$。

第二,在观测样本上选择一个起始点 $\theta^{(0)}$,根据上面的马尔科夫链,产生新的 $\{\theta^{(n)}\}$

序列。

第三，对某个 m 和足够大的 n，任一函数 $f(x)$ 的期望估计如下：

$$E_\pi f = \frac{1}{n-m}\sum_{t=m+1}^{n} f(\theta^t)$$

构造 MCMC 的方法众多，其中常用的有两种：Gibbs 算法和 MH 算法。

1.Gibbs 算法

Gibbs 算法主要是利用满条件分布（full conditional distribution）将多个相关参数的复杂问题降低为每次处理一个参数的简单问题。Gelfand & Smith（1990）提出将待验参数 θ 的概率密度表示为 $p(\theta)=F'(\theta)$，其中 $F(\theta)$ 是 θ 的累积分布函数。Gibbs 算法的核心思想是参数分组抽样，将参数划分为 B 个模块：

$$\theta = (\theta_{(1)} \mid \theta_{(2)} \mid \theta_{(3)} \mid \cdots \mid \theta_{(B)} \mid)$$

首先选定参数的一个初始值，设抽样的次数为 N 次，开始进行递归抽样，依次针对每个模块进行抽样，算法表达式如下：

$$\theta^s_{(1)} = p(\theta_{(1)} \mid \theta^{s-1}_{(2)},\cdots,\theta^{s-1}_{(B)},x)$$

$$\theta^s_{(2)} = p(\theta_{(2)} \mid \theta^{s-1}_{(1)},\theta^{s-1}_{(3)},\cdots,\theta^{s-1}_{(B)},x)$$

$$\cdots\cdots\cdots\cdots\cdots\cdots$$

$$\theta^s_{(B)} = p(\theta_{(B)} \mid \theta^{s-1}_{(1)},\cdots,\theta^{s-1}_{(B-1)},x)$$

这个系统为包含平稳分布的马尔科夫链，经过足够多的迭代之后，获得参数 θ 的估计。

2.MH 算法

MH（Mctropolis-Hastings）算法的核心思想是通过选择一个标准的概率分布函数，来产生马尔科夫链，令后验分布为平稳分布。

MH 算法的基本步骤如下：

第一，选取建议概率分布函数 $q(\theta^{*-1},\theta^*)$，选定参数的初始值 θ^0，按照概率密度函数递归抽样，至预设的抽样次数 N，得到 θ^*。

第二，计算接受概率 $\alpha(\theta^{r-1},\theta^*)$。

$$\alpha(\theta^{s-1},\theta^*) = \min\left[\frac{\omega(\theta^* \mid \theta^{s-1})}{\omega(\theta^{s-1} \mid \theta^*)},1\right]$$

其中，

$$\omega(\theta^* \mid \theta^{s-1}) = \frac{p(\theta^* \mid x)}{q(\theta^* \mid \theta^{s-1})}$$

$$\omega(\theta^{s-1} \mid \theta^*) = \frac{p(\theta^{s-1} \mid x)}{q(\theta^{s-1} \mid \theta^*)}$$

第三，选取 s 次抽样值，以概率 $\alpha(\theta^{s-1},\theta^*)$ 选择 $\theta^{s-1}=\theta^*$，以概率 $1-\alpha(\theta^{s-1},\theta^*)$ 选择 $\theta^s=\theta^{s-1}$。

6.2.2　用损失分布法测度操作风险

操作风险的定量测度方法有多种，包括基本指标法、标准法、内部衡量法、极值理论、贝叶斯网络、记分卡、损失分布法等。2001 年，巴塞尔委员会公布的操作风险咨询文件中，首次将损失分布法作为计量银行操作风险资本的方法，损失分布法成为最重要的操作风险测度方法。

损失分布法的基本思路是:在假设操作风险损失事件的损失频率(frequency distribution)和损失强度(severity distribution)的基础上,分别对产品线/损失事件的所有损失类型,计算其操作损失的损失频率分布和损失强度分布,然后通过卷积函数综合损失频率分布和损失强度分布,计算出每一类损失的总损失分布,最后加总得出总损失分布。

(一)损失频率分布

损失频率分布是指一定时期内损失发生的次数的分布。损失发生的次数必须是非负的,所以通常假设其服从泊松分布或二项分布。

假定其期望和方差为 λ,则泊松分布的分布函数为

$$P(\theta = k) = \frac{\lambda^k}{k\,!} \mathrm{e}^{-\lambda}$$

独立重复 n 次伯努利试验,得到二项分布的分布函数:

$$P(\theta = k) = C(n,k)\, p^k (1-p)^{n-k}$$

其中,$C(n,k) = \dfrac{n\,!}{k\,!\,(n-k)\,!}$。

(二)损失强度分布

损失强度分布是损失事件发生后,每次损失程度的大小的分布。损失强度函数通常使用对数正态分布、伽马分布、Weibull 分布、广义帕累托分布(GPD)等。

对数正态分布的密度函数:

$$f(\theta, \mu, \sigma^2) = \frac{1}{\sqrt{2\pi}\,\theta\sigma} \exp\left(-\frac{(\ln\theta - \mu)^2}{2\sigma^2}\right)$$

伽马分布的密度函数:

$$f(\theta, \alpha, \beta) = \frac{1}{\beta^\alpha\,\Gamma(\alpha)} = \theta^{\alpha-1} \exp\left(-\frac{\theta}{\beta}\right)$$

Weibull 分布的密度函数:

$$f(\theta, \alpha, \beta) = \alpha\beta\,\theta^{\beta-1} \exp(-\alpha\,\theta^\beta)$$

广义帕累托分布的密度函数:

$$G_{\xi,\beta}(\theta) = \begin{cases} 1 - (1 + \xi\theta/\beta)^{-1/\xi}, & \xi \neq 0 \\ 1 - \exp(-\theta/\beta), & \xi = 0 \end{cases}$$

(三)基于 MCMC 方法的总损失分布计算

令 $N(i,j)$ 表示在给定的时期内,第 i 条银行产品线发生第 j 类操作风险的频率,$P_{i,j}$ 为其概率密度,则损失频率的分布函数为

$$P_{i,j}(n) = \sum_{k=0}^{n} P_{i,j}(k)$$

假设 $M(i,j)$ 表示第 i 条产品线发生第 j 类风险导致的损失强度,损失强度的分布函数为 $F_{i,j}$,第 i 条产品线第 j 风险单元的累积损失金额为

$$q(i,j) = \sum_{n=0}^{N(i,j)} M(i,j)$$

根据损失分布和损失强度,可得到第 i 条产品线第 j 类风险单元损失频率和损失强度的联合分布:

$$G_{i,j}(x) = \begin{cases} \sum_{n=1}^{\infty} P_{i,j}(n)\, F_{i,j}^{n*}(x), & x > 0 \\ P_{i,j}(0), & x = 0 \end{cases}$$

其中,$F_{i,j}^{n*}(x)$ 为损失强度分布的卷积算子。

以上通过卷积函数的方式在理论上可以得到完整解析表达式,但实际运算过于复杂,且由于操作风险数据问题,往往难以获得足够的数据进行参数的估计,因此实践中一般采用 MCMC 方法。具体步骤如下:

第一,假定损失频率分布和损失强度分布相互独立,对每一次模拟进行频率抽样,获得损失事件发生的频率 n;

第二,进行 n 次损失强度抽样,获得对应的损失额度 L_i;

第三,加总每个损失额度 L_i,得到总损失;

第四,重复抽样获得事件总损失分布 $G_{i,j}(x)$。

随后计算置信水平为 α 的期望损失 EL 和非期望损失 UL

$$EL(ij) = \int_0^{\infty} x \,\mathrm{d}\, G_{ij}(x)$$

$$UL(ij) = G_{ij}^{-1}(\alpha) - \int_0^{\infty} x \,\mathrm{d}\, G_{ij}(x)$$

最后加总可获得全行的总非预期损失。根据巴塞尔协议风险资本要求,最低风险资本应该能够抵御本行非预期损失,从而保证银行经营安全。

6.3 信号评估法与信用风险的测度

现代意义上的信用风险是指由于交易对手直接违约或交易对手信用水平、履约能力的变化而使投资组合中资产价格下降,进而造成损失的风险。

6.3.1 信用风险测度模型发展的动因

长期以来,信用风险都是银行业,乃至整个金融业最主要的风险形式。但直至今日,无论是从风险水平的衡量方法还是从风险转移和控制的手段来看,金融机构和监管部门对信用风险管理的手段和措施都还处于比较落后的阶段。

而近年来,贷款出售和贷款证券化的使用,以及各种信用衍生产品的出现,对信用风险的测量和控制都提出了更高的要求。因为只有在精确度量信用风险的基础上才能对是否运用这些新型金融工具做出正确的决策,同时由于这些新的金融工具又衍生出新的信用风险,度量信用风险的重要意义就成为双重的了。此外,随着金融自由化和金融全球化的发展,世界范围内破产的结构性增加、融资的非中介化、更具竞争性的价差,以及表外业务发展所导致的信用风险暴露头寸的增大等,都使得信用风险再度引起普遍的关注,成为银行内部的风险管理者和银行监管者共同面对的重要课题。

6.3.2　传统的信用风险衡量方法

传统的信用风险衡量方法主要包括以下方面。

1.专家方法

以信贷决策的5C法为例。5C法主要由专家（通常为授信部门的主管）根据借款人的品格（character）、资本（capital）、偿付能力（capacity）、抵押品（collateral）以及经济周期的形势（cycle conditions）等五大因素对借款人的还款意愿和还款能力做出全面的分析，以评定该借款人的信用状况，从而做出信贷决策。尽管这仍然是目前许多银行在信贷决策过程中主要使用的方法，但显而易见，它在运用中面临的一个主要的问题就是，评定时对不同借款人所选择的影响因素应该是一致的还是应因人而异的？选定因素之后各因素的最优权重又该如何确定？这都将主要依赖于专家的主观判断，因此极可能对同一借款人而言，不同的专家将会得出截然不同的分析结果，从而影响信贷决策的准确性和效率。

2.信用评级方法

以 OCC 贷款评级法为例。这是由美国流通审计署（U.S Office of the Comptroller of the Currency，简称 OCC）开发的最早的贷款评级方法之一，它主要将贷款的投资组合划分成 5 个不同的等级（4 个低质量级别和 1 个高质量级别），对每一级别列示不同的应提取损失准备金的比例，再通过加总计算，评估贷款损失准备金的充分性。由于 OCC 评级系统中，高质量级别的贷款违约概率定为 0，而现实生活中无论信用评级的级别有多高还是有可能发生违约，因此许多银行家都扩展了 OCC 贷款评级方法，开发出更适合自身具体情况的内部评级系统，将贷款等级进一步细分为 1～9 个或 1～10 个级别，对高品质的贷款也规定了一定的损失准备提取比例。

3.信用评分方法

以奥德曼（Altman，1968）的 Z 值模型为例。具体形式如下：

$$Z = 1.2X_1 + 1.4X_2 + 3.3X_3 + 0.6X_4 + 1.0X_5$$

其中，X_1 表示营运资本/总资产比率；X_2 表示留存盈余/总资产比率；X_3 表示息税前收益/总资产比率；X_4 表示股权的市场价值/总负债的账面价值比率；X_5 表示销售额/总资产比率。

利用上式，信贷负责人可以根据借款人的各项财务比率加权计算得到一个确定的 Z 值，若该值低于临界值（根据奥德曼的计算，为 1.81），则该借款人就将被归于信用不佳的类型，其贷款请求就极有可能被拒绝。

尽管传统的信用评分方法简单明了，但由于其两个很严重的缺陷，使得该模型的可信度受到很大的质疑。第一，该模型是线性的，而实证研究表明，影响因素和破产概率之间并非完全是线性关系，甚至还很可能是高度非线性的；第二，除股权的市场价值外，该模型基本是以财务比率为基础，而大多数的财务数据都是隔一段时间才会公布，并且通常以历史成本作为会计计量的基础，因此资料的时效性就成为另一大问题。

6.3.3　信用风险量化管理模型的发展

由于传统的信用风险衡量方法主要依赖评估者的专业技能、主观判断和对某些决定违约概率的关键因素的简单加权计算，难以对信用风险做出精确的测量，因此，近年来有关信用风险量化模型的开发得到了理论界和实务界越来越高的重视。

根据对风险的不同定义,信用风险的量化模型主要分为集中于预测违约损失的模型(违约模型,即 DM 模型)和以贷款的市场价值变化为基础计算 VaR 的模型(盯住市场模型,即 MTM 模型)。

DM 模型只考虑违约和不违约这两种状态,将价差风险视为市场风险的一部分,其典型代表是瑞士信贷银行推出的信用风险附加法(Credit Risk ＋)以及 KMV 公司开发的 KMV 模型(信用监控模型,credit monitor model)。前者以在财产险文献中发现的保险精算方法为基础来计算资本要求;后者主要运用期权定价理论对有风险的贷款和债券进行估值,从借款企业股权持有者的角度考虑贷款偿还的激励问题。

MTM 模型考虑了信用的升降及因而发生的价差变化,在计算贷款价值的损益中也考虑了违约。其典型代表是 J. P. 摩根于 1997 年推出的信用风险计量模型(Credit Metrics),主要通过计算个别贷款和贷款组合的 VaR 值来衡量其信用风险的大小。

下面我们对几种主要的信用风险量化管理模型进行介绍。

(一)KMV 模型

KMV 模型以 Black-Scholes 的期权定价理论为依据,认为公司的破产概率在很大程度上取决于公司资产价值与其负债大小的相对关系以及公司资产市价的波动率,当公司的市场价值下降到一定水平以下时公司就会对其债务违约。它将股票价值看作建立在公司资产价值上的一个看涨期权,用公司股价的波动率来估算公司资产价值的波动率,主要通过计算预期违约频率(Expected Default Frequency,EDF),即借款者在正常的市场条件下在计划期内违约的概率,来衡量信用风险的大小。

具体而言,确定某一借款人的 EDF 值主要有以下三个步骤:

首先,利用 Black-Scholes 公式,根据公司股票的市场价值(E)、股价的波动性(σ_e)及负债的账面价值(D),估计出公司的市场价值(V)及其波动性(σ_a)。

由于

$$E = VN(d_1) - De^{-r\tau}N(d_2)$$

$$\sigma_e = \frac{N(d_1)V\sigma_a}{E}$$

其中:τ 为到期时间;r 为无风险利率;N 为正态分布累积概率函数,可依据 d_1、d_2 计算而得;这里 d_1、d_2 分别为

$$d_1 = \frac{\ln(\frac{V}{D}) + (r + \frac{1}{2}\sigma_a^2)t}{\sigma_a\sqrt{t}}$$

$$d_2 = d_1 - \sigma_a\sqrt{t}$$

其次,根据公司的负债确定公司的违约点(据违约的实证分析,KMV 模型发现违约发生最频繁的分界点是在公司价值大约等于流动负债 ± 50% 的长期负债时),并根据公司的现有价值,以及据资产回报的历史数据所确定的资产净预期增长率,计算出公司的预期价值,从而确定该公司的违约距离,即以百分数表示的计划期内公司的预期价值降至违约点的幅度。

违约距离 ＝(资产的预期价值 － 违约点)/资产的预期价值

最后，求得该公司的 EDF 值。

$$EDF = 违约距离/公司市场价值的波动性$$

例 6.4

设一年后某公司资产的预期价值为 300 万元，违约点为 180 万元，公司市场价值的波动性为每年 20%，代入上式可求得 EDF＝2。根据正态分布的性质，公司价值在两个标准差（即 180 万元到 420 万元）之间波动的概率为 95%，低于 180 万元而使得公司达到违约点的概率为 2.5%。

KMV 模型是基于现代公司理财和期权理论的"结构性模型"，由于它以股票的市场数据为基础，可以适用于任何公开招股的公司，具有很好的前瞻性。但与此相对，假定一旦管理人员采纳了某一合适的债务结构就不再变化，因此 KMV 模型也是静态的，难以准确地衡量那些财务杠杆比率不断发生变化的企业的风险大小。同时，如果没有资产收益正态性的假定，就难以构造理论上的 EDF；而要想计算出非上市私人企业的 EDF，也只有基于借款企业的财务数据和其他可观察的特征进行某些可比性分析，从而影响了模型预测结果的准确性。

（二）信用风险计量模型

信用风险计量模型认为企业信用等级的变化才是信用风险的直接来源，而违约仅仅是信用等级变迁的一个特例。它假定信用评级体系是有效的，由于信用工具（包括债券和贷款等）的市场价值在很大程度上取决于债务发行企业的信用等级，因此，根据信用转换矩阵所提供的信用工具信用等级变化的概率分布，同时根据不同信用等级下给定的贴现率，就可以计算出该信用工具在各信用等级上的市场价值，从而得到该信用工具市场价值在不同信用风险状态下的概率分布。从本质上说，它通过确定信用资产的期望值和标准差来计算某一确定的置信水平下该信用资产的 VaR 值，从而达到衡量资产信用风险大小的目的。

例 6.5

以下以一项金额为 1 亿美元、年利率为 6% 的 5 年期固定利率贷款为例，简单说明一下信用风险计量模型的基本思想。设该借款人的信用级别为 BBB。其 VaR 的计算如表 6-3 所示。

表 6-3 BBB 级贷款的 VaR 的计算（基准点是贷款的平均值）

年末信用评级	状态的概率 1%	新贷款价值加利息/亿美元	概率加权的价值/亿美元	价值偏离均值的差异/亿美元	概率加权差异的平方
AAA	0.02	1.093 7	0.000 2	0.022 8	0.001 0
AA	0.33	1.091 9	0.003 6	0.021 0	0.014 6
A	5.95	1.086 6	0.064 7	0.015 7	0.147 4
BBB	86.93	1.075 5	0.934 9	0.004 6	0.185 3
BB	5.30	1.020 2	0.054 1	(0.050 6)	1.359 2
B	1.17	0.981 0	0.011 5	(0.089 9)	0.944 6
CCC	0.12	0.836 4	0.011 0	(0.234 5)	0.659 8
违约	0.18	0.511 3	0.000 9	(0.055 96)	5.635 8
			1.070 9＝均值		8.947 7＝价值的方差

（续表）

年末信用评级	状态的概率 1%	新贷款价值加利息/亿美元	概率加权的价值/亿美元	价值偏离均值的差异/亿美元	概率加权差异的平方

σ＝标准差＝299 万美元

假设正态分布：5%的 VaR＝1.65×σ＝493 万美元

1%的 VaR＝2.33×σ＝697 万美元

假设实际的分布：5%的 VaR＝实际分布的 95%＝1.070 9－1.020 2＝0.050 7

1%的 VaR＝实际分布的 99%＝1.070 9－0.981 0＝0.089 9

注：5%的 VaR 近似地由 6.77%的 VaR 给出（也就是 5.3%＋1.17%＋0.12%＋0.18%），1%的 VaR 近似地由 1.47%的 VaR 给出（也就是 1.17%＋0.12%＋0.18%）。

资料来源：Credit Metrics-Technical Document，April 2,1997，p.28。

信用风险计量模型最突出的特点就在于它把人们对信用风险的认识从仅仅局限于违约情况的传统思想，转移到了包括信用等级变迁在内的新情形，因此在其计算过程中，信用转换矩阵发挥了举足轻重的作用。由于我们假定转移概率遵循马尔科夫过程，这就意味着一种债券或贷款在这一时期内移往任何特定的状态的概率独立于过去时期内的任何结果。而大量的实际研究表明，信用评级的转移通常是跨时自相关的，这与模型的假设有极大的不同。同时，使用单一转移矩阵需要假定转移概率在不同借款人类型之间，以及在商业周期的不同阶段之间都是稳定的。但最新的经验数据表明，降级和违约的概率对于商业周期的状态高度敏感，经济状态在信用评级的转移中起着关键性作用，从而也在一定程度上削弱了模型的准确性。

此外，信用风险计量模型另一个重要的特点在于它是从资产组合而不是单一资产的角度来看待信用风险的，因此可以用于衡量组合的集中信用风险值，即未来一定时间内，因信用事件而引起的证券或贷款组合资产价值的潜在变化量。我们知道，衡量一项组合的集中信用风险大小，不能仅仅将组合内每一信用工具的个别信用风险进行简单加总，还必须考虑到不同信用工具之间风险的相关性。因此，信用风险计量模型主要借用不同信用工具之间市场价值变化的相关系数，利用马科维茨资产组合管理分析法，由单一的信用工具市场价值的概率分布，进一步推导出整个投资组合的市场价值的概率分布，从而达到根据与信用等级变迁相关的基本风险来估测集中信用风险的风险值，并据此调整贷款头寸，以防范损失的目的。整个投资组合的市场价值的期望和标准差可以分别表示为

$$E(R_p) = \sum_{i=1}^{n} x_i E(R_i)$$

$$\sigma_p^2 = \sum_{i=1}^{n} \sum_{j=1}^{n} x_i x_j \mathrm{Cov}(R_i R_j)$$

（三）信用风险附加模型

信用风险附加模型是由瑞士信贷银行（Credit Suisse Financial Products，CSFP）于 1996年推出的一个违约风险的统计模型。该模型主要以保险精算科学为基础，通过估计债券和贷款投资组合违约损失的分布，来计算应提列的授信损失准备。它与信用风险计量模型在目标

和理论基础方面都形成直接对照。

首先,信用风险计量模型旨在估计投资组合的充分的 VaR,把信用评级的升降和相关联的折现率价差变化的影响都看作一笔贷款的 VaR 风险暴露数量的一部分,属于盯住市场或随行就市(MTM)模型;而信用风险附加模型则把价差风险看作市场风险而不是信用风险的一部分,仅考虑了违约和不违约这两种状态,集中于估计预期到的和未预期到的损失,属于违约(DM)模型。其次,在信用风险计量模型中,任何一年的违约概率都是离散的;而在信用风险附加模型中,违约率被处理为一个连续的随机变量,并充分考虑了违约率的波动性。最后,尽管信用风险计量模型和信用风险附加模型都可以用来衡量集中信用风险,计算为弥补风险所需的资本值,但两者在估算的方法上有所不同。前者是以 VaR 为核心的动态量化风险管理系统,主要通过不同信用工具在独立基础上所计算出的基本信用风险,来推算整体组合的集中信用风险;后者则是在信用评级框架下计算每一级别的平均违约率和违约波动,并结合风险敞口的大小,推算整体的亏损分布和所需资本值。

总之,信用风险附加模型最主要的优势就在于只需要相当少的数据输入(比如不需要风险溢酬方面的数据),就可以计算出每位债务人的边际风险贡献度以及整个投资组合的违约损失分布。其主要局限也在于它不是充分估值的 VaR 模型,而且由于模型中假设每位债务人的风险暴露是固定的,从而忽略了情况变化(例如未来利率走势)对每位债务人风险暴露的影响性,因此它也无法处理像期权这类非线性金融工具所产生的信用风险。

(四)麦肯锡公司的威尔逊模型

麦肯锡公司的威尔逊(Wilson)模型(1997)是一种通过计量经济学和蒙特卡罗模拟来分析组合风险和回报的方法。与信用风险计量模型相比,其最大的改进就在于把宏观因素(包括系统的和非系统的)对于违约概率和相关联的评级转移的影响纳入了模型,从而克服了信用风险计量模型中由于假定不同时期的转移概率是静态的和固定的而引起的偏差。除此之外,它还具有以下一些特点:

(1)它清晰地给出了实际的离散的损失分布,更符合现实生活中的情形;

(2)它可以衡量具有流动性(例如可在次级交易市场交易的信用商品或契约)和不具流动性(例如一般贷款)的风险暴露,并且对两者的风险损失都是采用盯住市场的度量方法;

(3)它可以同时衡量某一投资组合的系统性风险与非系统性风险,既可适用于单个债务人的情况,也可适用于一群债务人的情况,具有广泛的适应性。

(五)模型基本思想及方法的比较

以上介绍了当前四个主要信用风险量化管理模型的基本思想和所运用的方法,现将其在 6 个关键维度上的异同点归纳为表 6-4。

表 6-4 四大信用风险量化管理模型的比较

比较的维度	KMV 模型	Credit Metrics 模型	Credit Risk ＋模型	Wilson 模型
1.风险的定义	DM	MTM	DM	MTM
2.风险驱动因素	资产价值	资产价值	宏观因素	预期违约率
3.信用事件的波动性	可变	不变	可变	可变
4.信用事件的相关性	多变量正态资产收益	多变量正态资产收益	因素负载	独立假定或与预期违约率的相关性
5.回收率	不变的或随机的	随机的	随机的	在频段内不变
6.数字方法	解析的	模拟的或解析的	模拟的	解析的

资料来源：〔美〕桑德斯（Saunders，A.）著，刘宇飞译，《信用风险度量：风险估值的新方法与其他范式》，机械工业出版社，2001。

　　而就研究方法来说，传统的风险计量模型主要建立在多元统计分析方法基础上，如多元回归分析模型、多元判别分析模型（MDA）、Logit 分析模型、近邻法等，其缺陷主要在于过于严格的前提条件使得现实中大量数据严重违背了这些假定。随着信息技术的发展，神经网络技术、决策树等被引入信用风险评估，但由于这些方法不具有较好的解释性，同时还存在结构确定的困难性、训练效率低下等问题，因此实际中往往只被作为一种校验性的辅助方法。

6.3.4　信用风险量化管理模型进一步发展必须解决的主要问题

　　信用风险属于非系统性风险，其概率分布的有偏性，以及观察数据少且不易获取、难以进行有效性检验等特征使得信用风险在量化和模型管理上显得更加困难。因此，总体而言，国外对于信用风险模型的研究尚处于早期阶段，现有模型还存在诸多的缺陷，比如相关参数的主观设定不尽合适、某些类型的风险被忽略、对相关模型缺乏系统和全面的经验验证等。而目前，国内对于信用风险模型的研究还较少，仅有少数学者对此做了一些有益的尝试。例如，王春峰等（1998，1999，2000，2001）先后运用组合预测法、投影寻踪判别分析法和遗传规划方法建立起有关的信用风险评估模型；张维等（2000）研究了递归分类树在信用风险分析中的应用；梁琪（1999，2000）也就组合理论、宏观经济环境与信用风险度量和管理的关系做了有关的研究等。

　　通过对现有模型的深入比较分析，我们发现，在其较大的表面差异之下，其基础性的数学结构却有着极大的相似性，只要在几个关键维度上加以协调就有可能导致相当相似的对于未预期到的损失的预测。可以预见，在不久的将来推出一个为多数人所接受的更为完善的信用风险计量模型也不是不可能的。但要建立更为完善和成熟的信用风险量化模型，首先必须重点解决以下问题。

（一）信用损失计量范式的选择

　　如前所述，根据对信用损失的不同理解，信用风险计量模型可以分为 DM 模型（如 KMV 模型）和 MTM 模型（如信用风险计量模型）。尽管 DM 模型具有所需数据输入少等优点，但 MTM 模型可以根据借款人信用状况的变化相应调整信用资产价值，从而更准确地计量和反映信用风险的变化，必然是未来的发展趋势。

(二)信用资产估值方法的选择

目前大多数模型都采用下述两种估值方法中的一种:合同现金流贴现法(信用风险计量模型所采用)和风险中性估值法(KMV 模型所采用)。前者尽管简单明了,容易操作,但却无法体现同一信用等级下优先级和次级贷款的信用风险差异,也无法体现同一信用等级下与市场关联度不同的信用资产的风险差异。后者则能较好地克服以上缺陷,贷款价值最终取决于损失率(Loss Given Default,LGD),等于基于借款人资产价值的或有要求权(即衍生产品)的现值。

(三)模型的参数估计和有效性检验

对于银行家和监管者而言,最关键的问题就是内部模型的确认和预测的准确性。但由于信用模型所涉及的参数规模庞大,而且复杂,同时由于贷款的周期性较长,难以获得充分有效的历史数据,因此模型的有效性受到很大的影响,也使得对模型进行返回测试和压力测试更加困难。

6.4　整体风险管理

6.4.1　现有金融风险管理技术及其局限

(一)金融风险管理技术的发展

金融风险管理是随着金融理论和实践的发展而发展的。20 世纪 70 年代以前的金融风险管理技术主要有负债业务管理、资产业务管理、资产负债综合管理和缺口管理等。而真正定量的金融风险管理是在衍生工具定价模型等金融技术不断获得突破的基础上发展起来的。1973年布莱克-斯科尔斯-莫顿提出的期权定价模型第一次为金融风险管理奠定了理论和技术基础。人们利用如期权、期货、远期、互换等衍生工具交易技术能有效地防范风险和进行套期保值。现有的金融风险管理技术很多,目前在西方金融机构和工商企业中运用最为广泛的是VaR(风险价值)方法,它是指在正常的市场条件下和给定的置信度内,单一的金融资产或证券投资组合在给定时期内面临的市场风险大小和可能的最大价值损失。VaR 是对市场风险的总括性评价,考虑了金融资产对某一风险来源(如利率、汇率、商品价格、股票价格等基础金融变量)的敞口和市场逆向变化的可能性。它比传统的风险测定技术(如到期时间、持续期以及缺口分析等)有了更大的适应性和科学性。正因为这样,VaR 在金融风险控制、机构业绩评估以及金融监管等方面被广泛运用。

(二)VaR 的局限性——纯客观概率基础

尽管 VaR 风险管理技术在对风险进行定量计算方面发挥着不可或缺的作用,但它也有明显的局限性:一方面,它的管理对象相对较窄,只能衡量正常情况下的市场风险,对于市场上的突发性风险、信用风险、操作风险、法律风险及战略风险等难以进行量化；另一方面，也是更为重要的是，VaR是基于金融资产的客观概率，也就是说，它对金融资产或投资组合的风险计算方法是依据过去的收益特征进行统计分析来预测其价格的波动性和相关性，从而估计可能的最大损失，如参量法、历史资料法、历史模拟法和随机模拟法（蒙特卡罗模拟法）都是遵循这一思路进行的。由于完整的金融风险管理包括风险的识别、测定和控制三个过程，而且对一定量风险进行控制是金融风险管理的最终目的，这必然要涉及风险管理者的风险偏好和风险价格因素。所以，单纯依据风险可能造成损失的客观概率，只关注风险的统计特征，并不是系统的风险管理的全部。因为概率不能反映经济主体本身对于面临的风险的意愿或态度，它不能决定经济主体在面临一定量的风险时愿意承受和应该规避的风险的份额。而完整的风险管理不但要能计量出面临的风险的客观的量，而且应该考虑风险承担主体对风险的偏好，这样才能真正实现风险管理中的最优均衡。

6.4.2 整体风险管理的进展

(一)整体风险管理的含义

金融风险管理理论的最新进展即整体风险管理(Total Risk Management，TRM)系统就是在现有风险管理系统的单一变量(即概率)的基础上引进另外两个要素，即价格和偏好，以试图在三要素系统中达到风险管理上客观量的计量与主体偏好的均衡最优。这样不但可以对基础金融工具风险进行管理，而且也可以管理衍生工具可能带来的风险，从而实现对风险的全面控制。三个要素在TRM系统中都是关键性的：价格是经济主体为规避风险而必须支付的金额；概率用来衡量各种风险(包括衍生交易本身风险)的可能性；而偏好决定经济主体愿意承担和应该规避的风险的份额。

(二)整体风险管理对金融风险管理中价格-概率-偏好三要素的研究进展

1.价格-概率-偏好三要素在金融风险管理中的联动性

经济学中最基本的定律(即供求原理)表明，市场中任何商品交易的价格和数量都是由供给曲线和需求曲线的交点决定的。在交点上，消费者和生产者同时达到均衡。在这样一个简单的经济模型中体现了经济活动中价格、概率和偏好三者之间的联动关系：需求曲线是单个消费者需求的集合，而单个消费者的需求是在一定的预算约束（取决于商品价格、可支配收入、消费倾向、借贷成本等）下的偏好最优化的结果；供给曲线是单个生产者产出的集合，单个生产者的产出也是在一定的资源约束（取决于商品价格、原材料成本、工资等）下生产函数最优化的结果；而概率则在收入、成本、经济环境不确定条件下对消费者和生产者的跨期消费和生产产生影响。

三者之间的联动性质在金融市场中也得到了深刻的体现。例如，莫顿、卢卡斯和考克斯-英格索尔-罗斯等的资产定价和金融市场模型就精确地表明了三者是怎样在不确定条件下同时在所有市场上决定供求均衡的，在此过程中供求双方都采用理性决策方式实现了其福利的最大化。这些模型遵循的共同经济学原理是确认金融资产的价格等于全部未来收益现金流的折现值，即

$$P = \sum_{t=1}^{T} \frac{C_t}{(1+i)^t} + \frac{F}{(1+i)^T}$$

其中，P 为金融资产价格；C_t 为第 t 期的现金收益；F 为到期偿还本金；T 为期数；i 为折现率。这种定价公式是符合供求均衡和套利均衡的经济原则的，但它却面临两个基本困难，即未来现金流和折现率都是不确定的。这就涉及概率和偏好两个要素，因为折现率是受经济主体的时间偏好的影响的，它是在市场中供求平衡时由单个主体时间偏好的交互作用而决定的。

已有研究还证明了在金融市场达到均衡时，价格、概率和偏好三要素中的任何两者能自动决定第三者，如给定偏好和概率，价格将被精确地决定，这正是资产定价模型的核心。同样地，比克-利兰（Bick-Leland）和杰克沃思（Jackwerth）的研究也提出，在一个均衡中给定价格和概率，偏好也能被精确地决定。杰克沃思和罗宾斯坦在 1996 年得出结论认为，当给定价格和偏好时，概率也可以计算出来。这些都表明三要素在所有的市场运动（包括金融市场）中都是不可分割的联动体。因为金融风险管理是面向市场的，所以在金融风险管理中也必须将三者作为一个整体加以研究，而现有的风险管理模式的最大弱点就是只关注三者之中的一个或两个，而不是对三要素进行系统的决策。

2.整体风险管理中的价格要素

价格的确定是金融风险管理的首要任务，也是已有的金融风险管理模式的核心内容。因为现代绝大多数风险管理是建立在衍生交易技术和使用衍生工具定价模型的基础之上的，而衍生工具定价模型的中心内容就是确定简单的或复杂的各种衍生产品的市场价格，因此这些模型对金融风险管理政策和技术的进步具有里程碑的意义。

这就使人们产生一个错觉，认为风险管理的全部内容就是对价格的评估和测定，而且从表面上看，衍生工具定价模型对价格确定的精确性和前面论及的三要素的不可分割性之间似乎存在矛盾。这是因为建立在连续随机过程和偏微分基础上的衍生工具定价模型中没有提及投资者偏好，而只涉及价格和概率两个要素。正因为投资者个人风险偏好并没有进入公式中，这些模型被认为仅仅是建立在套利基础之上，而不是在供求相等时得出的，所以被认为是"偏好无关"的。

那么，偏好因素是怎样在这些模型中起作用的呢？仔细研究之后可以发现偏好要素已被间接地引入模型之中，这表现在：一方面，在这些模型中基础金融工具价格波动被假定为遵循随机过程，尤其是遵循布朗运动规律，这种假定本身就限制了风险偏好的类型；另一方面，随机过程中的参数，如布朗运动中的波动系数和扩散系数等，是在供求均衡中而不是通过套利决定的（因为基础金融工具的价格波动是由资产的瞬时预期报酬决定的，而现代金融学最基本的信条之一就是预期报酬和风险是由供给和需求综合决定的），而在任何供求均衡中必然暗含偏好因素。所以，即使在以套利为基础的资产定价模型中，三要素也是相互关联的。

3.整体风险管理中的概率要素

概率论已成为金融经济学和风险管理的基本工具之一。例如，通过对价格的概率分布及相关性分析可以定量计算出风险的相对大小，而在风险管理的 VaR 方法下进行敏感性分析时也必须运用概率工具。可以说，现有的金融风险管理技术对概率的运用已相当普遍和成熟。

然而,在现有的风险管理实践中一直没有对客观概率和主观概率加以区分,这似乎使得概率要素与价格尤其是偏好要素失去了联系。客观概率又称统计概率,它指的是在重复试验中某一事件出现的相对频率(如在抛硬币试验中,背面出现的概率为 50%),这种概率能通过大量试验加以确证。主观概率又称个体概率,它用来衡量特定主体对某一事件的相信程度,它不以对现象的统计为基础。例如,虽然对于"在其他行星上存在生命"这一事件不能进行重复试验而得出一个可能性预测,但是可以认为每个人对这类事件的可能性具有一定的确信程度,这种确信程度可以被认为是一种主观概率,这种主观概率将随着经济主体的偏好不同而呈现出差异性特征。主观概率在金融风险管理中有时处于核心地位,这是因为绝大多数风险管理的关键是对过去从未发生过的事件的可能性进行评估并做出相应的防范准备。例如,对某个国家或地区发生金融危机的可能性进行预测就必须运用主观概率的概念。可以说,现有金融风险管理方法在对主观概率规律的把握上仍处于薄弱甚至空白状态。这使得完整的风险管理系统中三要素处于相对割裂状态,这正是整体风险管理所要加以解决的一个重要方面。

拉姆齐(Ramsey)、费奈蒂(Finetti)和萨维奇(Savage)研究认为,尽管主观概率具有"个体"性质,但它与客观概率一样应服从相同的数字规则和公理系统,否则,金融市场上将会出现套利行为。举一个简单的例子,如果在金融市场某人认为事件 H 发生的概率为 50%,即 $P(H)=50\%$,而同时认为事件 H 不发生的概率为 75%,即 $P(HC)=75\%$,这显然违背客观概率的基本公理(即 $P(H)+P(HC)=1$),但这也表明由于此人主观上认为 H 发生的概率为 50%,如果事件 H 的价值总额为 100 元,他将愿意支付 50 元以获得对该事件的支配权,又由于他同时认为事件 H 不发生的概率为 75%,他将愿意在获得 25 元时放弃对该事件的支配权。这样不管事件 H 发生与否,他都要净支付 25 元。从他的交易对手看,能在市场上以 25 元获得对该事项的支配权,同时也能以 50 元放弃对该事项的支配权,这样他的净收益为 25 元。这显然表明市场上存在套利机会,套利行为将会产生。可以证明,只有当主观概率也符合客观概率公理时,套利机会才会消失,套利行为也将不复存在。经济主体在金融风险管理中的主观概率必然具有内在一致性,否则将会让他人获取套利机会。这表明,如果经济主体决策是基于自己的不一致主观概率,将会引致他所管理的金融资产承受额外的风险暴露,从而遭受金融损失。所以,价格与主观概率之间存在深层联系,而主观概率在确定事实上必然与偏好因素相联系。

4.整体风险管理中的偏好因素

偏好因素是风险管理的核心。因为风险管理方案的最后结果是对经济主体愿意承担风险和应规避风险的份额及各自的量做出选择,从而实现对风险的控制。尽管选择行为也受价格和概率的影响,但它最终是由偏好决定的。

个人偏好模型起源于 18 世纪的边际效用学派,它认为经济主体进行经济决策时的唯一目标是在一定的预算约束下最大化其总效用。在现代经济学中常用效用函数 $U(X)$ 来表示个人偏好,经济主体在各种可选方案中选择能最大化其效用函数的方案,即 $\max E[U(X)]$,从而获得最大预期效用,这种思想实际上是现代金融资产定价的共同价值基础。如现代证券投资组合理论、均值-方差最优模型、资本资产定价模型(CAPM)以及期限结构模型等,都是以投资者预期效用最大化作为其均衡解存在的前提条件。

尽管偏好是金融风险管理的核心和基本因素,但迄今为止人们对偏好规律的把握仍较为肤浅,已有的偏好理论尚存在诸多分歧和局限,远未形成严密的逻辑体系,这也是目前金融风险管理面临的最大挑战。1979年卡尼曼（Kahneman）和特韦尔斯基（Tversky）提出的"期望理论"就是一个与风险管理密切相关而与传统的效用最大化理论相悖的经验模型。这个经验模型发现经济主体对待金融损失和金融收益的态度是不对称的。例如，在方案A1和A2中，A1为以100％的概率获得240 000元收益；A2为以25％的概率获得1 000 000元收益，而以75％的概率获得零收益（预期收益为250 000元）。显然方案A2比A1有更高的预期收益，但大多数人倾向于选择具有确定收益的方案A1,这种倾向被称为"风险厌恶"行为，可以用凹的效用函数加以表征。相反地,在方案B1和B2中，B1为以100％的概率损失750 000元；B2为以76％的概率损失1 000 000元,而以24％的概率损失0元（预期损失为760 000元），尽管方案B2具有较大的预期损失,但大多数人倾向于选择方案B2,这种倾向被称为"损失厌恶"行为，可以用凸的效用函数加以表征。这种对待收益和损失的偏好的不对称性单独存在时可能并不会影响风险管理，但当"风险厌恶"行为和"损失厌恶"行为相继发生时就会使投资者做出非最优经济决策。例如将上述两组选择方案加以组合，即形成以下方案：

（1）（A1－B2）收益240 000元,概率100％；损失1 000 000元,概率76％。

（2）（A2－B1）收益1 000 000元,概率25％；损失750 000元,概率100％。

经济主体面临相继决策也即有次序决策时，方案（1）是大多数人事实上的选择。这种现象在同一主体不同时期或不同主体的经济决策时经常发生，例如，跨国银行的两个分支机构分别面临（A1,A2）与（B1,B2）时，分别做出A1与B2的选择，这样的总体效果就是次优的。正因为这样，投资者往往具有过早结清其盈利头寸而过晚结清其损失头寸的倾向，有经验的交易员利用这种不对称偏好遵循"结清损失头寸而保持盈利头寸"的原则就能获利。但交易员还具有另外一种损失厌恶倾向，他们在损失增加时反而增加其头寸，这在巴林银行倒闭事件和其他金融机构交易损失事件中表现得很明显。

（三）整体风险管理系统的基本框架

1.分析组织结构

这是对金融机构和工商企业的组织结构进行分析，以确定其对可能发生的经济事件的敏感性和反应能力。其重点是分析系统结构的局限性。

2.估测或假定概率

这是对各种可能事件和方案的概率进行的风险评估过程,在这个阶段应将主观概率和客观概率区分开来,但所有概率都应符合一致性原则,即符合概率公理。此时为使概率确定更加精确,可以参考价格和偏好因素。

3.决定或计算价格

一般是直接参考市场价格或对无市场交易和流动性弱的工具计算其均衡价格,进而确定各种可能事件和方案的经济后果。

4.确定机构的偏好

这包括罗列出所有相关决策者的风险偏好清单并确定企业的总体商业目标。当决策者的风险偏好和公司目标确定后,可以参照决策者报酬结构对机构风险偏好进行综合分析,以检验决策者风险偏好是否和公司目标相一致。例如,当某一决策者是风险中性者,而他的主要报酬是公司股票和认股权证时,他的行为就会与股东财富最大化的公司目标不一致,此时应重新设计员工报酬结构,使之与公司目标相适应。

5.建立实时的风险监测系统

建立实时的跟踪系统对价格、概率、偏好三要素的变动进行监测,如主要决策者报酬水平和财富的变动(这将影响其偏好)、机构组织结构的变动以及经济环境的变动等。现有的专家系统、自然语言系统等智能系统可以部分地发挥这种作用。通过这种监测可以达到金融风险管理的动态最优。

6.4.3   整体风险管理评价及借鉴意义

整体风险管理模型克服了包括 VaR 在内的现有金融风险管理技术的基本弱点,将金融风险管理中的价格、概率、偏好三个要素综合起来进行系统的和动态的决策,从而可以实现金融风险与风险偏好之间的均衡,使投资者承担他愿意承担的风险从而获得最大的风险报酬。尤其重要的是,它可以使由若干单个决策者组合而成的机构主体在风险管理中最优地控制风险,不至于由于某一决策者的行为而造成整个机构遭受过大的风险损失,正如巴林银行事件所显示的那样。所以整体风险管理为完整的金融风险管理开辟了新的道路和视野。

但是整体风险管理也面临着一些困难,最主要的是对决策者的风险偏好的确定,尤其是对机构性主体风险偏好的确定还没有找到系统性方法,这将在一定程度上影响这一方法的实际应用。整体风险管理对于在我国的经济转轨过程中控制金融风险尤其具有重要的现实意义。这是由于:一方面,随着市场经济体制的不断完善,金融市场也日益发达和复杂,各种金融风险逐渐显性化,客观上需要有完善的风险管理技术;另一方面,我国国有企业改革和金融体制改革还没有完全到位,市场主体的内部控制机制尚未健全,这就迫切需要分析这些转轨企业和银行的风险偏好,实现其在风险管理上的均衡,从而控制和化解风险,以保证金融安全。

本章小结 >>>

1.金融风险是指由于金融市场因素发生变化而对企业的现金流产生负面影响,导致企业的金融资产或收益发生损失并最终引起企业价值下降的可能性。例如,利率、汇率或者商品价格的波动,以及由于债务人财务状况恶化而导致违约的可能性等,都会给企业的资产价值和收益带来风险。金融风险一般分为以下几类:市场风险、信用风险、流动性风险、操作风险、法律风险。

2.VaR 是指在正常的市场条件和给定的置信度(通常是 95% 或 99%)下,在给定的持有期间内,某一投资组合预期可能发生的最大损失。或者说,在正常的市场条件下和给定的时间段内,该投资组合发生的 VaR 值损失的概率仅为给定的概率水平。

3.历史模拟法采用的是全值估计方法,首先要求收集某一特定历史时期的数据,根据市场因子的未来价格水平对头寸进行重新估值,计算出头寸的价值变化;然后将组合的损益从小到大排序,得到损益分布,通过给定置信度下的分位数求出 VaR。蒙特卡洛模拟方法亦称随机模拟方法,其基本思想是:为求解科学、工程技术和经济金融等方面的问题,首先建立一个概率模型随机过程,使其参数等于问题的解;然后通过对模型或过程的观察来计算所求参数的统计特征;最后给出所求问题的近似值,解的精度可用估计值的标准误差表示。

4.金融风险管理理论的最新进展即整体风险管理（TRM）系统就是在现有风险管理系统的单一变量（即概率）的基础上引进另外两个要素，即价格和偏好，试图在三要素系统中达到风险管理上客观量的计量与主体偏好的均衡最优。这样不但可以对基础金融工具风险进行管理，而且也可以管理衍生工具可能带来的风险，从而实现对风险的全面控制。三个要素在整体风险管理系统中都是关键性的：价格是经济主体为规避风险而必须支付的金额，概率用来衡量各种风险（包括衍生交易本身的风险）的可能性，而偏好决定经济主体愿意承担和应该规避的风险的份额。

 思考练习题

1.简述 VaR 的含义和基本思想。

2.简述市场因子的波动性模型。

3.在利率市场化条件下如何对利率风险进行管理？

4.简述信用风险量化管理模型的基本思想和所运用的方法。

5.简述整体风险管理系统的基本框架。

6.假设某银行的资产负债表如下：

资产	市场现值/万元	利率	负债和股东权益率/万元	市场现值/万元	利率
现金	100		1 年期定期存款	240	9
3 年期商业贷款	700	14%	4 年期可转让定期存款（每年付息）	400	10%
9 年期政府贷款	200	12%	5 年期定期存款（到期付息和本金）	280	10%
			总负债	920	
			股东权益	80	
总计	1 000			1 000	

(1)计算每笔资产和负债的久期；

(2)计算平均久期缺口；

(3)计算每笔资产和负债的凸性；

(4)假设利率立即上升 1%，计算 3 年期商业贷款现值的变化。

7.已知一个价值 500 万美元并由三种资产组成的投资组合，下表是该组合之间的关系，请计算该组合在 95% 置信度下的 VaR。

	权重	标准差	相关系数		
			资产 1	资产 2	资产 3
资产 1	30%	0.25	1.0	0.6	0.5
资产 2	25%	0.27	0.6	1.0	0.3
资产 3	45%	0.30	0.5	0.3	1.0

8.某银行在第 6 年将收到 100 万美元,该银行希望计算这一资产的现金流映射在 95% 置信度下的 VaR。相关数据见下表。

y_5	5 年期收益率	6.605%
y_7	7 年期收益率	6.745%
$1.65\sigma_5$	5 年期收益率的变动率	0.577%
$1.65\sigma_7$	7 年期收益率的变动率	0.809 5%
$\rho_{5,7}$	5 年期与 7 年期收益率之间的相关系数	0.997 5

参 考 文 献

[1] 李楚霖,杨明,易江.金融分析及应用.北京:首都经济贸易大学出版社.2002.

[2] 陈忠阳.金融风险分析与管理研究——市场和机构的理论、模型与技术.北京:中国人民大学出版社.2001.

[3] 王春峰.VaR——金融市场风险管理.天津:天津大学出版社.2001.

[4] 〔美〕菲利浦·乔瑞.VAR:风险价值.张海鱼,等译.北京:中信出版社.2001.

[5] 〔美〕斯坦利·R.普利斯卡.数理金融学引论.王忠玉,译.北京:经济科学出版社.2003.

[6] 王松奇,刘场.动态随机一般均衡理论的新进展.当代经济研究,2014(9).

[7] 张逸民,乔华,史云和,等.风险计量学.上海:百家出版社,2000.

[8] 〔美〕安东尼·桑德斯.信用风险度量.刘宇飞,译.北京:机械工业出版社.2001.

[9] 〔美〕约翰·B.考埃特,爱德华·I.爱特曼.演进着的信用风险管理.石晓军,张振霞,译.北京:机械工业出版社.2001.

[10] 〔美〕滋维·博迪,亚历克斯·凯恩,艾伦·丁.马库斯.投资学.4 版.朱宝宪,等,译.北京:机械工业出版社.2000.

[11] 宋逢明.金融工程原理——无套利均衡分析.北京:清华大学出版社.1999.

[12] 〔美〕安东尼·G.科因,罗伯特·A.克兰,杰斯·莱德曼.利率风险的控制与管理.唐旭,等,译.北京:经济科学出版社.1999.

[13] 陆懋祖.高等时间序列经济计量学.上海:上海人民出版社.1999.

[14] 张永林.数理金融学与金融工程基础.2 版.北京:高等教育出版社.2011.

[15] 叶中行,林建忠.数理金融——资产定价与金融决策理论.北京:科学出版社.1998.

[16] 张尧庭.金融市场的统计分析.南宁:广西师范大学出版社.1998.11.

[17] 陈绍昌.国际金融计算技术.北京:中国对外经济贸易出版社.1995.6.

[18] 王一鸣.数理金融经济学.北京:北京大学出版社.2000.

[19] 〔英〕特伦斯·C.米尔斯.金融时间序列的经济计量学模型.俞卓菁,译.北京:经济科学出版社.2002.

[20] 〔美〕埃德加·E.彼德斯.分形市场分析.储海林,殷勤,译.北京:经济科学出版社.2002.

[21] 段兵.金融风险管理理论新进展——TRM 评述.国际金融研究,1999(8).

[22] 张元萍.数理金融基础.北京:北京大学出版社.2016.

[23] 〔美〕马雷克·凯宾斯基,〔美〕托马斯·札斯特温尼克.金融数学——金融工程引论.2 版.佟孟华,译.北京:中国人民大学出版社.2014.5.

[24] 2015《政府工作报告》缩略词注释.中国政府网,2015-03-11.